Les cycles de l'identité

Pamela Levin

Les cycles de l'identité

Traduit de l'américain par
ASSOMPTION VLOEBERGH

COLLECTION DIRIGÉE PAR
FRANÇOIS J. PAUL-CAVALLIER

InterEditions
87, Avenue du Maine 75014 Paris

La version originale de cet ouvrage est intitulée *The Cycles of Power* , © 1980 by Pamela J. Levin.

Avertissement au lecteur

Certains mots du langage courant font partie du vocabulaire de base de l'analyse transactionnelle ; cependant, ils ont une signification différente de leur signification habituelle. Afin d'éviter une mauvaise interprétation, ces termes, lorsqu'ils sont introduits pour la première fois, sont signalés par une astérisque (*) qui renvoie au glossaire de la page 249.

ISBN 2-7296-0007-8

Sommaire

Avant-propos

L'ambition de ce livre est d'offrir au lecteur l'occasion de réviser sa conception de la vie humaine et de la place qu'elle occupe dans le plan d'ensemble de l'univers. Tout au long de ces pages, il sera confronté à des questions fondamentales, à la fois personnelles et universelles : quelle est notre relation avec l'univers ? Qu'est-ce qui nous est vraiment nécessaire ? Que signifie « être un adulte » ? Partageons-nous un même plan commun, qui donne forme et substance au déroulement de notre vie ? Ce plan, s'il existe, peut-il nous venir en aide pour nous dépasser, resserrer les liens qui nous unissent aux autres êtres vivants et réaliser notre objectif dans la vie ?

Je souhaite que cet ouvrage serve de guide pour comprendre combien la vie humaine fait partie intégrante de la nature. Il doit nous apprendre à respecter le projet que la nature a conçu pour nous et autour de nous ; notre développement en sera facilité et nous pourrons réaliser nos rêves d'avenir. L'éducation des enfants, la condition de parent, l'instauration de bonnes relations avec l'entourage constituent autant de champs d'application possibles des principes exposés ici. Grâce à eux, nous pouvons acquérir plus d'efficacité dans n'importe quelle sphère de notre existence.

Cet ouvrage s'appuie sur quinze années de recherches réalisées sur plus d'un millier de personnes ; certaines ont collaboré pendant quelques heures, et d'autres pendant des années. Ce livre témoigne à la fois d'une expérience personnelle et d'une recherche professionnelle. J'ai été tour à tour celle qui étudiait et l'« objet d'étude ». Les questions, autant que les réponses, ont absorbé ma vie et mon esprit. Je me suis sentie directement concernée par ces problèmes le jour où j'ai vu mon père mourant à l'hôpital. J'avais tout juste dix-neuf ans et j'étais élève-infirmière. J'ai interrogé mon professeur de psychologie : « De quoi les hommes ont-ils vraiment besoin ? » Derrière cette question, d'autres se bousculaient, nées de ma douleur et de mon désarroi. « De quoi mon père a-t-il besoin ? Pourquoi meurt-il ? Qu'est-ce qui n'a pas marché ? Ne peut-on empêcher cela ? » Mon professeur se contenta de me regarder et dit : « Je ne sais pas ».

Si lui ne savait pas, si toute la science dont il était le dépositaire s'avérait incapable de m'éclairer sur des questions aussi fondamentales, où pourrais-je alors trouver une réponse ? Prise d'un sentiment de frustration profonde, je continuai à chercher. Pendant mes heures de service à l'hôpital, je collectais tous les indices que pouvait me fournir la vie de mes malades ; leur état physique témoignait de leur hérédité et de leur manière de vivre. Ils luttaient pour donner la vie ou pour voir le jour, pour faire leur entrée dans ce monde ou pour le quitter, pour s'accrocher par quelques fils fragiles à la trame de la vie ou pour en dénouer les derniers liens.

En 1966, je découvris un livre écrit par un psychiatre débordant d'impertinence, de hardiesse et d'humour : *Des jeux et des hommes*, d'Eric Berne*. Fondateur de l'Analyse Transactionnelle (AT), Berne analysait avec une intelligence aiguë les motivations de l'être humain, sapant au passage quantité d'hypothèses freudiennes considérées comme vérités d'Évangile dans le monde des psychologues. L'ouvrage d'E. Berne était en passe d'occuper la troisième place dans la liste des best-sellers, après la Bible et le *Manuel du boy-scout*.

Pendant que le public se jetait voracement sur *Des jeux et des hommes*, j'assistais aux séminaires hebdomadaires d'E. Berne au cours desquels ses collègues et lui-même accordaient beaucoup

* Paris, Stock, 1966.

d'attention aux *scénarios**, ces plans de vie inconscients que nous élaborons dans notre enfance et que nous exécutons à l'âge adulte. Je commençai à me demander : « La mort de mon père était-elle liée à son scénario ? Quel est mon propre scénario ? Puis-je le modifier ? » Je me considérais comme la mieux placée pour le réécrire ! Je terminai ma formation, d'abord comme membre stagiaire, puis comme membre de l'enseignement clinique, dans ce qu'Eric Berne appelait lui-même son « club », l'Association internationale d'analyse transactionnelle.

Je fis, à la même époque, l'expérience directe et personnelle du processus de croissance et du développement des scénarios, en devenant mère pour la première fois. Je partageais tout cela avec mon fils. J'ouvris un cabinet de clientèle privée et commençai à utiliser une technique dite de « régression », dans laquelle les patients revivent temporairement les états de l'enfance. La régression permet de découvrir comment les enfants se développent, de résoudre des conflits anciens et de satisfaire chez l'adulte les désirs d'enfant. Ceux qui suivaient cette technique voyaient leur vie se transformer.

A force de recevoir mes patients, je remarquai bientôt l'existence de schémas communs, propres à certains âges de la vie. Par exemple, mes clients âgés de trente-six ans avaient souvent du mal à se concentrer, et l'impression que leur vie était en train de s'effondrer. Ils connaissaient aussi des problèmes de peau. Ceux de trente-deux ans se heurtaient à des problèmes d'autorité, ils n'étaient pas satisfaits de leur position de « cadets » dans l'édifice social. Ils opéraient des changements radicaux dans leur réseau de relations. L'importance de ces observations ne m'est apparue que très vaguement à l'époque. Puis je partis m'installer à la campagne, et c'est en apprenant à vivre en harmonie avec la nature que je compris alors pleinement ce qui n'avait été jusqu'alors qu'une simple impression.

L'endroit que j'avais choisi se nichait au milieu des montagnes ; seule la distribution du courrier, qui avait lieu trois fois par semaine, nous rappelait qu'au-delà des collines la civilisation

* Voir le glossaire à la fin de l'ouvrage pour les termes d'analyse transactionnelle.

existait. Nous avions décidé de fonder une communauté près d'une vieille source d'eau chaude. Notre vie quotidienne se modela sur le rythme de la nature : nous commencions notre journée au lever du soleil, nous choisissions la pleine lune pour voyager, et pour tenir nos réunions, nous profitions d'un rayon de soleil en hiver et d'un coin d'ombre l'été. J'eus le coup de foudre pour cette nature vibrante et intacte. Je pus aussi réaliser un rêve d'enfant : avoir un cheval. C'était une superbe jument baie qui avait parcouru des centaines d'hectares déserts et qui connaissait tout de ce milieu sauvage. Lentement, à mesure que nous apprenions à nous faire mutuellement confiance, elle m'enseigna sa sagesse naturelle. Les nuits sans lune, elle préférait rester dans son enclos plutôt que d'aller courir les prés. Mais lorsque la pleine lune se levait, ma jument, folle de joie, piquait des galops effrénés à travers la montagne. Elle savait s'arrêter net pour me montrer ce que je croyais n'être qu'un simple rocher, mais qui s'avérait être un opossum faisant le mort. Et, périodiquement, obéissant aux rythmes de la nature, elle essayait de s'enfuir pour rejoindre l'étalon arabe installé quelques kilomètres plus loin.

Lorsque je retrouvai la ville et mes patients, et que je devins mère pour la seconde fois, je compris enfin à quel point tout ce qui nous est profondément personnel se confond avec l'universel : les êtres humains suivent le même plan de croissance que celui tracé pour l'ensemble de la nature. Qu'il s'agisse d'un être vivant, d'une molécule ou de la Voie lactée, ce plan est toujours le même. Notre vie ne décrit pas une trajectoire rectiligne, de la naissance à la mort ; mais comme le reste de l'univers, elle suit un schéma cyclique.

Même si nous n'y prêtons pas attention, les arbres voient chaque année un nouveau cercle s'ajouter à leur tronc. Nous aussi nous pouvons, à chaque révolution de notre cycle de croissance, ajouter un cercle de pouvoir. Pour atteindre nos objectifs, il nous faut simplement exécuter les tâches de développement nécessaires.

Comme tous les êtres vivants, nous connaissons des périodes de croissance qui se traduisent, lorsque les conditions sont favorables, par des bonds prodigieux dans notre développement. Ce processus organique, s'il a son propre rythme, exige aussi notre coopération. Le schéma dicté par la nature constitue le soubassement de notre existence ; c'est à nous d'en fixer la signification et la direction, en élaborant notre propre rêve d'avenir. Tout le monde ne dispose pas des mêmes chances au départ, mais chacun de nous possède en patrimoine le pouvoir de créer. Il nous faut simplement en revendiquer l'exercice.

Notre expérience quotidienne forme parfois un violent contraste avec nos possibilités créatrices : nous nous sentons impuissants, sans liberté de choix, convaincus de voir nos capacités diminuer. De fait, nous sabotons bel et bien les efforts qui nous permettraient d'atteindre les buts que nous nous sommes fixés.

Ce livre peut nous aider à mieux nous comprendre, et à comprendre les autres. C'est assez rassurant de savoir que nous récolterons à l'automne ce que nous aurons semé au printemps. Chaque période de croissance sert de base aux étapes suivantes. Pour éviter l'apparition de crises, il nous suffit d'accomplir les tâches de développement correspondant à l'étape du moment, en prêtant attention aux indices fournis par notre organisme. Lorsque surviennent les crises, les méthodes nous permettant de les surmonter découlent des symptômes eux-mêmes. Ces indices physiques vont jusqu'à nous révéler le genre de relations qui nous convient à chaque étape de notre vie.

Réaliser nos objectifs en suivant une évolution cyclique implique que nous retrouverons régulièrement au cours du temps certaines questions et certains thèmes. Nous assistons à cela tous les jours, par exemple lorsque nous disons d'une personne qu'elle se comporte comme un bébé, ou bien qu'elle traverse une nouvelle crise d'adolescence.

Un autre avantage offert par ces retours en arrière, c'est de nous permettre d'établir des bases nouvelles pour les étapes suivantes. Nous pouvons même revivre les origines de notre développement. Il n'est jamais trop tard pour connaître une « enfance heureuse », puisque nous pouvons modifier les décisions responsables de nos inhibitions, résoudre les vieux problèmes qui ont étouffé notre énergie, et combler par des expériences neuves et positives les carences dont nous avons souffert étant enfants. En prenant appui sur ces bases plus solides, nous pouvons enfin accéder à l'âge adulte, développer au maximum nos aptitudes et obtenir des résultats que nous n'aurions pas osé espérer.

Ce livre a traversé, lui aussi, plusieurs fois, les étapes qu'il décrit. Il atteint sa maturité alors que l'étude théorique du développement cyclique est encore plongée dans les balbutiements de l'enfance. Plusieurs auteurs ont déjà apporté leur contribution, parmi lesquels il faut citer Freud, Jung, Berne, Rupertini, Buhler, Levinson, Sheehey et Erickson. Une science neuve, la chronobiologie, participe elle aussi à cet effort de connaissance en étudiant le fonctionnement des horloges internes dont on a découvert l'existence dans les organismes biologiques.

De plus, notre culture commence à donner les signes d'un nouveau cycle historique, une « troisième vague », comme l'a baptisé Alvin Toffler. Comme dans le premier stade de développement de tout être humain, cette nouvelle étape de l'histoire est centrée, elle aussi, sur le problème de l'existence. Plongés dans un climat de contestation qui ébranle morales et religions, nous devons choisir entre la survie du globe et le suicide nucléaire.

En même temps, des féministes s'interrogent sur quantité d'aspects fondamentaux de nos systèmes de survie : la politique, la religion, la médecine et même l'histoire. Comme ce sont nous, les femmes, qui donnerons le jour aux générations à venir, que nous sommes les principales dispensatrices de la culture actuelle et que nous avons, en tant que femmes, des liens privilégiés avec les plans de la nature, ne serait-ce qu'en raison de notre cycle menstruel, nous sommes particulièrement sensibles aux symptômes de dégénérescence qui surgissent dans une culture coupée du rythme universel. Nous découvrons une autre conception, plus globale, de la réalité.

Tandis que nous assistons à une réapparition du principe féminin, les hommes et les femmes sont à la recherche d'alternatives possibles aux rôles sexuels basés sur la domination de l'un par l'autre. Ils veulent aussi remplacer le modèle scientifique, linéaire, qui nous coupe du monde naturel et de nos propres natures, par une science globale capable de considérer l'humanité comme faisant partie de la nature, et réciproquement. Nous cherchons ce qui nous relie à nos cycles internes, aux autres hommes et à la nature tout entière, car notre survie individuelle et collective en dépend. En rejoignant le cycle de l'univers, nous faisons nôtre le pouvoir de la nature. Si nous nous sentons bien dans notre peau, si nous sommes heureux d'être sur terre, la qualité de notre vie en sera améliorée. C'est là tout l'objet de ce livre, dont j'espère, en paraphrasant Wordsworth, qu'il pourra nous aider tous à :

« Entrer dans la lumière des choses ;
Laissons (notre) nature devenir notre maître. »

PAMELA LEVIN
Mendocino County (Californie)
Février 1983

Première partie

GÉNÉRALITÉS

L'idée de retour s'inspire du cours de la nature. Le mouvement est cyclique, et le parcours s'accomplit. Par conséquent, il est inutile de vouloir précipiter les choses de manière artificielle. Tout vient en temps voulu. C'est le message que nous livrent le ciel et la terre.

Tous les mouvements s'accomplissent en six étapes et la septième marque le retour. Ainsi, le solstice d'hiver, qui annonce le début du déclin de l'année, a lieu sept mois après le solstice d'été... C'est ainsi que le repos fait place au mouvement.

LE YI KING
(Livre des Transformations)

1

Les cycles de l'identité

Le soleil est presque au zénith lorsque la jeune femme décide que le moment est venu pour elle de s'allonger. Elle a le teint pâle, seules ses joues sont empourprées. Elle semble fatiguée, comme si elle venait de parcourir un long chemin en traînant avec elle un trop lourd fardeau.

Elle a le regard clair, la tête posée sur l'oreiller. Son front devient moite. Quelqu'un lui essuie doucement le visage, en murmurant des mots d'encouragement. Elle lui sourit, mais bientôt elle commence à s'agiter, elle semble inquiète, effrayée. Elle serre les poings, dans un moment d'intense concentration. Sa respiration s'accélère jusqu'à devenir un halètement. Elle se redresse et pousse un cri de joie, de soulagement et d'admiration en apercevant pour la première fois l'enfant auquel elle vient de donner naissance. Le visage rayonnant de bonheur, elle serre contre elle le petit corps recroquevillé ; elle berce doucement ce bébé tout neuf et si fragile. Le père de l'enfant est radieux, lui aussi, tandis que ses doigts explorent lentement le corps minuscule. Comme pour remercier ses parents, le bébé ouvre les yeux, découvre le visage illuminé de son père et de sa mère et pousse enfin son premier cri.

Au début, la petite fille est heureuse de vivre. Elle se pelotonne contre sa mère et se laisse dorloter avec plaisir ; elle écoute, elle regarde, et prend peu à peu conscience du monde qui l'entoure. Mais au bout de six mois, le simple fait d'exister ne lui suffit plus. Elle veut explorer le monde. Elle pousse des cris de frustration si elle ne parvient pas à s'emparer de l'objet qui la fascine ; quand on le lui donne, elle le fourre dans sa bouche. Elle devient chaque jour plus habile, elle s'assied, rampe, grimpe, elle cherche à connaître les couleurs, les formes et les sons qui constituent son environnement. Ses parents doivent veiller constamment à sa sécurité, et cette tâche les épuise.

Vers deux ans, l'enfant adopte un nouveau comportement, assez surprenant. Elle n'est attirée que par ce qui est dangereux, hors de sa vue ou de sa portée. Elle se désintéresse de ses jouets. Prise de rage, elle se roule par terre et donne des coups de pied en hurlant. Son père et sa mère restent interdits devant cette petite furie : ils ne comprennent pas comment leur enfant, si gentille, pour laquelle ils ont tant fait, a pu devenir aussi têtue. Pendant plus d'un an, l'enfant continue de s'opposer à ses parents, observe leurs réactions. Puis, lentement, ses colères se calment. Elle semble satisfaite, comme si elle était venue à bout d'une tâche.

Au cours des années suivantes, elle grandit. Elle change. Elle joue avec d'autres enfants, passant des heures à s'inventer un monde à elle. Elle s'étonne que les enfants soient des garçons ou des filles ; elle remarque que les grandes personnes sont soit des hommes, soit des femmes. Son père la fascine, car il est différent d'elle. C'est un homme, et elle une fille. Elle repousse sa mère et cherche à diviser ses parents en se rangeant du côté de l'un ou de l'autre. Avec un mélange de soulagement et de tristesse, ses parents l'envoient à l'école pour la première fois.

Elle est fière des progrès qu'elle fait. Elle a appris à lire et à écrire. Elle sait compter, et discuter. Elle refuse de suivre l'exemple de ses parents. Elle remet tout en question, sous le moindre prétexte. Elle sollicite l'avis des adultes pour pouvoir les contredire. Elle a maintenant ses amis à elle, des filles pour la plupart. Elles passent leur temps à jouer et à discuter les règles du jeu. Elle est devenue habile, compétente, efficace et opiniâtre. C'est une petite fille très capable.

Mais à l'adolescence, elle commence à connaître des envies, des désirs. Elle rêvasse ; elle aimerait que ses parents s'occupent d'elle. Elle cherche le contact physique avec eux, ou avec ses amies : elles se tiennent bras dessus, bras dessous, ou bien penchées l'une vers l'autre. Et puis il y a ce garçon, qui habite tout à côté. Elle ne le quitte pas des yeux. Sa démarche est si souple ! La forme de son menton... Le son de sa voix... Il faut qu'elle se coiffe mieux. Elle ne veut penser à rien. Elle devient têtue et rebelle. L'été de ses quinze ans, elle se forge sa propre opinion sur les garçons : elle sort avec son jeune voisin, et c'est bien dommage si cela ne plaît pas à ses parents. Lentement, progressivement, alors qu'arrive l'hiver, puis le printemps, elle devient une jeune femme indépendante, qui suit ses propres règles.

Elle est seule, au début. C'est comme une seconde naissance, ce passage à l'âge adulte. Le monde lui semble nouveau, étrange. Elle doit apprendre à se conduire en grande personne. Elle commence son exploration, elle veut connaître les possibilités offertes par cette terre promise. Elle découvre qu'il lui faut tracer des frontières entre elle et les autres et prendre conscience du monde qui l'attend. Il y a de nouvelles techniques à apprendre, de nouveaux moyens d'agir, et des décisions à prendre concernant sa vie sexuelle. Il lui faut du temps pour s'adapter, pour intégrer tous ces changements. Devenir adulte s'avère être une tâche qui l'occupe presque à plein temps.

Les années s'écoulent. La jeune femme passe davantage de temps chez elle maintenant, en compagnie d'un jeune homme et d'amis proches qui partagent leurs joies ou leurs chagrins.

Le soleil est presque au zénith lorsque cette jeune femme décide qu'il est temps pour elle de s'allonger. Elle est impatiente, fatiguée et très excitée lorsqu'elle entend les premiers cris de son fils qui vient de naître. En le berçant dans ses bras, elle voit sa propre mère sous un autre jour. Le petit enfant d'hier a donné naissance à la mère d'aujourd'hui.

LA ROUE DU TEMPS

Le cycle du développement nous permet de réaliser nos objectifs dans la vie, à condition que nous ayons les aptitudes et la compétence nécessaires. Chacun de nous possède en lui une « horloge » de développement qui nous fournit le plan de base de notre existence. Les étapes du cycle marquent les différentes phases de notre vie, tout comme les heures d'une pendule indiquent les divisions de la journée. Nous retournons à notre point de départ et nous répétons chaque étape du cycle, comme les heures de la journée se répètent sur la pendule. C'est le plan que la nature a conçu pour nous.

Ce retour à l'enfance peut nous paraître anormal. Après tout, les adultes sont censés se désintéresser de ces choses-là. D'autre part, nous partageons peut-être la conception linéaire, rationnelle, de la vie, prônée par les sociétés industrielles modernes. Cependant, les biologistes ont bien été obligés de reconnaître l'existence de cycles dans la vie des animaux et des plantes. Les physiologistes, de leur côté, ont découvert que le fonctionnement des organes humains et des systèmes biologiques obéissaient à des schémas cycliques. Enfin, les travaux entrepris sur la croissance humaine et le comportement ont révélé qu'il se produisait, à âges fixes, des crises particulières, physiques et psychologiques, aussi bien chez les hommes que chez les femmes. En fait, la répétition des stades de l'enfance au cours de notre maturité est un comportement sain, normal, indispensable à notre position OK* fondamentale.

Si l'on veut dessiner un cercle, on prolonge sa courbe jusqu'à son point d'origine ; de la même façon, les planètes décrivent, elles aussi, une orbite, et regagnent l'endroit d'où elles sont parties. La terre retrouve son point de départ une fois par an. La lune achève son parcours en vingt-huit jours. L'eau elle-même obéit à un cycle. Elle est d'abord rivières, lacs, océans. Puis, sous forme de vapeur d'eau, elle devient nuages, avant de se transformer en pluie ou en neige. Elle alimente ruisseaux et rivières, avant de se jeter dans l'océan pour recommencer le cycle.

Certaines fonctions de notre corps obéissent aussi à des rythmes cycliques. Le plus court est probablement le temps d'une respiration, et le plus long celui qui nous mène de la naissance à la mort. Le cycle menstruel des femmes dure environ vingt-huit jours, c'est-à-dire à peu près le temps qu'il faut à la lune pour tourner autour de la terre. Un autre cycle commun aux hommes et aux planètes est le cycle diurne. Comme la plupart des animaux, les êtres humains connaissent des rythmes réguliers d'activité et de repos : en général, ils travaillent le jour et dorment la nuit. Selon Phillip Holts, « la fréquence rythmique de quantité de fonctions biologiques (le rythme cardiaque, la pression sanguine, la température corporelle, l'activité hormonale) suit à peu près un cycle de vingt-quatre heures ».

Franz Halberg a donné à ces fonctions le nom de « rythmes

circadiens » (du latin *circa* : « environ », et *dies* : « jour »). Notre état d'humeur, notre énergie, notre coordination oculo-motrice, notre aptitude à compter, estimer une durée ou faire une addition, tout cela obéit aussi à des rythmes quotidiens similaires. Il est donc normal que notre vie se déroule de manière cyclique, en passant par une succession d'étapes qui se répètent tout au long de notre existence.

Bien comprise, la conception cyclique du temps peut aider à mieux vivre. Pour les Indiens d'Amérique, l'image circulaire de la vie incarnée dans la roue sacrée n'était pas une simple représentation : c'était un outil, quelque chose qui devait aider les hommes à réaliser leurs objectifs. « Pour ceux qui cherchent la lumière, dit Hynemhosts Storm, le cercle est un miroir. » C'est en accomplissant le geste qu'il faut quand il faut que nous pouvons atteindre notre but dans la vie.

L'hypothèse d'un cycle de vie comportant six étapes, la septième permettant de revenir au point de départ, est née de l'observation clinique. Les vieilles traditions évoquaient déjà l'existence de ce cycle en sept étapes, qui apparaît dans la plupart des religions, dans les doctrines de l'Ancienne Égypte et de la Perse, dans la Kabbale et le taoïsme. Le plus vieux texte chinois, *le Yi King,* ou *Livre des Transformations,* que les spécialistes datent de 3000 avant J.-C., dit que « tout s'accomplit en six étapes, et la septième marque le retour ». Qu'il ne dure qu'un instant ou bien toute une vie, le cycle est toujours le même, composé des mêmes étapes.

La deuxième partie du livre comporte une description détaillée de chacun de ces stades. Les pages qui suivent n'en présentent qu'un résumé succinct. En les lisant, vous aurez peut-être l'impression de vous sentir concerné par plusieurs de ces étapes, ce qui est tout à fait normal pour un adulte. L'étape n° 7 explique comment tout cela fonctionne.

LES SIX ÉTAPES FONDAMENTALES

1 Le pouvoir d'exister : de la naissance à six mois

La tâche des nouveau-nés consiste simplement à exister. Leur travail se résume à accepter la nourriture et les soins qu'on leur donne.

Symptômes. Les adultes qui traversent l'étape n° 1 du cycle éprouvent souvent les symptômes suivants : ils ont fréquemment envie de manger, ils se jettent sur les sucreries, font facilement des petits sommes, ont une grande sensibilité de la bouche, une sensibilité à la lumière, un manque de concentration, des difficultés à réfléchir ; ils souhaitent dépendre d'autrui, ils veulent être nourris, touchés, qu'on s'occupe d'eux avec tendresse.

Tâches de développement. Nous pouvons mettre à profit cette phase en réalisant les tâches de développement suivantes :

- Faire en sorte, et accepter, qu'on prenne soin de nous.
- Développer et élargir l'espace émotionnel et physique dans lequel nous vivons.
- Nous faire nourrir et toucher.
- Accepter ce que les autres nous offrent, en particulier leur affection.
- Être sensuel.
- Établir des liens affectifs avec les autres.
- Offrir maternage et attention à tous ceux qui, comme nous, traversent cette étape.

Pendant cette période, nous sommes semblables à une graine qu'on vient de semer. Notre croissance toute neuve se cache sous la terre et demeure invisible. Nous avons besoin de tendresse dans nos rapports avec nous-mêmes et avec les autres, afin d'acquérir ce qu'il nous faut pour nous développer : ainsi la graine deviendra feuille, puis fleur.

2 Le pouvoir de faire : de six à dix-huit mois

La tâche essentielle des bébés plus âgés est de faire. Ils doivent explorer avec leurs sens le monde qui les entoure.

Symptômes. Les adultes qui traversent l'étape n° 2 du cycle ont le goût des stimulations diverses, ils veulent tout voir, entendre, goûter, toucher, sentir, explorer le monde ; ils sont soucieux de leur plaisir ; ils ressentent le besoin de s'enraciner ou de découvrir un nouveau point d'ancrage ; ils aiment innover ; ils ont du mal à fixer leur attention, des problèmes de motivation, et des maux de dents.

Tâches de développement. Nous pouvons tirer profit de cette phase en nous efforçant de :

- Voir, entendre, goûter, toucher et sentir.
- Explorer le monde sans nous poser de questions.
- Encourager les activités exploratrices des autres.

Au cours de cette étape, nous sommes comme une graine qui voit germer une pousse nouvelle. Notre énergie éclate et nous constatons de jour en jour les progrès accomplis. Pour nous développer et grandir, il nous faut des sensations et de l'action.

3 Le pouvoir de penser : de dix-huit mois à trois ans

Chez les tout-petits, la tâche essentielle est d'apprendre à penser. Ils doivent affirmer leur individualité en se confrontant et en se heurtant aux autres.

Symptômes. Les adultes qui traversent l'étape n° 3 peuvent éprouver le désir d'être différents des autres ; ils adoptent une position à part, fuient la dépendance ; ils disent « Non ! » ou « Je ne veux pas », ils sont coléreux, révoltés et se fâchent sans raison.

Tâches de développement. Pour tirer bénéfice de cette étape, il nous faut :

- Fuir la dépendance.
- Nous confronter à la réalité, nous heurter aux autres et affirmer notre indépendance.
- Adopter une position à part et apprendre à penser.
- Maintenir nos distances avec ceux qui traversent l'étape n° 3.

C'est l'époque où la jeune plante développe des caractéristiques qui la rendront unique : une fleur, une feuille ou une branche, à nulle autre pareille.

4 Le pouvoir d'identification : de trois à six ans

L'essentiel du travail des enfants d'âge préscolaire est de découvrir leur identité. Ils ont pour tâche d'affirmer qui ils sont au sein d'un réseau de relations sociales.

Symptômes. Les adultes passant par l'étape n° 4 éprouvent souvent le besoin de répondre à la question : « Qui suis-je ? » ;

ils posent beaucoup de « Pourquoi ? » ; ils s'inquiètent de l'exercice du pouvoir ; ils s'intéressent aux différences entre les deux sexes et se préoccupent de leurs relations sociales ; ils ont des cauchemars et des peurs soudaines, inexprimables ; ils ressentent tout à coup la nécessité de faire quelque chose afin de découvrir les conséquences possibles de leurs actes.

Tâches de développement. Nous pouvons tirer parti de cette étape en agissant de la façon suivante :

- Apprendre à différencier l'imaginaire du réel.
- Vérifier que nous sommes capables de reconnaître la réalité en observant les conséquences de nos actes.
- Exercer notre pouvoir dans les relations sociales en affirmant ce que nous sommes dans un réseau de relations.
- Aider les autres à définir qui ils sont.

La croissance des plantes dépend du milieu où elles vivent, mais elles-mêmes contribuent à modeler ce milieu. De même, nous découvrons nous aussi qu'en trouvant notre place parmi les autres, nous apprenons à nous connaître.

5 Le pouvoir de réussir : de six à douze ans

Les enfants d'âge scolaire ont pour tâche d'acquérir des compétences. Ils doivent développer de nouvelles aptitudes et élaborer leur propre système de valeurs.

Symptômes. Les adultes qui traversent l'étape n° 5 discutent et contestent la morale, les valeurs et les méthodes d'autrui ; ils veulent agir à leur guise, sans s'occuper de l'avis de leur entourage ; ils veulent savoir tout faire ; ils se montrent prosaïques et raisonneurs.

Tâches de développement. Au cours de cette étape, nous devons :

- Apprendre et enseigner des compétences techniques.
- Discuter et contester les méthodes que les autres utilisent.
- Commettre des erreurs pour découvrir ce qu'il faut faire.

Dans la vie, les occasions ne manquent pas pour qui sait les faire naître. Quand nous agissons à notre guise, nous nous comportons avec autant de naturel que la fleur qui se tourne vers le soleil. Nous voyons alors s'ouvrir devant nous toutes les possibilités de la vie.

6 Le pouvoir de se régénérer : de treize à dix-neuf ans

La tâche essentielle des adolescents est de donner une unité à leur personnalité. Ils doivent se développer en tant qu'êtres dotés d'une sexualité.

Symptômes. Chez les adultes, l'étape n° 6 se traduit souvent par des modifications profondes de l'organisme, en particulier par des changements rapides des taux hormonaux et des niveaux d'énergie ; ils ont des préoccupations d'ordre sexuel et connaissent des troubles ou des douleurs au niveau de leurs organes sexuels ; ils reviennent souvent aux tâches qui caractérisent les étapes précédentes.

Tâches de développement. Cette phase doit nous permettre de :

- Retraverser brièvement les étapes antérieures.
- Vivre plusieurs stades en même temps.
- Intégrer dans notre développement sexuel les besoins caractéristiques des autres étapes.
- Développer notre philosophie personnelle.
- Déterrer nos racines et les transplanter dans le monde des adultes.
- Aider tous ceux qui traversent l'étape n° 6.

La fleur s'ouvre et donne son fruit. Lorsque nous acceptons notre maturité, nous commençons une croissance nouvelle, nourrie de tout ce qui a précédé. Quand la graine est formée, le cycle peut recommencer.

LE POUVOIR DE TRANSMUTATION

Le cycle du développement est le sol fertile que la nature nous offre pour semer la graine de nos rêves et de nos aspirations. Il nous faut ensuite favoriser la germination de cette graine en réalisant les tâches de développement qui accompagnent chaque étape de la croissance. En retraversant régulièrement ces étapes, nous accédons, à partir d'aptitudes élémentaires, à des capacités beaucoup plus complexes, tout comme nous apprenons à marcher en commençant par ramper. En d'autres termes, nous pouvons tout attendre de la vie si nous savons accomplir certains actes à des moments clés de l'enfance et de la maturité.

Que nous décidions ou non de mettre à profit les différentes étapes du cycle pour réaliser les buts que nous nous sommes fixés, nous devons de toute manière les retraverser ; mais si nous négligeons d'en tirer parti, nous ne ferons que répéter le passé, et donc nous limiter au déjà connu (voir le chapitre 2).

Pour nous développer harmonieusement, nous avons besoin à chaque étape de certaines substances « nourricières » spécifiques : ce sont les affirmations. Ces messages qui favorisent la croissance constituent la matière première indispensable à notre épanouissement. Non seulement nous devons nous adresser ces messages à nous-mêmes, mais nous pouvons aussi les échanger avec notre entourage par le jeu des interactions sociales (voir le chapitre 3 et la deuxième partie).

Si nous décidons d'utiliser le cycle pour réaliser notre objectif dans la vie, la première chose que nous ayons à faire, c'est d'imaginer le genre de vie que nous souhaitons avoir. (Pour l'aider dans cette entreprise, le lecteur trouvera, p. 185, un exercice intitulé « Concevoir une vision du futur », qui lui permettra de prendre conscience de ce qu'il souhaite réellement.)

2

Le sabotage du cycle

A quarante-deux ans, Bill vient tout juste de se remarier et il envisage l'avenir avec enthousiasme. Sa femme et lui bâtiront ensemble leur vie, ils vivront en harmonie, ayant su créer entre eux une parfaite communication et une intimité profonde ; ils partageront une vieillesse heureuse. Mais six mois plus tard, il constate, désespéré, qu'il revit dans son nouveau couple les mêmes frustrations qui ont déjà détruit ses deux mariages précédents. « Les deux premiers se sont soldés par un échec parce que nous n'arrivions pas à communiquer, dit-il. Nous en étions arrivés au point qu'aucun de nous ne voulait même plus dire ce qu'il pensait réellement. Quand j'y repense, maintenant, tout cela me semble affreusement triste. J'agis avec Marcia, ma femme, exactement comme je le faisais avec Julie et Vera avant notre rupture. Je la laisse décider de tout. Ensuite, je prétends que c'est à cause d'elle que je ne fais rien. Je vois bien que tout cela est de ma faute. »

Bill découvre qu'il est en train de saboter toutes ses chances de réaliser son rêve. Il fuit l'intimité que pourtant il aimerait partager avec sa femme. Comme si cela n'était pas suffisant, sa santé s'affaiblit : « Je n'ai pas sombré dans l'alcool ni la drogue, dit-il, mais comme je n'arrive pas à obtenir ce que je veux, je deviens asthmatique. » En s'imposant des limites dans ses sentiments comme dans ses actes, il limite aussi ses fonctions biologiques jusqu'à tomber malade. (La deuxième partie du livre présente une liste complète des symptômes physiques associés aux différentes étapes du cycle.)

LES SCÉNARIOS DE VIE : RÉÉCRIRE OU REVIVRE

La situation difficile dans laquelle Bill se débat ressemble à ce que vivent beaucoup d'entre nous lorsque nous nous sentons incapables de parvenir aux buts que nous voulions tant atteindre.

Si nous utilisons les étapes du développement pour imaginer notre avenir, nous pouvons donner une réalité à nos rêves. Mais dans le cas contraire, nous ne faisons que répéter inlassablement les vieux schémas familiers. Alors, comme au théâtre, ce sera notre scénario de la vie, et non plus notre rêve, qui dictera le cours de notre existence.

Selon Éric Berne, les scénarios sont des drames psychologiques comparables à des pièces de théâtre. « On peut considérer les événements les plus complexes de la vie comme une pièce de théâtre qui est vraiment en train de se jouer, divisée en scènes et en actes, avec une montée dramatique et un dénouement final. »

Au fil des années, nous pouvons très bien avoir refoulé et oublié le drame familial sur lequel s'appuie notre scénario. Néanmoins, nous continuons d'en jouer des adaptations dans notre vie quotidienne. Inspirés par ce que nous avons, ou n'avons pas, vécu dans notre enfance, nous nous mettons en quête de personnages pouvant tenir les rôles que nous créons. « Dans cette recherche, nous percevons les autres d'une manière idiosyncratique, faisant preuve généralement de beaucoup de perspicacité, choisissant les gens qui conviennent pour jouer le rôle de la mère, du père, des frères et sœurs, ou d'autres personnages importants. »

Berne souligne que souvent de futurs époux sont attirés l'un vers l'autre parce qu'ils soupçonnent intuitivement une complémentarité de leurs scénarios. « Il existe dans le mariage un accord secret sur le scénario entre les deux états intérieurs, adolescents ou enfantins, des futurs époux. Chacun se trouve dans la position d'un distributeur de rôles : l'homme cherche une vedette féminine capable de jouer le rôle prévu par son scénario, et la femme cherche un comédien pour jouer le rôle qu'elle attend de lui. »

S'inventer un programme de vie est une activité très saine. Enfants, nous imitons les adultes, nous essayons divers rôles et nous nous livrons même à des répétitions en costume : c'est une activité naturelle, qui fait partie du processus de croissance. Pendant l'enfance, nous mettons en place les fondations de ce que sera notre vie future. Nos expériences précoces vécues avec la famille et les camarades de notre âge, et les conclusions que nous en avons tirées, constituent la base sur laquelle nous prendrons appui pour faire face aux pressions et aux événements de la vie. Nous sommes les auteurs d'un scénario original. Nous choisissons les acteurs, les scènes et les actes de la pièce que nous créons dans l'enfance et que nous jouons à l'âge adulte.

Même si nous avons oublié ces expériences précoces et les conclusions auxquelles elles nous ont fait aboutir, elles peuvent nous avoir marqués profondément. Par exemple, si nous avons été câlinés, aimés, nous aurons probablement une vision optimiste de l'existence, et le sentiment que l'on peut faire confiance aux autres. Ces plaisirs vécus très jeunes constituent la base d'un comportement affectueux, sociable et spontané chez l'adulte. Si, au contraire, nous avons perdu notre père, par exemple, il est possible qu'obéissant à la logique élémentaire de l'enfance, nous en soyons arrivés à penser : « Je grandis et papa me quitte. Donc, papa me quitte *parce que* je grandis. » Nous décidons alors que le moyen magique d'échapper aux événements pénibles ou effrayants, c'est d'éviter de grandir. En laissant inachevées les tâches de croissance essentielles, nous sommes incapables de développer notre pouvoir et nous nous condamnons à un appauvrissement sérieux de notre vie future.

Si, une fois adultes, nous n'imaginons pas de nouveaux programmes de vie, nous nous contenterons d'obéir aux décisions prises quand nous étions enfants, et oubliées depuis. Au lieu de mettre à profit les étapes du cycle pour nous aider à réaliser nos rêves, nous risquons de nous saboter nous-mêmes en recréant dans le présent une tragédie bâtie sur les vieilles conclusions du passé.

Notre culture même nous encourage parfois à accepter ces limitations de notre pouvoir. Comme le souligne Ashley Montague, « la culture occidentale a monté un complot contre nous... Les êtres humains ne sont pas censés vieillir. Nous nous développons dans un climat qui accentue les caractères de l'enfance. Cependant, notre culture s'ingénie à les étouffer ou à les considérer comme puérils ». Ce point de vue est confirmé par les travaux de Charlotte Buhler, de l'université de Chicago, dans lesquels elle constate : « Dans une société qui valorise à l'excès l'industrie et le commerce, les aspects de l'homme *(sic)* qui ne servent pas aux fins de l'industrie et du commerce seront refoulés. Alors, l'homme sacrifie son intégration, perd sa relation avec les autres, devient inauthentique et considère la vie comme vide de sens. »

Lorsque nous cédons à ces pressions culturelles et que nous adoptons un comportement incompatible avec le cycle de croissance, incapables d'actualiser notre plan de vie ou de nous accorder à nos rêves d'adultes, nous entamons l'un des processus les plus destructeurs que puisse connaître un être humain. Anne Wilson Shaef en donne un exemple : « L'exigence qui se manifeste chez le jeune adulte lorsque nous ne nous sommes pas suffisamment préoccupés, au moment de l'adolescence, du problème de notre propre identité personnelle, peut aboutir au fait qu'à quarante ans, nous ne savons toujours pas qui nous sommes. »

Notre obéissance aux modèles culturels peut aussi se payer du prix de notre santé. Lorsque nous étouffons en nous le besoin physique de réaliser des tâches de développement, nous modifions nos fonctions biologiques, laissant ainsi le champ libre à la maladie et à la dégradation physique. En parlant de son asthme, Bill dit : « Je pense qu'il peut très bien venir d'un besoin très ancien. Je m'efforce vraiment d'essayer de comprendre de quel problème il s'agit. Cependant, je ne vois rien qui puisse changer dans l'avenir, si je ne change pas moi-même. Je suis sûr maintenant qu'il y a chez moi un problème, quelque chose que je dois changer. » (Nous verrons plus loin, dans la deuxième partie, comment Bill s'en est sorti.)

Le dernier exemple montrant comment le processus de croissance peut être dévié au niveau cellulaire est celui du cancer. Des chercheurs ont découvert récemment un corps chimique particulier fabriqué par l'organisme, l'hormone de croissance transformatrice (HCT). On l'a découverte chez des patients atteints de différents types de cancer : tumeurs du sein, du rein, du poumon, du côlon et de la peau. Lorsque les cellules sont privées de ce corps chimique, elles cessent de se comporter en cellules cancéreuses pour devenir des cellules normales. On peut facilement imaginer que nous courons plus de risques de produire des HCT lorsque nous transformons nos besoins de croissance fondamentaux en mécanismes d'inhibition de la croissance.

Chacun de nous *peut* jouer n'importe quelle scène, s'il s'est libéré de toute entrave. Nous pouvons déclencher une ovation chez les spectateurs, ou bien nous faire huer et démolir par les critiques. Nous pouvons créer un mélodrame, une comédie légère, une intrigue pleine de mystère ou une pièce moraliste. Nous pouvons étendre notre pouvoir, ou le gâcher, réaliser nos aptitudes, ou bien ne jamais nous en soucier et nous étonner ensuite que la vie nous traite aussi mal.

LE SABOTAGE : SON INFLUENCE DANS LES SIX ÉTAPES

En dépit des étapes successives qui nous donnent l'occasion de développer notre pouvoir, nous avons parfois un sentiment d'impuissance, l'impression qu'aucun choix ne s'offre à nous et que nos capacités s'affaiblissent. Nous ne voyons plus nos rêves d'avenir, et le plan que nous dicte la nature nous est devenu complètement étranger.

Deux attitudes fondamentales nous écartent de ce plan : « Dépêche-toi de grandir » et « Reste petit ». Ces deux formules sont dangereuses car elles nous masquent la route tracée par la nature. Nous nous égarons, ne sachant plus interpréter correctement nos pulsions internes et les messages que nous adresse notre entourage. C'est désormais la voie ouverte aux problèmes de relations, aux troubles physiques et à l'appauvrissement de nos capacités.

« Dépêche-toi de grandir »
(Ne sois pas dépendant)

Si l'on veut « se dépêcher de grandir », c'est sans doute que nos besoins de dépendance n'ont pas été satisfaits, ou que nous ne nous sentions pas suffisamment protégé lorsque nous n'étions qu'un bébé sans défense. Nous en avons conclu alors qu'exprimer un besoin risquait de provoquer une catastrophe et qu'il valait mieux s'abstenir de réclamer quoi que ce soit si l'on voulait éviter le pire. Cette décision influence notre comportement ultérieur : nous jouons à l'adulte compétent, nous sommes rigide, exigeant des autres qu'ils se conforment à nos désirs, et nous refusons d'accorder notre confiance. Nous gardons souvent nos distances, allant jusqu'à nous montrer menaçant pour couper court à toute relation intime. Nous sommes presque toujours en désaccord avec les opinions d'autrui. Nous avons rarement peur, mais par contre, nous sommes souvent en colère.

« Reste petit »
(Ne grandis pas)

La plupart du temps, les adeptes du « Reste petit » ont été des bébés que l'on n'a pas encouragés à grandir, ou bien auxquels on n'a pas donné la structure et les limites indispensables au développement d'une forme plus élaborée du pouvoir. Ils se sont convaincus qu'ils étaient incapables d'agir par eux-mêmes et que leur survie dépendait du bon vouloir des autres à les prendre en charge. Cette attitude pousse l'adulte à jouer les enfants maladroits, à essayer de faire faire par d'autres ce qu'il pourrait faire tout seul. Il tente de maintenir sa dépendance en se cramponnant à son entourage. Il a souvent du mal à prendre des décisions, préférant se rallier à l'avis d'autrui plutôt que d'émettre une opinion personnelle. Il se met rarement en colère, manifestant plutôt de la peur.

En soustrayant l'individu aux tâches de développement, l'utilisation des scénarios « Dépêche-toi de grandir » et « Reste petit » entraîne des conséquences négatives :

- Une partie de notre énergie physique et émotionnelle est immobilisée et ne peut servir à notre croissance.
- Un sentiment sous-jacent, comme la colère, la peur ou la tristesse, est désormais associé aux besoins et aux conséquences propres à cette étape.
- Le caractère et les aptitudes personnelles qui se sont formés à ce moment-là sont altérés.
- L'identification et la satisfaction des besoins propres à cette étape ne peuvent se faire, puisque l'individu n'a pu profiter d'un apprentissage donné par l'expérience.
- Le développement des étapes suivantes est faussé.

Nous verrons dans la deuxième partie des détails et des exemples de ce processus.

Toutefois, un mauvais départ ou une erreur grave n'engendrent pas nécessairement un appauvrissement définitif. Le cycle permet de tout recommencer. Grâce à lui, nous pouvons modifier notre point de départ, restaurer et affirmer notre pouvoir, même si notre vie semble déjà faite. Le chapitre 3 et la deuxième partie présentent les moyens d'y parvenir.

Au début de ce chapitre, nous avons évoqué le cas de Bill. En s'interrogeant sur son comportement, dans l'espoir d'améliorer ses relations avec sa femme, il découvre déjà une partie de ce que sera son futur programme de développement : c'est un premier pas accompli sur le chemin de sa libération. Il doit se délivrer des entraves du passé pour réaliser enfin son rêve d'avenir.

Il reconnaît : « Avant, je me débarrassais de mes responsabilités en demandant à ma femme de les assumer. Par exemple, je lui disais : “Eh bien, si tu veux me parler, je suis là.” Quand je me sentais frustré ou malheureux, je sortais prendre un verre en tâchant d'oublier tout cela, mais cela ne changeait rien à mon problème.

« Je disais toujours que je ne renoncerais jamais et que je tiendrais bon jusqu'au bout. Maintenant je veux savoir quelles sont les erreurs que j'ai pu commettre. J'ai le sentiment qu'il s'agit là d'un devoir envers moi-même, je dois tout faire maintenant pour essayer d'être bien dans ma peau. Je découvre que, pour être heureux, il ne suffit pas de le décider, il faut aussi tout mettre en œuvre pour y parvenir. »

La leçon qu'on peut tirer de l'histoire de Bill, c'est que, comme beaucoup d'entre nous, il est resté prisonnier de son scénario au lieu de s'en libérer pour réaliser son idéal de vie. Mais il a décidé de s'en sortir. C'est toute la différence entre les gagnants et les perdants, entre ceux qui obtiennent le succès qu'ils convoitent et ceux qui se contentent de reproduire le passé. Bill a choisi ; et, comme lui, chacun de nous peut décider d'être un gagnant.

Si, au lieu de nous y opposer, nous acceptons de suivre le plan que nous dicte la nature, nous accéderons à une nouvelle source d'énergie qui décuplera nos forces. La réalisation des tâches de développement associées à chaque étape du cycle nous permettra d'utiliser au maximum toutes nos capacités pour exister, agir, penser intelligemment, savoir qui nous sommes, développer nos compétences, entreprendre une vie nouvelle et retrouver le pouvoir de nous épanouir.

En apprenant à bien connaître chacune de ces étapes, nous serons prêts à faire face aux difficultés de la vie à n'importe quel âge. Nous saurons profiter de toutes les occasions pour réaliser les tâches de développement au moment opportun. Nous pourrons choisir un environnement favorable au développement de notre autorité naturelle. Et si nous nous sentons bien dans notre peau, tout notre entourage en bénéficiera.

Le chapitre 3 indique comment parvenir à ce résultat, comment abandonner un passé familier pour atteindre ces terres nouvelles, inconnues, où notre rêve devient possible. Le défi consiste à recanaliser nos énergies en cessant de contester, d'éviter ou de saboter le cycle pour accepter enfin de collaborer à notre propre développement, convaincus que le plan conçu par la nature respecte au mieux nos intérêts. La suite de ce livre traite de cette grande aventure.

QUESTIONNAIRE SUR LE SCÉNARIO DE DÉVELOPPEMENT

Heureusement, notre pouvoir de décision nous permet, une fois adulte, de rejeter le plan de vie que nous avons conçu étant enfant. Nous pouvons décider de ne rien faire, de répéter nos vieilles frustrations, ou de considérer chaque étape de notre développement comme l'occasion d'améliorer nottre performance et de relancer l'action. Les entraves du passé peuvent servir de point de départ à des solutions nouvelles au lieu d'entretenir les problèmes.

- Nous pouvons satisfaire des besoins antérieurs et terminer les tâches de développement, mettant ainsi un terme à la répétition de nos difficultés.
- Nous pouvons choisir de prendre en compte nos besoins et renoncer au sabotage du cycle en modifiant des comportements appauvrissants.
- Nous pouvons développer notre pouvoir en réalisant les tâches de développement correspondant à notre étape actuelle.

Même si nous n'avons pas toujours une idée très précise des choix que nous avons faits à chaque étape, nous pouvons utiliser une méthode simple et efficace, le questionnaire sur le scénario de développement, qui nous permet de définir et d'identifier notre scénario intime et de constituer ainsi une base d'informations qui nous aidera à modifier le cours de notre vie. Grâce à cette méthode, nous découvrirons les fondements sur lesquels s'est bâtie notre existence ; nous mettrons à jour les matériaux de base qui nous servent à écrire les actes et les scènes de notre vie.

Nous verrons au chapitre 3 comment utiliser nos réponses au questionnaire pour réécrire le scénario de notre vie.

Exemple de questionnaire sur le scénario de développement

Dave, âgé de cinquante ans, est né dans le Middle West, où il a toujours vécu. Il ne l'a quitté que pour voyager en Extrême-Orient comme officier de marine à bord d'un destroyer américain.

Il travaille maintenant pour une société technologique du Middle West dont le réseau commercial s'étend à quantité de pays étrangers. Dave voyage beaucoup ; il va plusieurs fois par an en Europe, au Japon et en Extrême-Orient, pour négocier des contrats portant sur plusieurs millions de dollars.

« Pour tout le monde, dit-il, j'ai réussi. Mais cela ne m'a pas apporté ce que je cherchais. Je voudrais me sentir plus calme, plus confiant. Mon succès apparent ne m'a pas aidé à me sentir bien dans ma peau. J'ai toujours éprouvé un sentiment d'infériorité, et c'est pour prouver le contraire que j'ai travaillé si dur. J'ai fait mon chemin, les tripes nouées. J'ai les muscles du dos très tendus, aussi. Je suis optimiste, passionné par mon travail, je réussis ce que j'entreprends, mais je manque de chaleur. »

Dave est bien décidé à se libérer des entraves que son scénario lui a imposées. Il souhaite retrouver tout son potentiel perdu. Pour savoir exactement où il en est, il a répondu aux questions suivantes :

Pam Levin : Dave, pour répondre à mes questions, laisse-toi aller et dis la première chose qui te vient à l'esprit, sans te soucier de sa véracité, même si tu as l'impression que tu es en train de me raconter des histoires. Il ne s'agit pas d'un test, et tu ne seras pas noté. Réponds au présent ; dis « je suis » plutôt que « j'étais ». Maintenant, imagine que tu viens de naître. Quelles sont les réactions de tes parents ?

(Étape n° 1)

Dave : Tous deux sont très fiers, très heureux. Mon père est content d'avoir un garçon.

P : Maintenant, imagine que tu as quatre mois. Tu as faim. Tu pleures et tu donnes des coups de pied. Tu veux qu'on te prenne dans les bras et qu'on te nourrisse. Que se passe-t-il ?

D : Mon père dit à ma mère de s'occuper de moi. Il ne lui vient même pas à l'esprit qu'il pourrait le faire. Ma mère regarde la pendule pour vérifier s'il s'est bien écoulé quatre heures depuis mon dernier repas. Ce n'est pas le cas, aussi va-t-elle faire un tour en attendant. Elle me laisse là. Elle ne supporte pas de m'entendre pleurer si fort.

P : Tu es un nourrisson. La seule chose que tu puisses faire, c'est de pleurer. Quelle est ta réaction ?

D : C'est dur. J'apprends qu'en luttant on n'obtient pas toujours immédiatement ce qu'on veut. Mais alors, on lutte encore plus. Et si cela ne marche pas, on essaie jusqu'à ce qu'on trouve quelque chose qui marche. Cela peut prendre beaucoup de temps, mais si on pleure assez longtemps, on finit par avoir à manger. En tout cas, le mieux, c'est de n'avoir besoin de rien.

(Étape n° 2)

P : Imagine que tu es un tout petit enfant. Tu rampes par

terre, tu as envie parfois qu'on te prenne dans les bras, tu entres dans les placards, et voilà que tu renverses une lampe. Qu'arrive-t-il ?

D : Mon père est furieux. Il n'a pas beaucoup de travail et la vie est difficile. Il sort, et ma mère m'installe dans un endroit où je ne peux rien renverser. Peut-être me laisse-t-elle tout seul sous la véranda.

P : Donc ton père est furieux, il s'en va, et ta mère te laisse sous la véranda. Qu'en penses-tu ?

D : Eh bien, si on veut faire quelque chose, il y a du chemin à faire. Je n'ai aucun soutien, et je ne peux pas me rapprocher. C'est dur de faire cela tout seul. Mais cela ne compte pas si quelqu'un t'aide, ou si tu trouves un soutien.

(Étape n° 3)

P : Imagine maintenant que tu as deux ans. Tu veux avoir ton avis personnel. Tu adores dire « Non ! » et « Je ne veux pas ! » Que se passe-t-il ?

D : Le « Non » est interdit. Cela me semble impossible de dire « Non ! » Jamais je ne pourrai dire carrément « Non ! » Il vaut mieux avoir l'air falot. Un « Non » m'apparaît comme dangereux, terrifiant. Cela déclencherait une véritable explosion verbale chez papa. Mais personne ne me frapperait.

(Étape n° 4)

P : Eh bien, cela me fait plaisir ! Imagine maintenant que tu as quatre ans. Tu t'intéresses à ce qui différencie les filles des garçons et tu te demandes ce que tu es toi-même. Imagine que tu te trouves dans la salle de bains avec une petite fille et tu veux voir en quoi elle est différente de toi.

D : Oh, je crois que le monde s'écroulerait ! Mon père et ma mère ont tous deux l'esprit étroit, ils sont très guindés. Il est impossible que je me trouve seul dans la salle de bains avec une petite voisine.

P : Très bien, alors suppose que tu es en train d'imaginer : « Que se passe-t-il si ... ? » Suppose que tu voles une friandise dans un magasin. Que se passe-t-il ?

D : (Il sourit.) Je récolterais une bonne punition. Je reste consigné à la maison, peut-être pendant deux jours. Cela pouvait aller jusqu'à six ou sept jours parfois !

P : Et si tu dis quelque chose à ton père, et que tu donnes une version différente à ta mère ?

D : Ils en discutent ensemble. On ne peut pas les manipuler. Ils n'ont pas toujours des idées très précises, mais ils ne sont pas idiots. Je reçois des tas de signaux différents, et c'est difficile de se faire une idée. Je pense que cela crée un sentiment d'insécurité profonde parce qu'on ne sait pas qui on est ni ce qu'on doit faire. (Passer du « je » au « on » souligne les différentes composantes de sa personnalité : un moi adulte et un moi plus jeune qui a besoin de ses parents.) Je n'ai vraiment pas réussi cette phase de mon développement. Ce que j'essaie de savoir, en particulier, c'est : « Qui suis-je ? » Si l'on naît berger au XVIIe siècle, on sait qui l'on est et ce que les autres attendent de toi. Quand on s'élève dans l'échelle sociale, on doit faire preuve d'intuition, se montrer psychologue. D'une certaine façon, le fait que je grandisse faisait peser une menace sur mes parents. D'un côté, ils souhaitaient que je m'affirme, mais par ailleurs, cela constituait une menace pour eux. C'est quelque chose qui me hante encore l'esprit aujourd'hui. Quoi que je fasse, cela ne suffit jamais à effacer cette impression de menace. J'ai décidé que, quelle que soit la vie qui nous attend, il faut se battre, calculer et faire preuve d'une grande ténacité pour réussir.

(Étape n° 5)

P : Maintenant, imagine que tu as entre six et douze ans. Tu es en train d'apprendre tout ce qui te servira dans la vie. Tu as besoin de savoir comment faire les choses. Tu veux discuter, raisonner et créer tes propres valeurs. Qu'arrive-t-il ?

D : Mon père est souvent absent. Il n'est pas là pour me montrer comment il faut faire. Je dois tout apprendre tout seul, et c'est un véritable défi. Mais c'est bien. C'est stimulant et cela t'oblige à te concentrer. Ce que j'ai compris de la condition d'homme, je le dois en grande partie au cinéma. Ce n'était pas bien d'avoir peur, c'était interdit. Il fallait travailler dur, réussir et ne jamais avoir peur. Il y avait un poème que j'aimais beaucoup quand j'étais scout et que je campais. C'était :

> As-tu peur de la force du vent,
> De la pluie qui cingle ?
> Fais-leur face et combats-les,
> Redeviens sauvage !

Éprouve la faim du loup,
Marche dans l'eau comme la grue.
Les paumes de tes mains épaissiront,
Ta nuque se tannera,
Tu te sentiras fatigué, les pieds las et douloureux,
Mais tu marcheras comme un homme !

J'étais scout pour toujours. Je voulais vraiment devenir un homme, et plutôt du genre « macho » ! Le problème, c'est qu'on finit par ne plus croire à son système de valeurs.

(Étape n° 6)

P : Et quand tu as entre treize et dix-huit ans, et que ta sexualité s'affirme ?

D : A ce moment-là mes parents me laissent déjà pas mal de liberté. J'ai acquis suffisamment d'indépendance pour n'avoir de comptes à rendre à personne. Ils n'ont rien à voir dans le développement de ma sexualité. Une fois, je discute avec ma mère de l'heure à laquelle je dois rentrer. Elle me dit que si je ne suis pas là à telle heure, elle fermera la porte à clé. Je réponds : « Très bien, je dormirai dans l'entrée de l'immeuble ». Cette menace fait si bien son effet que ma mère laisse la porte ouverte. Dans bien des domaines je souffre d'un manque de structure, et cela me rend difficile le passage à l'âge d'homme. Quand vient le moment de conclure quelque chose, j'en ai fait à peu près quatre-vingt-dix pour cent. Je suis le champion du quatre-vingt-dix pour cent. Dans un sens, ce n'est pas mal, mais cela crée encore chez moi un sentiment de culpabilité parce que je n'ai pas su finir.

Plus tard, Dave évoque une citation de T. Roosevelt qui exprimait ce qu'il souhaitait être dans la vie : « Le critique ne compte pas, pas plus que celui qui se contente de souligner les moments de faiblesse de l'athlète ou les erreurs de l'homme d'action. Seul a du mérite l'homme qui se tient dans l'arène, le visage couvert de poussière, de sueur et de sang ; ... qui, même s'il échoue, le fait au moins en prenant des risques énormes, de sorte qu'il ne se confondra jamais avec ces êtres froids et timides qui ne connaissent ni la défaite ni la victoire. »

D : C'est un peu sanguinolent, cette histoire de sang dans l'arène, mais néanmoins c'est vrai, je ne fais rien de bien quand le but à atteindre ne me semble pas assez important. Je m'ennuie quand l'enjeu est trop faible et je n'arrive à rien. Si je peux planter mes crocs dans quelque chose qui me paraît en valoir la peine, j'ai alors toutes les chances de réussir.

Même si les réponses de Dave n'évoquent pas nécessairement des souvenirs d'une fidélité parfaite, elles reflètent cependant son niveau de compréhension des moments clés de son plan de vie et de la manière dont ce plan se rattache au cycle de développement naturel. Dave fait observer que ce qu'il a hérité de son enfance est plutôt positif : « Il m'est facile d'être optimiste, de voir le bon côté des choses. Je sais travailler dur. J'ai reçu une bonne éducation. Je suis un bon employé. Je suis passionné par mon travail et je sais comment réussir ce que j'entreprends. Toutes ces qualités sont très appréciées dans notre culture. Je sais évaluer les choses. Je peux faire preuve de psychologie, et c'est pourquoi je réussis bien dans ce poste qui me met en contact avec des Européens, des Japonais et des Chinois. »

Le problème le plus aigu qui ressort du scénario de Dave concerne son stoïcisme et son manque d'intimité avec les autres. « On ne manifeste pas ses sentiments, on est réservé, disait-il. Mais c'est mieux de partager, de parler et de connaître ses propres sentiments. Quand j'étais jeune, j'ai été élevé dans l'idée qu'"il ne faut pas se montrer sensible".

« J'en ai assez de cette impression d'avoir été privé de quelque chose au cours de mon développement. Je veux en finir avec cette partie de moi-même qui ne va pas bien, et arriver à quelque chose de constructif. »

Après avoir dégagé les moments clés de son plan de développement personnel, Dave décida de repasser par l'étape n° 1 pour modifier le schéma qui avait perturbé le déroulement normal du cycle et pour se réapproprier son pouvoir. Nous le retrouverons dans le chapitre suivant. Lorsqu'il en aura fini avec l'étape n° 1, ses réponses au questionnaire lui serviront de guide dans son travail à travers les autres étapes.

(Si vous voulez, vous aussi, avoir recours au questionnaire sur le scénario de développement, il vous suffit pour cela de vous reporter p. 189.)

3

*Les affirmations de puissance**

Même si nos actes semblent parfois prouver le contraire, chacun de nous est une personne à part entière, capable de résoudre des problèmes et de réaliser des projets. Si nous restons prisonniers de notre scénario, nous ne pourrons jamais donner réalité à notre rêve d'avenir ; mais si, au contraire, nous savons abandonner un passé que nous connaissons trop bien et qui nous limite, pour pénétrer dans ces terres nouvelles, inconnues, où nos rêves deviennent possibles, nous sommes sur la voie du succès.

Au départ, nous sommes prisonniers de contraintes multiples, de jugements négatifs, de voix persuasives qui nous répètent : « Je ne peux pas. Je ne dois pas. Je vais me faire mal. Je ne survivrai pas. Personne ne m'aimera. Je n'en vaux pas la peine ! »

Il suffit d'écouter par exemple Dave, dont nous avons fait la connaissance au chapitre 2 : « Une voix intérieure me disait que je devrais agir, arranger les choses et me débrouiller pour que tout marche bien. » En écoutant cette voix intérieure, il avait le sentiment d'être un incapable, alors que tout prouvait le contraire.

Ou encore, Mitch, un orthophoniste qui se sentait « professionnellement vidé ("burnt out") » : « Mon patron n'était pas tout le temps sur mon dos, mais moi je me surveillais continuellement. Je n'arrivais pas à me libérer de ces voix intérieures qui critiquaient mon travail et m'interdisaient d'être content de moi. »

Béatrice faisait confiance à sa famille et à sa religion, mais elle obéissait à des ordres venus du plus profond d'elle-même, qui résonnaient, dit-elle, « comme des voix familiales me dictant d'être parfaite, de bien agir, d'impressionner les voisins, d'avoir l'air en forme et de ne jamais me faire prendre en faute. Elles me disaient d'aimer et de respecter mes parents, mais je n'y arrivais pas toujours. Les voix s'écriaient alors : "C'est terrible ! Tu es chrétienne. Tu dois devenir meilleure ! " » Les voix sont devenues si pressantes que pour essayer de leur échapper, Béa tenta de se suicider. Son histoire témoigne du danger qu'il y a à nous programmer de manière négative. Si nous entretenons une image négative de nous-mêmes, si nous doutons de nous intérieurement, nous restons enfermés dans les limites de notre scénario, condamnés à l'impuissance et à l'inadaptation, au lieu de nous montrer actifs et efficaces.

LES AFFIRMATIONS

En assumant la responsabilité de notre esprit, nous pouvons commencer à revendiquer les droits qui sont les nôtres dès la naissance. Pour y parvenir, il nous faut remplacer systématiquement tous les messages négatifs par des messages positifs ; nous devons répéter des *affirmations*, c'est-à-dire des phrases efficaces, positives, qui augmentent et consolident notre force et le sentiment d'être bien dans notre peau.

« J'ai raison d'être en colère. C'est bien pour moi de changer. J'obtiens ce que je veux, et c'est très bien comme cela. Je suis quelqu'un d'important, et les autres aussi sont importants. Je suis digne d'être aimé. C'est bien pour moi de ressentir ce que je ressens. » Des affirmations de ce genre constituent des messages qui renforcent notre sentiment d'être « à la hauteur » ; elles permettent et favorisent notre développement naturel.

Ces affirmations ont un tel pouvoir qu'elles arrivent même à modifier les rythmes cardiaque et respiratoire chez des patients plongés dans le coma. La répétition de messages positifs peut donc influencer les zones les plus profondes et les plus primitives de notre être.

Pour vous aider à créer vos propres affirmations, vous trouverez p. 193 un exercice intitulé « l'utilisation de la structure de la pensée pour créer vos propres affirmations ». Mais il faut à la fois beaucoup de temps et beaucoup d'énergie pour modifier les bases d'un plan de vie. Si la créativité ne figure pas dans votre scénario d'origine et que maintenant votre rêve est d'être peintre, n'espérez pas devenir en une nuit le nouveau Picasso ou le nouveau Magritte. Si vous voulez mieux maîtriser votre colère, donnez-vous le temps d'acquérir les aptitudes nécessaires. Vous réécrivez le plan de votre vie, cela ne peut se faire en un tournemain, mais par étapes, morceau par morceau. Le processus de transmutation vous fournira les matériaux à retravailler, ce qui vous épargnera un travail de fouilles excessif, et chaque étape est normale. Aussi, détendez-vous. Il ne s'agit pas de traverser les étapes à toute allure, mais d'utiliser le moment propice pour développer le potentiel présent en effectuant les tâches qui conviennent. La meilleure façon de préparer les étapes à venir, c'est d'agir efficacement dans l'étape présente. L'important, c'est de ne pas attendre que toutes les conditions idéales soient réunies, mais simplement de commencer. Voici quelques conseils qu'il vous faut garder en mémoire tout le temps où vous travaillerez sur votre cycle de développement :

- *Vous pouvez y arriver.* Vous pouvez résoudre des problèmes ; c'est possible.
- *Vous savez.* Vous savez ce dont vous avez besoin. Les seules personnes qui en sont incapables, ce sont les handicapés mentaux ou les drogués.
- *Agissez.* Quand vous êtes mal à l'aise, faites quelque chose. Cela ne sert à rien de tourner en rond.
- *La prise de conscience peut mettre mal à l'aise.* Quand vous commencez à identifier un problème, vous pouvez avoir l'impression d'être encore plus mal à l'aise ; mais c'est seulement parce que vous prenez conscience d'un malaise qui existe déjà. Ce que vous ressentez comme une aggravation de votre problème n'est en fait qu'une conscience accrue de ce problème.
- *Cela peut ne pas marcher.* La résolution de problèmes opère par essais successifs. Quand vous décidez de faire quelque chose, faites-le, tout simplement. Peut-être n'est-ce pas là la meilleure solution, mais vous pouvez tirer profit même de vos

échecs. Profitez de l'occasion pour retirer le maximum de bénéfices des conséquences de vos actes, quelles qu'elles soient. C'est important, parce que si vous avez le droit de vous tromper quelquefois, vous pouvez toujours changer.

• *Revendiquez-le.* (Prenez en charge le problème.) Acceptez d'être responsable de votre problème. Si vous essayez d'excuser votre comportement en invoquant des circonstances extérieures, vous vous privez du soutien dont vous avez besoin. Pour obtenir ce que vous souhaitez, vous ne devez pas laisser votre manque de responsabilité se mettre en travers de votre chemin. Cela vous sera facile si vous vous rappelez que vous y avez tout intérêt.

• *Soyez sceptique.* Vous n'avez pas à jouer les croyants à tous crins. Soyez aussi sceptique que vous le voulez. Mais n'oubliez pas que vous avez un problème à résoudre. Soyez comme le scientifique qui réalise une expérience : sceptique, mais attentif, vigilant et tout prêt à accepter une solution.

• *La rigidité cadavérique peut apparaître.* Le refus total de résoudre un problème s'apparente à l'état psychotique ou à la rigidité cadavérique. En réalité, vous faites toujours quelque chose pour essayer d'obtenir ce dont vous avez besoin ; aussi découvrez ce qui constitue le noyau essentiel de votre action, et partez de là.

• *Ne vous mentez pas à vous-même.* Entre essayer de résoudre un problème et y parvenir réellement, il y a un gouffre. Vous savez faire la différence, et cela ne servirait à rien de tricher. Vous ne tromperiez que vous-même. Ne vous mentez pas.

• *Cessez de jouer.* Découvrir ce dont vous avez besoin n'est pas un jeu. Si vous voulez vraiment vous connaître, vous devez cesser de jouer.

• *Continuez, jusqu'à ce que vous soyez complètement épuisé.* Si vous êtes trop fatigué, nichez-vous sous vos couvertures en suçant votre pouce. Vous vous sentirez mieux demain matin, quand vous aurez retrouvé toute votre énergie.

• *Décrochez le gros lot.* A mesure que le problème se précise, vous observerez peut-être en vous des résistances de plus en plus fortes. Cela prouve que vous êtes sur la bonne voie et que vous pourrez bientôt décrocher le gros lot !

• *C'est votre affaire.* Créez votre nouvelle situation telle que vous la souhaitez. Cela ne veut pas dire que vous deviez rester sourd à tous les conseils, mais n'oubliez pas : avant tout, c'est *votre* affaire.

• *Vous êtes autre chose que les problèmes qui vous préoccupent.* Vous avez peut-être l'impression que votre problème, *c'est* vous, alors qu'en fait vous êtes simplement quelqu'un qui *a* un problème. Vos difficultés vous submergent parfois, mais vous ne vous limitez pas à elles, vous valez beaucoup plus que cela et vous êtes capable de réaliser ce dont vous avez besoin.

CE QUE VOUS AVEZ RÉUSSI

Avant de vous lancer dans la deuxième partie de ce livre, rappelez-vous que toutes les étapes du cycle concernent votre vie, même si pour l'instant cela ne semble vrai que pour l'une d'entre elles. Étudiez-les toutes. Vous trouverez ensuite comment utiliser au mieux le pouvoir de transmutation.

En réécrivant le plan de votre vie, vous aurez :

• Libéré l'énergie physique et émotionnelle étouffée en vous jusque-là, et que vous pouvez maintenant utiliser.

• Eu raison de la colère, de la peur ou de la tristesse que vous aviez associées à vos besoins au cours d'une étape particulière de votre développement.

• Réparé les dégâts subis par les aptitudes que vous développiez.

• Accru votre finesse et votre habileté à identifier les besoins propres à chaque étape.

• Mis fin à l'action appauvrissante qu'exerçait votre scénario sur les étapes suivantes.

Félicitez-vous. Vous le méritez !

Deuxième partie

LES SEPT ÉTAPES DU CYCLE

Introduction

Dans cette deuxième partie, chaque chapitre commence par le témoignage d'adultes qui vivent l'expérience de transmutation normale. Ces témoignages sont suivis d'une description sommaire des tâches spécifiques que nous pouvons effectuer à chaque étape pour développer notre pouvoir. Le lecteur sera peut-être également intéressé par la liste des moments de la vie où il arrive plus fréquemment de retraverser l'étape décrite dans le chapitre. Mais il ne s'agit là que de simples remarques qui n'ont pour l'instant reçu l'appui d'aucune démonstration scientifique. La méthode la plus sûre pour savoir à quelle étape vous vous trouvez est encore d'observer vos propres symptômes physiques.

Ensuite, pour chaque étape figure un résumé des tâches qui se réalisent à l'occasion des jeux de l'enfance. Suivent, à titre d'exemples, quelques décisions de scénarios qui ont pu nous servir à planifier cette étape. Puis une description des rôles liés au sexe, et de la manière dont ils se transmettent, peut aider le lecteur à se libérer de leur influence.

A chaque fois, le cycle du sabotage est décrit en détail : les jeux auxquels nous nous livrons et les symptômes physiques que nous éprouvons lorsque nous évitons les tâches propres à chaque étape. Jouer aboutit à maintenir en place les limites imposées par le scénario, au lieu de les faire éclater, car nous faisons porter aux autres la responsabilité qui est la nôtre lorsque nous évitons les tâches de développement. La description des symptômes physiques qui accompagnent souvent le sabotage permettra de mieux les identifier. L'énumération et la description des jeux propres à chaque étape devraient permettre de reconnaître très tôt les schémas qui conduisent au sabotage de nos besoins.

Nous traiterons ensuite de la manière de se réapproprier le pouvoir, en citant les témoignages de diverses personnes qui ont accepté de nous faire bénéficier de leur expérience personnelle et de nous expliquer comment elles ont mis fin au sabotage de leur cycle. Elles ont pris conscience du scénario auquel elles obéissaient (« Dépêche-toi de grandir » ou « Reste petit »), puis elles ont su créer les conditions leur permettant de revenir au plan que leur dictait la nature. Ce travail implique souvent une libération de l'énergie, jusque-là liée, contenue dans les souvenirs de l'enfance et stockée dans l'organisme.

En outre, beaucoup de ces patients ont complété les étapes de développement qu'ils avaient laissées inachevées, et modifié les décisions qui entravaient leur épanouissement personnel. Certains expliquent comment, avec l'aide d'un conseiller habile et compétent, ils ont noué une relation de reparentage* temporaire pour revivre les étapes de développement propres à l'enfance. La description de ce processus est donnée ici à titre d'information. Il ne faut pas l'entreprendre sans l'aide d'un spécialiste éclairé. Les adultes qui retournent momentanément au stade de l'enfance ont besoin, eux aussi, d'avoir de « bons » parents. Pour mener à bien la résolution de leur problème, un environnement sécurisant leur est nécessaire : il doit être à la fois plein d'affection, jalonné de limites solides, et encadré par des conseillers ayant reçu une formation suffisante.

En fin d'ouvrage, le lecteur trouvera les méthodes et les exercices auxquels il peut avoir recours pour développer son pouvoir et résoudre ses problèmes personnels liés à telle ou telle étape. Rappelez-vous une chose : *c'est* bien de réaliser les tâches de développement. Vous pouvez satisfaire vos besoins en toute sécurité, et à votre rythme. Les étapes du cycle sont un don de la nature. Si vous les utilisez, vous pourrez réaliser vos rêves les plus chers. En prenant pour allié le plan de la nature, tout devient possible.

ÉTAPE Nº 1

Le pouvoir d'exister

DE LA NAISSANCE À SIX MOIS

Tout en ce monde vient de ce que l'on existe.
LAO-TSEU, VIe SIÈCLE AV. J.-C.

AFFIRMATIONS

C'EST OK POUR TOI D'ÊTRE LÀ, D'ÊTRE NOURRI, TOUCHÉ, ET QU'ON S'OCCUPE DE TOI.

- Tu as le droit d'être là !
- Je comprends et j'accepte tes besoins.
- Je suis content que tu sois un garçon/une fille.
- Tu n'as pas besoin de te dépêcher, tu peux prendre tout ton temps.
- J'aime te tenir dans mes bras, être près de toi, te toucher.

SYMPTÔMES NORMAUX

Vouloir manger souvent ; éprouver des difficultés à réfléchir ; dévorer des sucreries ; manifester une grande sensibilité de la bouche ; faire souvent de petits sommes ; avoir du mal à se concentrer ; souhaiter dépendre d'autrui et, plus particulièrement, aimer être nourri et touché avec tendresse.

DÉVIATIONS

- « Dépêche-toi de grandir. » Nous nous sentons faible, apeuré et démuni, mais nous jouons au « grand » et nous nous mettons en colère.
- « Reste petit. » Nous sommes furieux, mais nous manifestons de la peur tout en attendant que quelqu'un devine ce dont nous avons besoin.

EXEMPLES DE TRANSMUTATIONS NORMALES

Juste après avoir reçu une promotion longtemps attendue et qui constituait l'un des buts essentiels de sa vie, une femme avouait : « Je porte sans arrêt ma main à la bouche, sans parvenir à m'en empêcher. Je traverse une phase où j'aimerais être tout le temps proche des autres.

« Hier, malgré tout ce que j'avais à faire, j'ai passé deux heures avec ma fille de huit ans, nous étions serrées l'une contre l'autre et nous nous amusions avec un jouet qu'elle possède depuis sa toute petite enfance : un petit bonhomme en pain d'épice avec une boîte à musique.

« Je n'aime pas manger à table, non plus. Je préfère qu'on s'asseye tous sur le canapé, pour être proches les uns des autres. Par ailleurs, cela me permet de voir ce qu'il y a dans l'assiette des autres. Quand ils me donnent des petits morceaux de nourriture, cela me semble bien meilleur. Je mange aussi plus souvent. Je n'aime pas tellement les grands repas ; je préfère manger peu, mais tout le temps. Si quelqu'un prend des décisions à ma place, j'en rougis presque de plaisir.

« L'autre jour, je suis allée à l'épicerie et je n'arrivais pas à me décider dans mes achats. D'habitude, je suis plutôt organisée, mais cette fois je restais là à regarder toute cette marchandise, et j'aurais voulu que quelqu'un me dise ce que je devais faire, ou mieux encore, qu'il le fasse à ma place. Et vous savez comme j'aime les réceptions ! Mais maintenant, je trouve qu'il n'y a rien de meilleur, le week-end, que de rester à la maison à lire un bon roman, blottie sous mes couvertures, et de me faire masser. Je me garde bien de résister à la tentation de prendre un moment de répit. Si je lutte contre le besoin de tout regrouper, ce qui risque d'arriver, c'est que je perde mon chéquier, mon portefeuille ou mes clefs. »

Le grand-père de douze petits-enfants décrivit des symptômes du même type alors qu'il envisageait de déménager pour prendre un appartement plus petit. « Mon dernier petit-fils vient de naître, et il est magnifique. Nous sommes tous les deux embarqués sur le même bateau. Nous n'avons ni cheveux ni dents. Il faut que quelqu'un subvienne à nos besoins, car nous sommes trop faibles pour nous débrouiller tout seuls. Nous devons deviner qui sont tous ces gens autour de nous, et si nous pouvons leur faire confiance. Je ne suis plus capable de faire grand-chose, mais je peux tenir ce bébé dans les bras pendant des heures. C'est ma plus grande joie et cela me donne une raison de vivre. Pour rien au monde je n'aurais voulu manquer cela. »

COMMENT DÉVELOPPER LE POUVOIR D'EXISTER

Dans l'étape n° 1, la vie retourne aux priorités élémentaires, celles qui concernent le simple fait d'*être vivant*, d'entretenir la vie, de maintenir unis l'esprit et le corps et d'apprendre à apprécier l'existence. Nous connaissons alors souvent des problèmes de faiblesse, de confiance, de méfiance, d'adaptation, de satisfaction et de sensualité. Les besoins fondamentaux liés à la nourriture, l'argent, l'amour et le sexe deviennent des préoccupations majeures. Nos rêves sont pleins d'images floues, où circulent des formes vagues, indéfinies, d'ombre et de lumière.

Avant de tenter quoi que ce soit, nous devons développer notre force intérieure. Il nous faut d'abord unir nos énergies à celles de tous ceux qui nous aident pour jeter les bases de notre futur pouvoir. Privés de ces liens qui constituent la base d'échanges affectifs satisfaisants pour tous, nous ne pourrions pas développer notre potentiel d'existence au-delà d'un cercle étroit.

Quand nous retraversons l'étape n° 1, nous éprouvons généralement beaucoup moins le besoin de penser ou d'agir. Par contre, nos sensations s'intensifient. Nous devenons sensibles à la douleur ou aux démangeaisons, qu'elles apparaissent dans la bouche, le système gastro-intestinal ou sur la peau. Le plaisir sensuel nous préoccupe, nous devenons distraits et incapables de nous concentrer. Pour tenter de satisfaire ces sensations de tiraillement, nous mâchouillons parfois un crayon, un chewing-gum, ou bien nous fumons. Nous nous frottons ou nous grattons la peau, en guise de stimulation.

Parfois, nous éprouvons le besoin de dormir davantage, nous « piquons » de petits sommes, nous nous couchons tôt et nous levons tard. Nous avons envie d'être reconnus pour ce que nous *sommes* plutôt que pour nos actes et nos réalisations. Même alors, les mots seuls n'arrivent pas à nous satisfaire entièrement.

Nous avons besoin de nous blottir contre l'autre pour être sûrs que tout va bien.

Quel que soit notre âge, chaque fois que nous ressentons ces symptômes qui accompagnent l'étape n° 1, nous devons, pour fortifier notre sentiment d'exister, accomplir les tâches de développement suivantes :

- Reconnaître notre existence et celle des autres indépendamment de nos actes ou de nos réalisations.
- Laisser les autres prendre soin de nous, nous traiter avec égards et nous réalimenter.
- Créer avec autrui des liens émotionnels basés sur la confiance.
- Toucher et être touché.
- « Être », tout simplement, au lieu de « faire ».
- Être nourri et dorloté, et agir de même avec les autres.
- Être sensuel.

(Le lecteur trouvera p. 197 des techniques qui permettent de satisfaire ces besoins.)

Certaines périodes de notre existence offrent des occasions privilégiées pour développer notre pouvoir d'exister :

- Au cours des six premiers mois de la vie.
- Quand nous sommes fatigués, blessés, vulnérables ou malades.
- Au cours des phases de changement rapide ou de croissance.
- Quand nous avons subi une perte personnelle.
- Quand nous nous occupons d'un bébé.
- Pendant la grossesse.
- Chaque fois que nous subissons un choc psychologique.
- Au début de n'importe quel processus.
- A treize ans, et aux âges qui sont des multiples de treize.
- A dix-neuf ans et aux âges qui sont des multiples de dix-neuf.

Tout cela ne constitue qu'un fil conducteur. Soyez à l'écoute de votre corps et laissez-le vous dire où vous vous situez dans le cycle. Rappelez-vous que le passage à travers l'étape n° 1 vous sera bénéfique dans la mesure où vous accomplirez les tâches correspondant à cette phase.

LA MISE EN PLACE DU POUVOIR D'EXISTER

La première fois où nous traversons l'étape n° 1, celle des besoins oraux, c'est pendant les six premiers mois de notre vie. Bébés, nous avons besoin de stimulations physiques et verbales. Ce qu'il nous faut, c'est être nourris, touchés, qu'on nous parle et qu'on nous tienne tendrement dans les bras. Quand on nous alimente, nous recevons la nourriture indispensable à la formation de nos cellules et en même temps, ce qui se trouve au plus intime de nous-mêmes, notre intestin, est stimulé. Quand on nous touche, nous établissons avec les autres un contact émotionnel, et ce que nous avons de plus extérieur, notre peau, est stimulée. Ces sensations corporelles déclenchées par la prise de nourriture et le contact constituent pour nous la première prise de conscience de notre existence physique. Cette première révélation nous conduit à prendre des décisions sur ce que nous sommes, notre conception de la vie et la façon de survivre. « La vie est ... (dure, facile, pénible, agréable, gaie, difficile). »

Bébés, nous ne pouvons rien faire d'autre que de pleurer pour prévenir notre entourage que nous avons besoin de quelque chose. Si nous pouvions parler, nous dirions : « J'existe ! J'ai une sensibilité ! J'ai des besoins et des désirs ! Je suis ! Aussi, donnez-moi à manger, touchez-moi, aimez-moi, jouez avec moi ! » Les tout-petits aiment entendre des messages positifs tels que : « Tu grandis si bien », plutôt que des commentaires négatifs du genre : « Tu es devenu trop lourd pour que je te porte. » Ils préfèrent s'entendre dire : « Tu fais de gros progrès en essayant de manger tout seul », plutôt que : « Tu manges si salement », ou bien : « Quel travail tu me donnes ». A cet âge tendre, la manière dont notre entourage réagit à nos pleurs nous indique si nous sommes ou non encouragés à être là, à exister et à être bien réels.

Pour les petits enfants, être nourri et touché est une question de survie, car cela stimule les fonctions vitales de l'organisme. La digestion, la respiration, l'élimination, les systèmes immunologique et circulatoire doivent tous fonctionner parfaitement pour que la vie se maintienne. Lorsqu'on nous caresse tendrement, notre peau réagit : « Mmm, comme c'est agréable », et toute une série de modifications chimiques avertit nos autres organes de « continuer ». Nous respirons alors plus profondément, notre sang reçoit plus d'oxygène, nous fabriquons davantage de globules blancs, ce qui nous permet d'éliminer nos déchets et de lutter contre l'infection.

Grâce à toute une série de réflexes vitaux, le système nerveux du nourrisson participe à la protection de celui-ci. Il pleure : « Au secours ! J'ai besoin de quelque chose ! » Il a un haut-le-cœur : « Houlà ! ce n'est pas le bon tuyau. Je ne veux pas respirer dans ce machin plein de lait ! » Il se balance : « Je me recroqueville dans une position fœtale qui me rassure. » Il tête : « Mmm, fais couler ce lait chaud, vivifiant, jusqu'à mon ventre. » Il cherche avec sa bouche : « Où est donc cette tétine qui, je le sais, doit se trouver quelque part dans le coin ? » Il est en alerte : « Qu'est-ce que c'est que ce bruit ? Il m'a sorti d'un profond sommeil ! »

La manière dont nous sommes traités tout petits dépend d'un facteur décisif : notre sexe, qui nous confère d'emblée un certain statut. Dès notre naissance, tout le monde pose la question primordiale : « Est-ce un garçon ou une fille ? » Dès lors, la façon dont on nous caresse, dont on nous nourrit, dépend en grande partie de notre sexe. Les bébés mâles sont souvent manipulés plus vigoureusement et davantage stimulés que les petites filles : cette stimulation précoce conduit le garçon à se considérer plus tard comme quelqu'un d'actif et de vigoureux. Les filles, elles, se voient passives et fragiles.

Le message « c'est un petit dur » est transmis au petit garçon quand on ne satisfait pas ses besoins lorsqu'il pleure. « Elle est si fragile, si délicate » est le message perçu par la petite fille chaque fois qu'on va au-devant de ses désirs, avant même qu'elle n'ait eu le temps de les exprimer par ses pleurs. Ainsi, la pression culturelle qui s'exerce à travers les rôles sexuels commence dès le berceau. On pousse les garçons à acquérir les traits propres à la classe dominante (l'agressivité), alors qu'on encourage chez les petites filles des attitudes de soumission (la passivité).

Ces expériences précoces et les décisions qu'elles nous conduisent à prendre constituent la base de notre personnalité future. « Il faut me battre pour tout », « C'est OK que je sois là », « C'est risqué de montrer que j'ai besoin de quelque chose », « Le plaisir est une chose dangereuse, il faut l'éviter », tout cela constitue autant de principes de base qui sont stockés dans nos fonctions vitales ; plus tard, c'est de là qu'ils dirigeront l'activité de notre organisme. Par exemple, si étant bébés nous avons manqué de contacts physiques capables de nous rassasier, et si nous n'avons pas appris à apprécier le bien-être que nous procurent des mouvements rythmés, aussi bien volontaires qu'involontaires, nous risquons fort à l'âge adulte de connaître des problèmes sexuels.

Une fois passée cette première étape, nous continuons d'avoir besoin du plaisir physique et nous fortifions notre pouvoir d'exister par des contacts tendres, sécurisants, gais, sensuels, et grâce aussi aux liens émotionnels que nous tissons avec autrui. En grandissant, nous découvrons d'autres formes de contact physique, comme le massage, la poignée de main ou l'étreinte. Nous apprenons même les règles qui déterminent quand, comment et avec qui il convient d'établir un contact.

Que ce soit à huit mois, huit ans, dix-huit ou quatre-vingts ans, rien ne rétablit mieux et plus rapidement notre pouvoir d'exister que les liens émotionnels et l'affection exprimée physiquement, et surtout le fait d'être tenu dans les bras et caressé avec amour.

LE SABOTAGE DU CYCLE DANS L'ÉTAPE N° 1

Parfois, nous adoptons dans l'étape n° 1 une attitude de fuite : nous ne voulons pas sentir que nous sommes en vie, ni éprouver quoi que ce soit. Nous craignons peut-être de laisser voir que nous avons besoin de quelque chose, et le scénario « Dépêche-toi de grandir » nous sert à masquer notre peur par de la colère, afin de nous protéger. Au lieu de rechercher la proximité émotionnelle et physique capable de nous rassasier, nous devenons rigides, déprimés, et nous tenons les autres à distance en nous abritant derrière une nuée de sentiments négatifs. Ou bien, nous choisissons la fuite dans le travail et l'activité cérébrale, essayant ainsi d'éviter le monde des émotions et des sensations pour nous réfugier dans celui de la pensée et des concepts.

Une autre façon d'éviter l'étape n° 1 consiste à adopter le scénario « Reste petit » : nous ressentons de la colère, que nous cachons sous de la peur. Au lieu de dire tout simplement aux autres ce dont nous avons besoin, nous nous installons peu à peu dans une attitude passive, ne faisant ainsi qu'aggraver notre malaise et notre agitation en attendant que notre entourage découvre ce qui ne va pas.

Les jeux de l'étape n° 1

Quand nous n'admettons pas notre désir d'obtenir l'attention et la tendresse d'autrui, nous sommes tentés, dans nos relations, de jouer la comédie, afin de justifier les problèmes qui se posent au lieu de demander tout simplement ce dont nous avons besoin. Nous nous mettons à geindre ou à nous plaindre auprès de tous ceux qui pourraient s'occuper de nous. Nous invoquons des soucis d'adulte, insistant sur le fait que s'il existe un problème, c'est par manque de... (temps, nourriture, argent, amour...). Les jeux suivants caractérisent, sans toutefois s'y limiter, cette première étape du cycle du développement :

- *Indispensable.* Nous jouons ce jeu de la compétence lorsque nos expériences enfantines nous ont poussés à croire que nous n'avions pas le droit d'exister. Nous conquérons ce droit en nous efforçant de devenir parfaits, meilleurs que tous, pour être simplement reconnus comme leur égal. Nous acceptons que les autres dépendent de nous, mais nous gardons secrets nos propres besoins.

- *Dépendant.* Ce jeu est lié à des expériences précoces qui nous ont donné l'impression d'être à deux doigts de la mort. Nous avons décidé alors qu'on ne peut jamais faire confiance aux autres et que nous sommes faibles, incapables de nous assumer. Nous extorquons l'aide d'autrui en nous plaçant dans des situations impossibles, capables de nous détruire.

- *Obésité.* Si on nous a contraints, tout petits, à manger trop ou trop peu, au lieu de nous laisser prendre juste ce dont nous avions besoin, nous mangeons ensuite avec excès, poussés par la colère et non par la faim.

- *« Sac d'os » ou anorexie.* Ce jeu est le pendant de celui de l'obésité. La dynamique en est la même, sauf qu'au lieu de nous gaver, nous nous affamons.

- *Donne-moi des coups de pied.* Si, enfants, il fallait que nous nous soyons fait mal pour arriver à ce que nos besoins soient satisfaits, une fois adultes, nous nous servons de la douleur pour obtenir ce que nous voulons.

- *Fumeur invétéré.* Nous avons souvent recours à ce comportement si, pendant notre petite enfance, nous avons été maintenus dans un état d'anxiété perpétuelle liée à la « peur de manquer ». Tout se passe comme si nous avions pris pour devise : « Si je ne le mets pas tout de suite dans la bouche, je ne l'aurai pas ». Nous fumons, alors que ce dont nous avons vraiment besoin, c'est qu'on s'occupe de nous avec tendresse.

- *Démuni.* Nous jouons ce jeu quand nous pensons que pour maintenir le contact avec autrui, il faut que nous ayons l'air d'avoir besoin de lui. C'est que, dans notre enfance, il nous arrivait souvent d'être câlinés et nourris jusqu'à ce que nous soyons repus. Ensuite, nous perdions ce contact car nous devions retourner dans la chambre, le berceau, le parc ou le petit fauteuil en plastique.

Le langage corporel de l'étape n° 1

Si nous ne réalisons pas les tâches de développement qui permettent l'instauration de notre pouvoir d'exister, nos fonctions vitales et notre système nerveux sont perturbés. Voici les symptômes les plus caractéristiques de l'étape n° 1 :

- *Une tension de tout le corps.* C'est le symptôme le plus fréquent, et le plus précoce aussi, des besoins liés à l'étape n° 1. Cette tension n'est pas ressentie dans une zone précise, mais dans tout l'ensemble du corps.

- *Des problèmes de peau.* Quand notre besoin de contact physique n'est pas satisfait, notre peau nous le fait savoir. Le psoriasis, des boutons, un furoncle, un abcès froid, un herpès, ou, selon une expression utilisée par une patiente, le fait que la « peau hurle », sont autant de façons de s'écrier : « Touchez-moi ! »

- *Le déséquilibre alimentaire.* Nous mangeons parce que nous interprétons mal une sensation de vide, de tiraillement, que nous prenons pour un besoin de manger alors qu'il s'agit du besoin d'être touché. Certains se gavent de bonbons. D'autres n'éprouvent plus aucune sensation de faim et s'alimentent trop peu. D'autres enfin choisissent de fumer pour éviter d'avoir faim.

• *Les perturbations des fonctions vitales.* Notre vie dépend du bon fonctionnement de notre système digestif, circulatoire, respiratoire, d'élimination et immunologique. Des études cliniques laissent penser que la diarrhée, la constipation, la nausée chronique, des infections fréquentes, une toux persistante, la bronchite, l'asthme, peuvent découler de l'insatisfaction des besoins associés à l'étape n° 1.

• *Des symptômes concernant les seins.* La poitrine, qui est la source alimentaire des nourrissons, peut devenir le siège de différentes maladies lorsque nous refusons d'admettre que nous avons besoin d'autrui. Les boules, les kystes ou les tumeurs du sein sont parfois liés aux besoins de l'étape n° 1. La fascination ou la peur qu'exercent les seins, ou bien encore le contrôle de l'énergie de la poitrine, aboutissent à la formation d'une cuirasse qui enferme la cage thoracique comme dans un bloc de glace et sont choses communes. Une jeune femme de dix-neuf ans qui commençait une lactation avouait : « J'ai l'impression que j'essaie de me nourrir moi-même ».

Si l'idée que « jamais assez », « à quoi bon... », « j'ai peur de ne pas être à la hauteur », vous trotte tout le temps dans la tête, ou bien si vous vous comportez comme si quelqu'un vous répétait sans cesse : « n'existe pas », « ne ressens pas », « n'aie pas de besoin », vous serez peut-être tenté de développer votre potentiel de pouvoir, resté inutilisé jusque-là, de l'étape n° 1.

SE RÉAPPROPRIER LE POUVOIR D'EXISTER

Nous pouvons développer notre pouvoir d'exister en utilisant l'étape n° 1. Dans ce chapitre, nous verrons des hommes et des femmes qui se noyaient au milieu de difficultés sans nom, qui organisaient leur propre sabotage au lieu d'utiliser cette phase pour réaliser leurs projets et satisfaire leurs désirs. Nous verrons aussi comment ils ont réussi, grâce à certaines méthodes, à faire éclater les limites que leur imposait leur scénario de vie.

La première de ces méthodes consiste à utiliser des affirmations tout spécialement destinées à fournir les éléments nourriciers au développement social dans l'étape n° 1. La deuxième méthode implique de créer des liens de soutien avec une personne nourricière, afin de compléter, grâce à la régression (c'est-à-dire en « redevenant petit enfant »), les phases de développement fondamentales restées inachevées. La troisième méthode concerne directement les fonctions vitales de l'organisme, puisqu'elle implique le contact physique, l'étreinte et l'alimentation. Tenir quelqu'un dans ses bras et être tenu dans les bras de l'autre constituant la méthode la plus directe pour obtenir aide et tendresse, chacun peut et doit, quel que soit son âge, y avoir recours.

Ensuite, nous verrons comment il est possible de se sentir suffisamment en sécurité pour venir en aide à l'autre, afin qu'ainsi les deux partenaires puissent développer leur aptitude à donner et à recevoir des soins nourriciers.

TROIS EXEMPLES

Il existe certaines mesures qui nous permettent de mener à bien les phases de développement fondamentales laissées inachevées ; grâce à elles, nous pouvons nous réapproprier le pouvoir perdu. Nous verrons ci-dessous une description détaillée de ce processus, tel qu'il a été vécu par trois personnes différentes.

La première, Valérie, est une institutrice d'école maternelle, très brillante, pleine d'énergie.

Les objectifs de Valérie et son rêve d'avenir exprimaient son besoin d'établir une relation satisfaisante avec un homme et sa préoccupation vis-à-vis de l'argent ; deux domaines où elle avait connu jusque-là des échecs répétés. Elle entretenait une liaison avec un homme marié qui ne pouvait pas, bien sûr, incarner pour elle le partenaire idéal. Elle en avait assez de toujours manquer d'argent et elle envisageait de changer de métier, mais sans y parvenir. Puis, l'année précédente, elle avait commencé à ressentir des symptômes physiques semblables à ceux qu'elle avait connus, d'abord adolescente, puis à l'âge de vingt-six ans : dépression, problèmes digestifs, eczéma et troubles du comportement alimentaire. Elle décida qu'il était temps pour elle de régler son problème, quel qu'il soit. Elle décrivit ainsi son comportement et la manière dont elle réussit à s'en sortir :

Valérie : « Bien que je ne sois pas trop grosse, je mange beaucoup. J'éprouve un besoin irrésistible de tout avaler. D'autre part, il m'a toujours semblé inconcevable que les gens puissent avoir confiance spontanément. Je les regarde et je vois que c'est vrai. Je disais toujours : "Eh bien, au moins, je n'ai pas de problème de confiance". Mais la question de fond, c'est pourquoi tu ne fais jamais ce que tu aurais besoin de faire, la question de fond, c'est toujours la confiance, le fait d'être vraiment proche de quelqu'un. Cela fait très, très longtemps que je n'ai pas pleuré devant témoin. (Je pense qu'elle veut dire que c'est parce qu'elle n'avait aucune confiance en l'autre.) J'étais aux petits soins pour les autres. Ils se confiaient à moi, mais je ne me confiais pas à eux. J'avais peur de leur laisser voir mes faiblesses. Maintenant, je comprends que mon problème, c'est un manque de confiance en l'autre.

Pam Levin : Qu'as-tu fait, à ce moment-là ?

V : Toute ma vie, j'ai entretenu l'idée que j'étais de trop, pour n'importe qui (elle exprime là en partie sa décision portant sur le droit d'exister). Aussi ai-je décidé quelle part de moi-même je laisserais sortir de la boîte où je m'étais réfugiée (ici, elle parle des limites imposées à son existence). Pour changer tout cela, j'ai fait différentes choses. L'une d'elles est que j'ai réalisé ce travail lentement, en prenant tout mon temps, sans me presser. L'autre chose, c'est que je t'ai laissée me serrer dans tes bras. Et j'ai découvert que je n'avais pas à adopter une attitude particulière, si je me sentais malheureuse et si je pleurais beaucoup. En découvrant que tout se passait bien, j'ai ouvert un peu plus la boîte et j'ai observé ce qui se passait.

P : Quel genre de soutien t'a permis de continuer et de réussir ?

V : Les encouragements à me laisser prendre dans les bras et à me détendre ont été très importants pour moi. J'avais besoin d'être encouragée. Et parler des relations affectives, dire que cela nous fait du bien d'avoir des liens intimes, émotionnels, avec les autres, a représenté pour moi une étape considérable.

« Maintenant, j'ai envie qu'on s'occupe de moi, et je sais l'apprécier. Ma voix s'adoucit quand je pense à cela, bien que je pense avoir encore un peu peur. (En disant "un peu peur", elle crée encore une certaine distance entre elle et ses frayeurs.) Et puis, j'arrive presque à me détendre assez pour m'endormir. Je me laisse aller. Tout mon corps et mon dos étaient très tendus, et lorsque vous me prenez dans vos bras et que vous me massez à ces endroits-là, je sens vraiment qu'on s'occupe de moi. »

Quand Valérie a commencé à se réapproprier le pouvoir d'exister qu'elle n'avait pu développer au cours des six premiers mois de sa vie, elle dut affronter un problème important : le prix qu'elle devrait payer si elle laissait quelqu'un s'occuper d'elle. « J'ai commencé à comprendre lentement que le fait de me prendre dans tes bras était gratifiant pour toi aussi. J'ai compris cela en serrant contre moi un des enfants de l'école. Mais quand c'était moi qu'on tenait dans les bras, je pensais que je devais te distraire, ou bien réfléchir beaucoup, ou encore jouer les incompétentes et m'efforcer d'avoir l'air vulnérable. »

Valérie pense qu'on s'est occupé d'elle sans tendresse quand elle était bébé. « J'étais nourrie, changée, tout cela, mais je ne savais pas ce que c'était que de jouer, d'être aimée et dorlotée. Pendant ma petite enfance, ma mère s'est trouvée en compétition avec moi pour attirer l'attention de mon père. J'avais deux frères plus âgés, et mon père souhaitait beaucoup avoir une fille. A la même époque, il avait une maîtresse et se désintéressait complètement de ma mère. Il m'accordait beaucoup d'attention et ma mère en devint jalouse. »

Valérie avait aussi besoin d'apprendre à nouer des liens avec autrui. Lentement, à force d'être prise dans les bras et de se détendre, elle découvrit ce que c'était : « Laisser mon corps se fondre en toi et ne plus avoir de frontières, se pelotonner contre l'autre, se sentir confortable et détendue. J'avais une énorme barrière à franchir, parce que je mettais dans le même sac la proximité physique, la tendresse et la sexualité. Il fallait que j'apprenne qu'on pouvait s'occuper de moi sans que cela me plonge dans les préoccupations sexuelles de l'autre. Je devais apprendre que je peux même me pelotonner tout contre tes seins sans avoir peur. »

Valérie avait aussi besoin d'apprendre l'une des tâches les plus essentielles des petits enfants : accepter d'être nourrie. « Prendre un biberon fut pour moi le plus difficile de tout ce que j'avais à apprendre, dit-elle, et la leçon la plus importante, car en te laissant m'alimenter, j'ai su que tu prenais soin de moi. »

En se réappropriant le pouvoir qu'elle avait perdu pendant sa petite enfance, Valérie a élargi sa vie. « Je ne passe plus mon temps à me protéger, à rester sur la défensive et à me comporter comme si je n'avais besoin de rien. Et puis, je suis plus disposée maintenant à demander pour satisfaire mes besoins. Je demande à quelqu'un de venir me voir, de sortir ensemble, de se serrer contre moi, de passer la journée ensemble, ou de m'aider à faire quelque chose. J'étais toujours là pour les autres, et cela me conférait un certain pouvoir sur eux. Maintenant, cette tension a disparu parce que nous connaissons la réciprocité, tour à tour nous donnons et nous recevons. L'état dans lequel se trouve ma maison reflète souvent mon propre état d'esprit. Quand elle est tout en désordre, avec des vêtements qui traînent partout, l'évier plein de vaisselle sale, je sais que quelque chose se passe. Ce n'est pas simplement parce que je n'ai pas le temps. C'est plutôt parce que j'ai FAIM. Quand cela m'arrive maintenant, je m'autorise à ne *pas* faire les choses. Je m'assieds sur le divan, les yeux dans le vague. Quand je me sens débordée, je téléphone à un ami ou je sors dîner au restaurant. C'est une manière d'accepter ma vulnérabilité. Je suis capable de demander : "Veux-tu venir me voir et passer la journée avec moi ?" ou bien "Que dirais-tu de me frotter le dos, ou même de me faire un massage ?"

« En établissant une relation intime avec quelqu'un qui sait qui je suis vraiment au lieu de s'arrêter à l'image que je donne de moi-même, j'ai découvert des tas d'occasions que je ne voyais pas avant. Toute une partie de moi, par exemple, ne croyait pas que je pourrais devenir un expert de grande renommée. Je n'y avais jamais songé auparavant, et maintenant cela me semble possible. Avant, je contrôlais ma vie, mais seulement dans une sphère très limitée. Maintenant que j'ai davantage confiance, je peux élargir mes frontières. »

Dave, dont nous avons fait la connaissance au chapitre 2 de la première partie, présente quelques symptômes physiques caractéristiques de l'étape n° 1. Il se plaint de douleurs dans le dos et dans le ventre. Il met ces symptômes sur le compte de la peur : « Quand j'étais jeune, il m'était défendu d'avoir peur. J'aimerais pouvoir dépasser cette colère intérieure et me montrer plus chaleureux. J'ai appris à être stoïque et à cacher mes sentiments. Je sais que c'est mieux de se confier, mais je suis incapable de partager quoi que ce soit si je ne ressens rien. Ce dont j'ai besoin par-dessus tout, c'est de développer ma confiance. J'ai besoin d'une méthode pour cela. Je veux me sentir bien comme je suis. »

Pour faciliter la restitution et le développement de son pouvoir d'exister, Dave s'est arrangé pour qu'on le prenne souvent dans les bras et qu'on s'occupe de lui. « Au début, j'étais convaincu que je devais faire quelque chose. Cela m'a rassuré de t'entendre dire : "Tu n'es pas censé faire quoi que ce soit si ce n'est prendre ce dont tu as besoin, laisser les autres s'occuper de toi, et décider d'être vivant, de ressentir tout ce que tu ressens". »

Il commença bientôt à se détendre et à tout ressentir avec plus d'intensité. Lui-même se sentait mieux aussi : « J'ai l'impression que je peux mieux choisir ce que je veux faire et ce que je ne veux pas faire. En outre, le fait qu'on s'occupe de moi m'a aidé à comprendre la différence qui existe entre le maternage et le contact sexuel. Déjà, savoir simplement qu'il y avait une différence a été très important pour moi. Quand j'étais jeune, les garçons n'apprenaient pas comment il faut se comporter avec les femmes, ils ne savaient rien de leur sexualité ni de leur corps. Pouvoir être vivant et ressentir constitue la première étape de ce processus. »

Ceux que leurs expériences précoces ont conduits à adopter le scénario « Dépêche-toi de grandir » se comportent dans la vie comme Valérie et Dave. Leur État du Moi Enfant* est *effrayé* par leur impuissance, leur immobilité ou leur annihilation. Ils protègent ce Moi effrayé en se réfugiant dans la colère ou dans la dépression, deux moyens de tenir les gens à distance. Leur décision est celle-ci : « Ne dire à personne que j'ai des besoins, afin d'éviter le pire ».

Ils se montrent énergiques, forts, durs, froids, mûrs, indépendants, persécuteurs, pour protéger leur Moi Enfant qui, lui, est apeuré, démuni, faible, affamé et dépendant. Affronter le comportement qui leur sert de « couverture » ne fait que renforcer leur besoin de se protéger en évitant toute intimité, sauf s'ils se trouvent dans une situation où ils peuvent revivre une peur enfantine liée à leur faiblesse.

Un homme décrit ainsi ce qu'il ressent : « Je n'ai jamais eu aussi peur que lorsque j'ai dû faire face à mes peurs d'enfant... même pas lorsque je pilotais un bombardier pendant la Seconde Guerre mondiale ».

Si, tout petit, vous avez décidé qu'il fallait « se dépêcher de grandir », vous *pouvez* éprouver le besoin d'établir un nouveau mode de relations basé sur la confiance, et décider de faire tous vos efforts pour qu'on s'occupe de vous. Vous vivrez ainsi des expériences qui vous aideront à jeter des bases nouvelles pour étendre votre pouvoir d'exister.

Mitch est, à trente-quatre ans, un orthophoniste dynamique et athlétique qui s'occupe d'enfants. Il était sous le coup de plusieurs chocs psychologiques intervenus tous en même temps, dans un délai très court : un échec universitaire, la mort de sa mère et son affectation dans une nouvelle école. Il avait essayé de faire de son mieux, mais ce n'était pas suffisant. Il se sentait « fini ». En outre, ses relations avec les femmes étaient toujours platoniques, jamais sexuelles. Il avait l'impression qu'il lui « manquait le maillon nécessaire pour connaître une relation sexuelle réussie ».

Au début, il pensait que c'était lié à son apparence physique (il était né avec une fissure de la voûte palatine qui avait nécessité une intervention chirurgicale). Il se sentait vulnérable, privé de tout soutien. Il ne raisonnait plus qu'en termes de jugement. Il était très perturbé.

Quand la plupart de ses amis furent mariés, il s'écria : « Oui, je veux ce qu'ils ont ! Je veux être comme eux ! » Il décida de chercher ce qui pouvait bien lui manquer. « Le plus effrayant, c'était cette impression de rejet à laquelle je devais faire face, un rejet qui ne venait ni de ma mère ni de mon père, mais spécialement des femmes. Quand je songeais à établir une relation affective avec une femme, je pensais tout de suite à mon physique. Peut-être était-ce dû à ma faim de tendresse, j'avais l'impression de ne pas être à la hauteur. »

Outre tous ces indices, l'organisme de Mitch lui adressait aussi des signes d'avertissement. Il avait vingt-six ans quand il découvrit qu'il était atteint d'un ulcère, alors qu'il souffrait depuis longtemps de l'estomac. Plus récemment, il avait eu une infection du cuir chevelu et ses cheveux étaient tombés. « J'essayais d'atteindre des objectifs difficiles pour compenser le sentiment d'infériorité que créait en moi l'infirmité de mon palais. Je me critiquais sans cesse intérieurement. Si j'avais fait quelque chose de bien, aussitôt je trouvais quelque chose de mal pour m'ôter tout mérite. Je suis loin d'être un champion, mais quand je suis dans cet état d'esprit, j'ai besoin de courir, de nager, de jouer au tennis, n'importe quoi. Je ne peux pas rester assis tranquillement, j'étouffe, comme si j'avais pris trop de sucre ou trop de café. Cette énergie venait de mes besoins inassouvis, non pas ceux de maintenant, mais des besoins très anciens, qui remontent à plus de vingt ans. »

Mitch décida de se réapproprier ce pouvoir d'exister qu'il n'avait pu développer. Il commença par s'occuper de ses accès de colère qui, il le découvrit bientôt, étaient dus à sa faim... de contact, d'affection et de tendresse. Quand il se mit en colère au milieu d'un groupe où chacun était prêt à l'aider et à le protéger, il commença par boxer les coussins. Puis son comportement devint de plus en plus enfantin, il adopta une position fœtale et se mit à crier comme un bébé affamé. Chacun le releva et le serra contre lui pendant qu'il tétait un biberon de lait, le premier de sa vie ! (Bébé, Mitch avait été alimenté avec un compte-gouttes parce qu'il lui était impossible de téter sans inhaler le lait.)

Il décrivit cette expérience comme une fusion véritable entre ses tripes et son esprit. « C'est pour moi une renaissance, comme si j'étais né une seconde fois. Il me fallait créer une sorte de communication physique pour me sentir moins vulnérable, moins sur la défensive, et retourner en arrière pour accomplir ce que je n'avais pu réaliser pendant ma petite enfance. Bébé, j'étais seul à l'hôpital. Je me souviens, je pleurais, pleurais, je savais que j'étais vivant, mais je ne voulais pas être là. J'étais si seul, je voulais qu'on me prenne dans les bras. » De plus, comme Mitch n'avait pas pu téter, comme le font habituellement les bébés, il devait apprendre à *recevoir*, comme un petit enfant. C'était de cela qu'il avait besoin pour développer son pouvoir d'exister et vivre sa sexualité en adulte.

« Après avoir obtenu ce que je désirais, qu'on me serre dans les bras et qu'on me nourrisse, j'ai compris que c'était là l'origine de ma colère. J'ai comblé le vide où ma colère s'était logée, cette colère qui écartait les gens de moi. »

Les infections et la chute de cheveux dont Mitch souffrait se sont évanouies, ainsi que sa manie de se dénigrer à tout propos : « J'ai changé aussi mon échelle de valeurs. Je ne m'intéresse plus tellement au physique des femmes, mais plutôt au type de relation que nous pouvons avoir ensemble. »

Récemment, lors d'une soirée, Mitch a été enchanté de constater que les gens aimaient être proches de lui, pour rire et plaisanter ensemble. « Ils me couvraient d'éloges, et je buvais cela comme du petit-lait, j'avalais tout et c'était agréable à ressentir dans mon corps ! J'aime passer pour un type séduisant ! »

Ceux que leurs expériences enfantines ont conduit à adopter le scénario « Reste petit » peuvent se comporter comme Mitch dans la vie. Ils répugnent à exprimer directement leurs besoins. Mais ils essaient d'obtenir que les autres aillent au-devant de leurs désirs, comportement qui se forme généralement dans l'enfance, lorsque le bébé est encouragé à rester inactif et à ne prendre aucune initiative quand il a besoin de quelque chose. Mitch adopta cette attitude à cause de son infirmité physique ; d'autres peuvent aboutir aux mêmes conclusions parce qu'au contraire ils ont été surnourris : « Mes parents insistaient toujours pour que je mange, même si je n'avais pas faim », explique une patiente. « Adulte, j'ai souvent été furieuse quand quelqu'un insistait pour m'inviter à dîner ; je devais me rappeler que ce n'était pas pour me forcer à manger ! »

L'attitude « Reste petit » s'appuie sur un sentiment de colère éprouvé dans l'enfance, lié souvent au fait que le bébé était contrecarré ou étouffé dans ses initiatives au lieu d'être materné ou paterné. Ceux qui ont vécu ce genre d'expérience protègent par une attitude de peur leur Moi Enfant en colère et s'ils jouent souvent les incapables, c'est pour qu'on reste près d'eux.

Certaines personnes ont connu des expériences précoces différentes selon qu'elles avaient affaire à des hommes ou à des femmes ; dans ce cas, elles utilisent deux stratégies différentes, l'une étant réservée à leurs relations avec les hommes, et l'autre destinée aux femmes.

Si, à cette étape du cycle, vous avez décidé de « rester petit », vous avez sans doute besoin de ré-établir une relation de dépendance dans laquelle le fait qu'on s'occupe de vous n'implique pas que vous restiez passif. En retrouvant vos capacités d'initiative lorsque vous avez besoin de quelque chose, vous développerez considérablement votre être essentiel.

Le pouvoir d'exister s'appuie sur les tâches que nous réalisons au cours de notre petite enfance chaque fois que nous établissons le contact en faisant savoir par nos pleurs, à notre entourage, que nous avons besoin de quelque chose. Nous apprenons à toucher, à sentir, à vivre à travers nos sensations. Nous apprécions le plaisir physique, la douceur d'une caresse, la tendresse d'un contact, la chaleur d'être blotti contre quelqu'un. Nous apprenons à créer des relations basées sur la confiance, qui nous disent que c'est OK d'être vivant, d'obtenir ce dont nous avons besoin et d'avoir des sentiments.

Chaque fois que nous répétons l'étape n° 1, c'est pour nous l'occasion de développer notre puissance en découvrant d'autres niveaux de confiance et de sensualité, et de nouvelles manières de recevoir ce qui nous est nécessaire pour vivre. Chaque répétition nous permet aussi de terminer les tâches laissées inachevées au cours des étapes précédentes.

Quelles que soient les décisions que nous prenions au cours de l'étape n° 1, nous en supportons les conséquences à tous les autres stades du cycle de développement, car le premier de tous nos besoins, celui dont dépendra notre avenir, c'est d'apprendre que c'est OK pour nous d'être là, d'être nourri, d'être touché et qu'on s'occupe de nous.

Si vous pensez avoir des problèmes à résoudre dans l'étape n° 1, réfléchissez un instant à la manière dont vous envisagez le problème de la confiance. Vous avez peut-être besoin de nouer une relation nouvelle qui vous permettrait d'apprendre à faire confiance. Ne pensez pas que vous devez pour cela accorder votre confiance à n'importe qui. Vérifiez d'abord la qualité de votre relation afin de vous assurer qu'elle est solide et durable. Quand cela sera fait, mettez-la encore à l'épreuve quand vous avez besoin de savoir sur quoi vous pouvez compter. Trouvez quelqu'un qui restera près de vous, quelqu'un que vous n'effaroucherez pas. Rappelez-vous aussi que le moment le plus difficile, ce sera celui où, pour la première fois, vous libérerez votre pouvoir d'exister après l'avoir réprimé toute votre vie. Ensuite, la vie vous semblera beaucoup plus facile.

ÉTAPE N° 2

Le pouvoir de faire

DE SIX À DIX-HUIT MOIS

La connaissance naît de l'action.
SOPHOCLE

AFFIRMATIONS

C'EST OK POUR TOI DE CIRCULER PARTOUT, D'EXPLORER, DE RASSASIER TES SENS ET DE VOULOIR QU'ON S'OCCUPE DE TOI.

- C'est OK d'explorer et de faire des expériences.
- Tu peux agir et bénéficier d'un appui en même temps.
- C'est OK de prendre des initiatives.
- Tu peux faire preuve de curiosité et d'intuition.
- Tu peux t'attirer l'attention ou l'approbation d'autrui et cependant agir à ta guise.

SYMPTÔMES NORMAUX

Le goût des stimulations diverses ; le besoin de s'enraciner ou de trouver une nouvelle démarche ; des maux de dents ; le goût du plaisir et de l'innovation ; une difficulté à fixer son attention ; des problèmes de motivation ; le désir de voir, entendre, goûter, toucher, sentir et explorer le monde ; le besoin d'élargir les frontières de la vie.

DÉVIATIONS

- « Dépêche-toi de grandir. » Nous agissons dans la hâte ; nous cherchons à atteindre des objectifs plutôt que le plaisir dont nous avions besoin ; nous voulons être autonome ; la colère et les objectifs servent à tenir les autres à distance.
- « Reste petit. » Nous faisons preuve de faiblesse et de dépendance au lieu d'explorer le monde ; nous nous soumettons aux autres en ayant recours à toutes les ruses pour qu'ils s'occupent de nous ; nous voulons rester dépendant et ne prendre aucune initiative ; nous faisons des choses qui ne correspondent pas à nos besoins afin d'attirer l'attention d'autrui ; la peur et l'incompétence servent à garder les autres près de nous.

EXEMPLES DE TRANSMUTATIONS NORMALES

Brian est un homme aux tempes argentées, généralement doté d'un esprit pratique, efficace, et qui aime son travail. « Mais, fait-il observer, depuis quelque temps, je démarre des tas de projets que je suis incapable de mener à bien, car je fuis tout ce qui m'oblige à réfléchir. Par exemple, la semaine dernière j'ai eu soudain envie de faire de la charpenterie. J'ai acheté le bois et les clous, et même de nouveaux outils pour travailler plus facilement, mais je n'ai rien fait ! La semaine précédente, j'ai démarré un autre projet et je me suis rendu compte que c'était trop difficile. Je répugne maintenant à établir des listes, à planifier les choses, ou à fixer des rendez-vous. J'ai envie d'être libre pour faire ce que je veux, je ne veux pas me sentir ligoté.

« Peu importe où je vais ou ce que je fais, j'ai envie de porter des vêtements larges et confortables qui me laissent libre de mes mouvements.

« Je deviens aussi très attentif aux petites choses de la vie ! Je m'attarde devant des fleurs, ou des cailloux intéressants. Parfois cela énerve mes amis. Ils sont déjà presqu'au sommet de la montagne, et moi, je m'arrête pour contempler une pierre du sentier ! C'est pourquoi je vois surtout des gens qui savent faire preuve de patience.

« J'aime partir en voyage, mais seulement si je sais que je trouverai quelqu'un à la maison quand je reviendrai. L'autre jour, mon fils m'avait dit qu'il serait là à mon retour, puis il a changé de programme. D'habitude, cela ne pose pas de problème, mais cette fois-là, je l'ai très mal pris.

« Barbara (sa femme) m'a fait remarquer à quel point je pouvais être distrait. Si elle a besoin d'articles d'épicerie, ou d'autres choses du même genre, je reste là, fasciné par les coloris des étiquettes ou la taille des pêches. Et si elle me dit de me dépêcher, je me fâche !

« Chaque fois que je vais dans un endroit nouveau pour moi, je commence par l'explorer pour voir un peu à quoi cela ressemble avant de m'installer. En dehors de l'amusement, je découvre des tas de choses que j'ignorais. Je suis plus créatif, plus efficace et plus autonome. Par ailleurs, je sabote mon travail parce que je m'y sens à l'étroit et limité. Au lieu de faire ce que j'ai à faire, j'étudie la forme d'un trombone. Quand je m'accorde le temps de m'intéresser à tout et qu'au restaurant, par exemple, j'examine le papier sur lequel le menu est imprimé, ou bien une fissure de la table, ou encore la manière dont la serviette est pliée, j'absorbe ce dont j'ai besoin pour prêter à nouveau attention à la conversation ou à des sujets intellectuels. »

COMMENT DÉVELOPPER LE POUVOIR DE FAIRE

Beaucoup parmi nous ont été formés dans l'idée que l'exploration était l'affaire des petits enfants. Cependant, tout au long de notre existence, nous ressentons périodiquement le besoin d'explorer. Si, chaque fois que nous passons par l'étape n° 2, nous faisons preuve d'activité et d'initiative, c'est pour nous l'occasion de développer notre pouvoir d'agir. Nous découvrons le monde à travers nos sens : le goût, le tact, l'odorat, la vue, l'audition et le mouvement. Notre curiosité est pour nous une source de motivation. Nous suivons nos intuitions, nous sommes prêts à découvrir le plaisir et nous élargissons nos possibilités d'action et d'expression.

Ce qui prédomine dans l'étape n° 2, ce sont les problèmes liés à l'action : la créativité, la motivation, la curiosité, l'intuition et le mouvement. A ce stade, nos conflits sont souvent dus à nos hésitations entre la passivité et la prise d'initiative. Nos rêves ont pour thèmes le mouvement, des visions, des sons, et généralement ils regorgent d'action.

C'est aussi l'époque où nous découvrons une nouvelle posture : nous posons nos pieds sur le sol d'une manière différente. Nous apprenons les choses par la pratique, et non par la théorie. En fait, notre capacité d'attention est très réduite. Nous avons même du mal souvent à nous fixer ou à réaliser des objectifs parce que nous voulons suivre nos impulsions en toute liberté. Pendant que nous nous occupons de nos sensations, nous voudrions que les autres fassent à notre place tout ce qui réclame de l'attention ou de la concentration. Notre exploration du monde constitue pour nous à la fois une source d'intérêt et de diversité et fournit les matériaux bruts indispensables à la formation de notre pensée.

Quel que soit notre âge, chaque fois que nous éprouvons ces

symptômes, nous devons, pour développer notre pouvoir de faire, accomplir les tâches suivantes :

- Explorer notre environnement sans nous sentir obligés de nous poser des questions.
- Développer notre conscience sensorielle et apprendre par la pratique.
- Goûter, toucher, sentir, éprouver, entendre et regarder à quoi ressemble le monde.
- Sentir la terre, découvrir notre façon de marcher et établir le contact avec le sol.
- Chercher des stimulations variées.
- Être libre de circuler à travers le monde.
- Suivre nos impulsions au lieu de nous plier aux convenances sociales ou à nos obligations.

(Les méthodes permettant de mener à bien ces différentes tâches figurent p. 203.)

Certaines périodes de notre vie nous donnent l'occasion de développer le pouvoir de faire :

- Entre six et dix-huit mois.
- Après avoir été « dorloté » pendant quelque temps.
- Dans n'importe quelle situation nouvelle.
- Avant d'établir un nouveau stade d'indépendance.
- Au cours d'un processus de création.
- Quand nous acquérons une nouvelle aptitude sensorielle, comme la musique ou le langage.
- Quand nous nous occupons d'un petit enfant.
- Au début de la puberté et aux âges qui sont des multiples de sept ans après cette année-là.
- A dix-neuf ou vingt ans, et à des intervalles de sept ans après ces âges-là.

Tout cela n'est qu'un fil conducteur. Ce sont vos symptômes physiques qui vous diront où vous vous situez dans le cycle. Rappelez-vous, l'étape où vous vous trouvez vous sera bénéfique si vous savez répondre à vos besoins.

LA MISE EN PLACE DU POUVOIR DE FAIRE

C'est entre six et dix-huit mois que nous accomplissons pour la première fois les tâches d'exploration qui caractérisent l'étape n° 2. A cette époque, nous sommes capables de prendre des initiatives, non seulement en pleurant comme le font les bébés, mais aussi en commençant à nous asseoir, ramper, puis marcher et parler. Nous apprenons à découvrir le monde en goûtant la boue qui se trouve sur le plantoir, ou bien en touchant le vase qui est un souvenir de famille ; nous regardons la lune, nous écoutons les oiseaux, nous sentons les fleurs. Nous développons aussi un sixième sens, la sensibilité kinesthésique, qui nous permet de bouger et de ressentir nos mouvements.

Pour réaliser tout cela, nous avons encore besoin du soutien des autres pendant que nous découvrons le monde et que nous posons nos pieds sur le sol. Il nous faut quantité de nourriture et de contacts si nous voulons nous sentir suffisamment en sécurité pour nous lancer à la découverte du monde. Lorsque nous savons que nous pouvons revenir sur nos pas et rejoindre notre « base », c'est-à-dire celui ou celle qui veille sur nous, nous éprouvons un sentiment de sécurité qui nous permet de bouger en toute liberté et de satisfaire notre curiosité et notre appétit sensoriel grandissant.

A un âge aussi précoce, nous sommes incapables d'interrompre ou de freiner une action sans inhiber l'ensemble de notre activité. Un enfant qui essaye d'atteindre un objet et auquel on dit simplement « non », interprète cet ordre comme « n'agis pas ». C'est pourquoi, lorsque des parents doivent dire « non » à quelque chose, il faut qu'ils accompagnent cela d'un « oui » : « Non, tu ne peux pas jouer avec le couteau, mais tu peux prendre la cuiller et la tasse ». Nous apprenons ainsi ce qui peut présenter un danger pour nous, et même s'il peut être dangereux d'agir. La réponse donnée à la question essentielle qui se pose au cours de l'étape n° 2 : « Prendra-t-on encore soin de moi si je me montre actif et que j'explore ? » nous dira si, oui ou non, grandir présente des risques, parce que cela mobilise trop nos ressources de survie.

Nous avons le choix entre plusieurs décisions : « Je peux explorer le monde en étant malgré tout protégé », « Je dois renoncer à ce qu'on s'occupe de moi si je veux découvrir le monde », « Je dois me dépêcher d'apprendre à réfléchir parce que c'est dangereux d'explorer », « Je dois rester petit parce que personne ne me protègera si j'explore », ou bien encore, « Je dois faire des choses qui ne correspondent pas à mes besoins si je veux qu'on s'occupe de moi ».

Les décisions que nous prenons tout-petits sont très fortement influencées par notre sexe. La culture qu'incarnent à nos yeux nos parents nous pousse à nous demander : « Comment suis-je censé ressentir les choses ? Comment suis-je censé agir ? » au lieu de : « Qu'est-ce que je ressens vraiment ? Comment ai-je envie d'agir ? » Nous apprenons alors à adopter les comportements que les autres attendent de nous, afin de leur plaire et, selon toute probabilité, ils s'attendront à ce que nous nous conduisions « en garçon » ou « en fille », plutôt que d'agir « selon nos sentiments » ou « selon nos besoins ».

La maîtrise de soi exige que l'on soit capable de supporter la frustration ; or, lorsque des adultes voient une toute petite fille subir une frustration, ils sont parfois tentés de lui venir immédiatement en aide, ils la calment et font même les choses à sa place. Au contraire, on laisse plus longtemps les petits garçons se débrouiller tout seuls. Ils découvrent ainsi qu'il est plus facile pour eux de renoncer à demander de l'aide que d'essayer de l'obtenir. Les filles apprennent donc à « agir » en se faisant aider, alors que les garçons, eux, apprennent à « agir » sans rien demander à personne et en se débrouillant tout seuls.

Les parents étant généralement inhibés par le scénario de leur propre rôle sexuel, ils souhaitent souvent que leurs enfants se comportent comme eux auraient aimé le faire, alors que cela leur est interdit. C'est ainsi qu'un petit garçon sera encouragé à exprimer les pulsions agressives de sa mère, et une petite fille les désirs de passivité de son père. Un garçon qui veut faire plaisir à sa mère peut s'acharner à réussir dans la vie au point de sacrifier ses véritables besoins. Une fille qui veut plaire à son père peut renoncer à toute ambition sociale pour satisfaire ses besoins. Elle apprendra qu'elle doit s'occuper des autres si on la félicite lorsqu'« elle donne le biberon à sa poupée ». Le petit garçon, lui, mettra toute son énergie à développer son agressivité. Adulte, il sera probablement un « battant », alors que la petite fille devenue femme aura pour mission de veiller sur lui.

Les décisions prises dans l'étape n° 2 s'inscrivent dans nos systèmes sensoriel et locomoteur, constituant la base sur laquelle s'organise notre comportement futur : elles étendent, ou au contraire limitent nos possibilités d'agir et d'obtenir du soutien. Nos aptitudes d'adultes, qu'il s'agisse de rencontrer des têtes nouvelles, d'apprendre un métier, de lire, d'écrire, d'aimer son travail, ou même d'avoir une vie sexuelle réussie, prennent leur source dans les expériences vécues par le petit enfant au cours de l'étape n° 2, et dans les conclusions qu'il en a tirées.

LE SABOTAGE DU CYCLE DANS L'ÉTAPE N° 2

Si, au cours de l'étape n° 2, nous avons adopté le scénario « Dépêche-toi de grandir », nous faisons souvent les choses dans l'agitation et la précipitation. Tout se passe comme si nous pensions que ce que nous faisons, peu importe ce dont il s'agit, doit se faire aux dépens de notre plaisir ou de notre sécurité. Nous avons décidé d'« agir, agir, agir » tout le temps pour satisfaire tous nos besoins, convaincus qu'il ne faut rien attendre des autres.

Si nous suivons le scénario « Reste petit », nous préférons faire preuve de dépendance et de faiblesse au lieu d'explorer, et tous nos actes tendent à nous adapter aux autres. Nous étouffons notre désir d'agir en individu autonome. Si nous avons décidé que faire des choses signifiait courir le risque d'être abandonné, ou bien nous sacrifierons notre besoin des autres et nous agirons malgré tout, ou bien nous nous priverons d'agir afin de garder les autres près de nous.

Ces deux choix entraînent l'un et l'autre des problèmes sensoriels et comportementaux. A la pensée d'avoir à faire quelque chose, nous pouvons nous sentir immédiatement écrasés de fatigue, ou bien nous découvrons que nous n'avons aucune envie de le faire. Ou bien nous acceptons d'abord de faire quelque chose, puis nous y renonçons, sans comprendre que c'est notre peur de perdre le soutien d'autrui qui nous conduit à limiter nos actes et l'expression de nous-mêmes.

Deux autres types de problèmes caractérisent l'étape n° 2 : l'un d'eux est la compétition dans l'action, comme s'il ne pouvait y avoir qu'une seule personne à la fois qui puisse faire quelque chose. L'autre problème réside dans les difficultés rencontrées dans le domaine de la nourriture, de l'argent et des relations sexuelles. Bien que ces symptômes aient déjà existé dans l'étape n° 1, ils appartiennent aussi à l'étape n° 2, car l'exploration du monde suscite en nous un besoin encore plus grand du soutien des autres. Par exemple, un couple décrivait une scène qui se produisait fréquemment dans leur cuisine. L'un commençait à préparer le dîner, et quand l'autre se mettait à faire quelque chose aussi, le premier s'interrompait, furieux, et déclarait : « Quand tu auras fini, préviens-moi. En attendant, je te laisse la place ! »

Certaines personnes se plient tellement à leur entourage qu'elles en deviennent presque stupides, comme si leur survie dépendait de leur soumission absolue aux désirs de l'autre. Un homme reconnaissait qu'il continuait d'accepter que sa femme fasse pour lui quantité de choses qu'il aurait été parfaitement capable de faire lui-même, car « je me suis aperçu qu'elle s'occupait de moi, aussi ai-je pensé que je devais en avoir besoin ! »

Ceux qui se sentent obligés d'agir sans tenir compte de leurs véritables besoins pour finalement faire n'importe quoi ont recours à mille ruses, et derrière cela se cache un problème lié à l'étape exploratoire. Une femme décrivait cela en parlant de ses relations avec son mari : « J'avais l'habitude de le ménager, et pour obtenir ce que je souhaitais, j'utilisais toutes sortes de ruses au lieu de *lui dire* simplement ce que je voulais. Je me sentais triste, seule, et effrayée, et quand je n'arrivais pas à m'en sortir, je renonçais complètement à mes sentiments, et comme cela je n'avais plus à m'occuper de rien. » Nous aboutissons souvent à ce genre de situation lorsqu'on nous a demandé, alors que nous étions de tout-petits enfants, d'agir à l'encontre des besoins qui sont ceux d'un bébé en pleine phase d'exploration.

L'une des manières de résoudre les difficultés de l'étape n° 2 est d'avoir recours à un mécanisme de projection, qui consiste à croire que notre problème personnel appartient en fait à quelqu'un d'autre. Les couples sont particulièrement enclins à utiliser ce procédé : tant que chacun pense que c'est l'autre qui a un problème, les deux partenaires ne se sentent pas obligés de faire quoi que ce soit. Or, c'est « faire quelque chose » qui crée la peur de l'abandon, de la punition, ou de la perte de l'appui d'autrui.

Si, tout-petits, nous ne recevons pas de soutien extérieur pour mener à bien les tâches de développement, adultes nous souffrirons, quand viendra le moment d'« agir », de l'absence de ressources intérieures.

Les jeux de l'étape n° 2

Quand nous projetons sur les autres notre besoin d'explorer, nous jouons, c'est-à-dire nous justifions nos problèmes, au lieu de développer notre pouvoir de faire.

Une femme décrivait le jeu de l'« Affolé » (que nous expliquerons plus loin) en soulignant qu'elle avait peur sans même savoir pourquoi. « Je me dépêche de faire les choses, pas toujours bien, mais je les fais. Je me durcis et je fuis les gens même quand ils veulent m'aider. Je les évite. Je reste chez moi ; je n'ai pas envie de sortir, et si je le fais, je prends un air terrible. Je mange beaucoup, mes idées sont confuses, je ne sais plus où j'en suis, et je pense que si seulement je pouvais comprendre quelque chose à tout cela, j'irais très bien. »

Nous avons souvent l'impression que les autres débordent de motivation, de curiosité et de talents, mais nous restons passifs lorsque l'occasion nous est donnée de changer ou de nous exprimer. Voici quelques jeux caractéristiques de cette seconde étape du développement :

• *Fais quelque chose pour moi.* Ceux qui jouent à cela ne demandent pas directement ce dont ils ont besoin, souvent parce qu'ils ont décidé, tout-petits, qu'il était dangereux de prendre des initiatives. Alors, ils enjôlent, jérémiadent, ou cherchent à séduire jusqu'à ce que quelqu'un fasse attention à eux et leur propose ses services. A ce moment-là, le ton change, et celui qui offre son aide est souvent rejeté.

• *L'affolé.* C'est souvent le jeu choisi par ceux qui pensent qu'ils n'attirent l'attention d'autrui que par ce qu'ils font, et non par ce qu'ils sont. Ils ont peur, s'ils cessent d'agir, que plus personne ne les remarque.

• *La serre.* Ce jeu commence quand quelqu'un annonce qu'il éprouve un sentiment, avec autant de gravité que s'il était sur le point d'accoucher. Il a besoin que les autres lui prodiguent le maximum d'encouragement, pendant qu'il s'aventure dans des situations nouvelles ; c'est dû souvent au fait que, bébé, il a souffert de la part de son entourage d'un manque d'attention et de protection quand il avait envie d'explorer.

• *Moi aussi.* C'est le jeu de tous ceux qui sont incapables de faire quoi que ce soit tout seuls. Ils attendent que quelqu'un s'exprime pour s'écrier aussitôt : « Moi aussi ! » Cette attitude est la conséquence d'un manque de protection pendant la phase exploratoire de la petite enfance, ou bien de l'interdiction d'explorer.

• *Tu es vraiment merveilleux.* C'est l'attitude choisie par ceux qui projettent leurs propres capacités, leurs motivations, leur curiosité et leur créativité sur les autres, auxquels ils attribuent des capacités quasi miraculeuses. Ils ne se rendent jamais compte de leur propre contribution au succès d'autrui.

• *Le chevalier servant* est le jeu choisi par ceux qui préfèrent plaire à leurs parents au lieu de satisfaire leur besoin d'exploration. Ils essaient de garder les autres tout près d'eux pour combattre l'anxiété née du sevrage.

Le langage corporel de l'étape n° 2

Si nous ne réalisons pas les tâches exploratoires qui nous donnent accès au mouvement et à la stimulation sensorielle, il nous est impossible de développer notre pouvoir de faire : nous n'alimentons pas nos sens, nous ne stimulons ni nos muscles ni notre système nerveux, nous n'élargissons pas l'éventail de nos comportements et nous ne savons rien du monde. L'inhibition du développement exploratoire apparaît à travers le mécanisme du stress, un système autodéfensif qui envoie une poussée d'adrénaline chaque fois que nous subissons un stress. Quand nous sommes prêts à nous battre, à fuir ou à nous figer sur place, le cœur bat plus vite, la respiration s'accélère, le sang afflue vers les muscles et l'énergie se libère du foie pour se transformer en glucides. Le pancréas envoie une bonne dose d'insuline qui transforme les glucides en énergie, en fonction des besoins des muscles. Si les problèmes d'exploration sont liés à ce mécanisme du stress, c'est parce que le comportement (qu'il s'agisse de la peur, de la fuite ou de la lutte) en dépend, lui aussi. Les maladies déclenchées par le stress, comme les crises cardiaques, les congestions cérébrales ou les troubles du métabolisme du sucre, trouvent souvent leur origine dans le déroulement de l'étape exploratoire.

Certaines difficultés sensorielles qui touchent la parole, l'ouïe ou la vue, peuvent venir, elles aussi, de cette période de la petite enfance. Un homme raconte à quel point la vue est importante pour lui. Il est incapable de reconnaître le goût d'un aliment qu'il ne voit pas. Il trébuche dans l'obscurité, car sa vue lui sert à maintenir son équilibre. Il redoute les défilés de carnaval, qui l'empêchent de s'orienter visuellement. S'il n'a pas développé ses autres sens pendant la phase exploratoire de la petite enfance, c'est qu'on le laissait toujours dans son parc.

Une femme qui connaissait elle aussi des problèmes liés à la phase d'exploration souffrait d'allergies. Elle commente : « Je suis furieuse. On m'a dit que je devais suivre un traitement à base de piqûres pendant quatre ans. J'ai l'impression qu'il s'agit là de la réédition de quelque chose qui s'est déjà produit auparavant. Cela me semble familier. » En parlant de la manière dont s'était déroulée la phase exploratoire de son enfance, elle découvrit un fait important. Quand elle se mettait en colère, on lui répondait par une fessée, une bourrade ou des chatouilles. Elle commença à souffrir d'eczéma au cours de sa première étape exploratoire et, par la suite, elle devint allergique. Son organisme continuait à réagir comme si tout dans la vie n'était qu'un corps étranger contre lequel elle devait se défendre.

Si vous avez l'impression d'obéir à des ordres tels que « ne te fais pas de souci », « ne prends pas d'initiative », « n'agis pas », « ne sois pas curieux », « ne sois pas intuitif », ou bien si certaines phrases vous reviennent tout le temps à l'esprit, comme « je n'ai aucune raison d'agir », « il faut que je fasse cela », « agir est dangereux », peut-être vous reste-t-il une partie de votre pouvoir inutilisé dans l'étape n° 2.

SE RÉAPPROPRIER LE POUVOIR DE FAIRE

Les processus de développement de l'étape n° 2, « faire » ou « agir », sont indispensables à la réalisation des objectifs que nous nous fixons dans la vie. Nous allons voir comment des personnes qui sabotaient leur activité ont pu récupérer leur capacité de faire des choses. Tout d'abord, elles ont eu recours à des affirmations. Ensuite, elles ont établi des liens profonds avec une personne nourricière pour compléter les séquences de développement qu'elles n'avaient pu achever entre six et dix-huit mois. Enfin, elles se sont occupées directement des systèmes sensoriel, perceptif et locomoteur de leur organisme.

Pour finir, nous verrons comment on peut instaurer pour soi-même une protection efficace, et aussi comment on peut aider les autres à développer leur capacité d'agir. Parmi les quatre personnes dont nous allons faire la connaissance, deux ont évité les tâches de développement propres à la période qui s'étend de six à dix-huit mois en adoptant le scénario « Dépêche-toi de grandir » ; les deux autres ont essayé de « Rester petit ».

La première, Katie, a parcouru l'étape n° 2 en « se dépêchant de grandir ». C'est une jeune femme de trente-huit ans, grande, blonde, fort attirante. Originaire de Californie, elle vivait à San Francisco depuis 1970. « Je me suis mariée et j'ai divorcé deux fois depuis 1970. Mon premier mari était très jaloux, il avait très peur de me perdre. Au début, j'adorais être son unique centre d'intérêt, mais il a essayé de rétrécir mon univers. Je tenais beaucoup à mon deuxième mari, mais il était très attaché à son père et je lui servais de souffre-douleur. »

Katie se décrit comme une optimiste, d'humeur facile, mais « terriblement timide, peu sûre de moi, et trop passionnée pour plaire aux autres, même si le cœur n'a rien à voir là-dedans ». Sa tendance à s'adapter aux autres est un trait caractéristique de l'étape n° 2.

« Ces dernières années, j'ai connu un manque total de satisfaction et beaucoup de désagréments dans mon travail. Je vieillis, avec tout ce que cela implique, et j'ai peur. Je ne suis pas mariée ; je n'ai pas d'enfant. J'ai parfois l'impression de n'avoir rien de ce que je désire. J'ai enfourché toutes les idées qui courent sur l'âge, et tout le fourbi. Vieillir est vraiment une chose horrible. J'ai peur d'aborder cette période de ma vie sans avoir rien à quoi me raccrocher. »

La peur a toujours fait partie de la vie de Katie : « Peur de ne pas correspondre à ce que l'autre attend de moi, ou bien peur que les choses tournent mal sans que je sache pourquoi, peur que les autres ne me trouvent pas à la hauteur, peur, tout simplement. J'ai peur de prendre des risques, et c'est pourquoi je me cramponne à ce que j'ai. » La peur d'« agir » est encore un indice de l'étape n° 2. « Opérer un changement, quel qu'il soit, est une chose si difficile pour moi que c'en est vraiment une torture. »

Pour trouver la volonté de prendre des risques au lieu de rétrécir son univers, Katie devait connaître à nouveau le sentiment de faire quelque chose qui ait un sens. Elle rêva qu'« il y avait une seule lumière, toute petite, dans ma maison, qui suffisait à peine à éclairer, dans un rayon très limité. Puis un gros commutateur s'est mis à ronfler et le bruit m'a fait peur. Je devais choisir entre me contenter de la faible lumière déjà présente, ou bien tenter ma chance avec le commutateur qui ronflait et qui pouvait inonder la maison de lumière. »

Elle confirma l'association qu'elle établissait entre cette histoire de commutateur qui ronfle et l'abandon de son pouvoir de faire. « Je suis allée à la banque en mars, avant une séance. J'avais des soucis d'argent et je me sentais prise au piège dans une boîte. » Elle fut invitée à jouer cette scène dans la boîte ; cet exercice était destiné à mettre en lumière ses besoins d'exploration. Elle découvrit : « J'ai l'impression d'être toujours assise au fond d'une boîte, démunie de moyens. Mes perceptions se limitent à la boîte et je ne vois pas ce que je pourrais faire à l'extérieur, car je suis trop occupée à me battre contre cette boîte. Je sais que lorsque j'étais enfant il y avait des parcs pour bébés dans la maison, et probablement on a dû me mettre dans l'un d'eux.

« Je me rappelle que maman me donnait toujours l'impression qu'il était dangereux de dépasser certaines limites. Pendant nos promenades dans le parc ou sur la plage, elle restait collée près de la voiture, et même si j'étais loin du bord de l'eau ou de la falaise, elle criait : « Attention ! Ne t'éloigne pas trop ! »

Le comportement exploratoire de Katie devenue adulte

consistait à examiner différentes possibilités, par exemple des projets concernant une nouvelle affaire, mais finalement elle ne faisait rien. « J'explorais, mais je manquais de soutien. Au bout d'un moment, je ne m'en souciais même plus, car je savais que j'avais fait mon maximum. »

Même si Katie a décrit très clairement son comportement, comme la plupart des personnes qui se trouvent au début de l'étape n° 2, elle ne savait pas ce qu'elle voulait modifier. Au lieu de se dire que c'est bien de s'aventurer et d'avoir des expériences, elle justifiait son indécision : « Je ne savais pas quel but je poursuivais quand j'ai commencé. » Elle a besoin « d'entendre affirmer que c'est bien de ne *pas* prendre de décisions, qu'il suffit d'explorer son environnement. C'est même bien d'être futile. Inutile de réfléchir à tout cela pour l'instant, il suffit simplement d'explorer. »

Au début, Katie voulut explorer en s'en tenant au langage. Peu à peu, elle élargit son champ d'action, jusqu'à inclure l'exploration physique. « Si je sentais que j'avais du mal à réfléchir à quelque chose, ou à l'exprimer, je le dessinais avec des crayons de couleur. Une fois j'ai dessiné une barrière. Je n'avais jamais utilisé cette façon d'explorer, auparavant. J'étais incapable de dessiner, ou du moins je le pensais. J'ai découvert l'importance de l'activité physique : taper dans un punching-ball quand je suis en colère, relâcher la tension de mes muscles, me libérer physiquement. » Comme les bébés qui « percent » leur première dent, Katie eut, elle aussi, des maux de dents à cette époque.

Au début, elle avait l'impression qu'elle ne touchait pas terre, qu'elle était coupée de tout contact. « Avoir à côté de moi quelqu'un de sensible, de disponible, redevenir petite, m'amuser avec des jouets et être prise dans les bras, tout cela m'a aidée à m'ouvrir. » Elle vérifia aussi qu'elle disposait d'un appui quand elle confia qu'elle avait une aventure. « J'avais peur de le dire. Je ne pourrais pas explorer si j'avais l'impression qu'il n'y a personne d'intéressant. »

Ces expériences servaient toutes à jeter les fondations nouvelles qui permettraient à Katie de s'aventurer dans la vie en bénéficiant d'un soutien. « Pour admettre l'idée que je pouvais me faire aider dans mes explorations, j'ai dû me décider à prendre des risques, à exprimer des demandes et à faire face aux conséquences, qu'elles me plaisent ou non. Si je me sens soutenue, je veux bien courir des risques. La première fois, il faut se jeter à l'eau, mais c'est plus facile si on a trouvé quelqu'un avec qui on peut parler sans avoir à en redouter les conséquences.

« Ce qui est différent chez moi maintenant, c'est que je veille à disposer d'un appui. Par exemple, je suis en train d'acheter une propriété et, pour la *première* fois de ma vie, j'ai demandé à mes parents de m'aider financièrement. J'étudie aussi la possibilité d'investir dans des affaires commerciales. Mais j'y vais doucement ; je ne suis pas pressée. J'ai acquis de la persévérance et de l'assurance. J'ai demandé une augmentation et j'ai reçu une promotion. »

Abigail, une charmante petite personne couronnée d'une masse de cheveux bouclés, avait épousé le patron de l'entreprise où elle avait obtenu son premier emploi dès sa sortie d'une école de secrétariat. Il admirait son efficacité et, pour l'en remercier, il l'avait invitée à dîner ; depuis, ils ne s'étaient plus quittés. Au cours des dix dernières années, elle avait fait « profiter » son foyer de son efficacité. Tout, dans leur vie, était organisé dans les plus petits détails, à l'exception d'un symptôme qui, lui, refusait de disparaître : Abigail souffrait d'un ulcère.

Au début, elle réagit à ce diagnostic suivant sa manière habituelle : elle se montra encore plus organisée, mais la douleur empira. Après un an de régimes, d'anti-acides et de souffrance continuelle, Abbie consulta son médecin pour qu'il découvre et modifie les « facteurs de stress sous-jacents ».

Elle se joignit à un petit groupe de personnes qui tentaient de résoudre des problèmes similaires. Au début, elle cherchait à leur plaire à tout prix, attentive à deviner le moindre de leurs désirs ; elle se montrait empressée, active, mais sans manifester aucune émotion, et encore moins de plaisir. Elle ne savait quoi répondre quand on lui demandait ce qu'elle ressentait. L'ulcère lui semblait seulement « froid et tendu ». Elle décida de laisser libre cours à ses sentiments pour qu'ils la mènent là où elle devait aller.

Allongée au milieu du groupe, entourée de tous les autres participants, elle commença à respirer à petits coups. Peu à peu, elle devint plus agitée, elle se tournait et se retournait avec de faibles mouvements, comme un bébé fiévreux qui délire. Les autres la relevèrent, la prirent dans les bras, la bercèrent et lui donnèrent un biberon. Dix minutes après, elle avait retrouvé son calme et, lentement, elle se mit à parler : « Je suis un petit bébé, j'ai la fièvre et je suis couchée dans un lit d'hôpital. Je suis toute seule. Ma mère n'est pas là. Il n'y a aucun adulte. J'en conclus : "Je ne peux rien faire pour prendre soin de moi ou pousser ma mère à m'aimer". »

Au lieu d'accomplir les tâches de développement d'un bébé en explorant le monde et en évoluant à son propre rythme, elle a cherché à se rassurer en organisant tout autour d'elle. Ses sentiments intimes et son comportement extérieur étaient séparés par un abîme de désespoir et de douleur creusé par l'absence de sa mère quand elle était malade et qu'elle avait besoin d'elle. Elle s'est propulsée dans l'étape suivante, celle de la pensée, avant d'y être prête, afin d'essayer de trouver un moyen pour survivre et faire revenir sa mère. Une fois adulte, chaque fois qu'elle essayait de combler cet abîme, elle revivait la même séquence d'événements : la tension, l'activité, toujours l'activité, et, finalement, la maladie.

« Bénéficier d'un soutien », « éprouver des sentiments », ne voulaient rien dire pour cette petite Abigail intérieure qui était trop jeune pour comprendre ce que cela signifiait. Son jeu « Fais quelque chose pour moi » était déclenché par ce Moi Enfant qui voulait tant que sa mère vienne s'occuper d'elle. Lorsque les participants du groupe lui montrèrent qu'ils étaient prêts à l'aimer et à l'aider, même si elle régressait à un âge beaucoup plus jeune, Abigail fut enfin capable de modifier ses conclusions et d'achever son étape exploratoire.

Abigail s'arrangea pour réaliser au cours d'une autre séance quelques tâches de développement propres aux jeunes enfants. Elle décrivit ainsi la pièce : « Les objets pointus étaient placés hors de notre portée. Il y avait beaucoup de jouets, un biberon et une couverture. Les autres tenaient ma montre et mes bagues, ma ceinture, mes chaussures, aussi mon corps était-il libre de toute contrainte. Je fus d'accord pour cesser de faire le bébé s'ils me le demandaient. Nous avons convenu que je pourrais « rester petite » pendant deux heures, et qu'on aurait ensuite quarante-cinq minutes pour parler. Sam et Christie, des amis à moi, devaient avoir des jouets tout prêts sous la main au cas où il leur faudrait attirer mon attention pour me distraire de quelque chose.

« Je me suis sentie idiote quand ils ont dit : “Nous sommes prêts ; vas-y”. Je me suis mise à pleurnicher : “Je ne peux pas ; je ne sais pas comment faire”. Je pensais qu'ils me haïssaient, mais ils envoyèrent une balle de tennis dans ma direction, et cela me fascina. Puis j'ai entendu un bruit, comme des coups sourds. En travers de la pièce gisait un tas de fourrure brun doré et l'une des extrémités ne cessait de remuer. Je n'ai pas pensé un seul instant qu'il pouvait s'agir d'un chien, ou que cela pouvait mordre. Je fonçai droit vers lui et attrapai du premier coup le bout qui remuait. Je m'étendis de tout mon poids sur le tas de fourrure et j'enfonçai dans ma bouche cette chose qui n'arrêtait pas de bouger. J'entendis un glapissement et mon oreiller commença à s'agiter. Les autres retirèrent ma main, et je me suis mise en colère ! Chaque partie de mon corps, chaque cellule, chaque pore de mon organisme avait envie de hurler. On m'avait fait MAL ! Malgré le vacarme, j'entendis quelque part un autre son : “Clac, clac, clac”. Quelqu'un cognait l'un contre l'autre deux blocs de bois de couleur miel. Je rampai vers lui, nous avons construit des tours et je les ai renversées. Et puis j'ai remarqué une chose bleue qui m'était familière, avec du lait dedans. J'ai rampé jusque-là, et puis je suis retournée sur les genoux de “maman” où je me suis pelotonnée, épuisée et assoiffée. Ils m'ont donné le biberon, ils ont posé sur moi une couverture toute douce, et c'est la dernière chose dont je me souvienne jusqu'à mon réveil.

« Je suis stupéfaite de redécouvrir à quoi ressemble la colère. Une fois, quand j'“étais petite”, je me suis mise dans une rage terrible, sans hésiter une seule seconde ni craindre quoi que ce soit. A partir du moment où j'ai eu une nouvelle occasion d'explorer, ma colère s'est évanouie. Je suis étonnée du contraste qui existe entre l'intensité de ces expériences et la monotonie de ma vie quotidienne. »

Abigail continua de combler les lacunes de son développement en alimentant ses sens. Elle n'avait pas envie de se fixer des buts à long terme et souhaitait être sûre de retrouver un jour ses facultés de concentration. Elle remarqua que son odorat, qui n'avait jamais été très développé, lui revenait maintenant. Elle aimait mâchouiller des choses et disait que ses gencives étaient redevenues aussi sensibles que celles d'un bébé qui « perce » ses premières dents.

Même s'il fallait à Abigail encore bien des semaines et des mois pour rattraper son retard de développement, elle n'avait pas besoin pour autant de rester dans le groupe tout ce temps-là. La vie donne toutes les occasions d'explorer, et bientôt Abigail put quitter ce « vieux groupe ennuyeux » pour découvrir tout ce que le monde lui gardait en réserve.

Pour se décrire, Bill adoptait une formule que sa femme, pensait-il, aurait utilisée : « Un travailleur acharné qui ne dit pas ce qu'il a en tête ». Bill est mécanicien dans un garage dont le patron est « un type qui exige que l'on fasse quatre-vingts heures de travail en quarante heures ».

En décrivant ce qu'il voulait changer en lui, Bill mentionna lui aussi le jeu « Fais quelque chose pour moi » : « Un de mes gros problèmes, c'est de laisser les autres faire les choses à ma place, au lieu de les réaliser moi-même. Quand quelque chose se présente, ma première réaction est toujours : "Comment arriver à ce que cela soit fait, sans que ce soit moi qui le fasse ?" » Bill a connu aussi des problèmes d'adaptation. Selon lui, tant qu'il vivait seul, tout allait bien. « Parce que je faisais ce que j'avais envie de faire, sans rien demander à personne. Soudain, en vivant avec Marcia, j'ai découvert que je faisais tout ce qu'elle voulait, et rien de ce que j'avais envie de faire.

« Maintenant, j'ai le sentiment de ne pas avoir ce dont j'ai besoin. Ma première réaction est que, si je ne fais pas ce que je veux, c'est de sa faute à elle. Mais elle n'en est pas responsable. C'est de ma faute. » Encore une fois, apparaissent ici le thème de l'action et le mécanisme de projection qui consiste à rejeter sur l'autre la responsabilité du problème ; ce sont là deux caractéristiques de l'étape n° 2. « Pour combattre ces symptômes, j'ai sombré dans l'alcoolisme, je buvais jusqu'à ce que j'aie l'impression d'être en meilleure forme.

« L'année dernière, j'ai connu sans doute plus de problèmes avec mon asthme qu'au cours des trente dernières années. Je suis devenu vraiment asthmatique. Je sais qu'il y a quelque chose de très important que j'ai souhaité recevoir de mes parents pendant très longtemps. Je n'ai aucun souvenir précis, mais j'ai très peur. Vous savez bien, il arrive quelquefois qu'on laisse un enfant dans la voiture pour aller faire des courses dans un magasin. Eh bien, cela m'est arrivé alors que j'étais trop jeune pour pouvoir m'en rappeler. Si je ferme les yeux quelques instants, une scène m'apparaît : je suis couché à l'hôpital et, à travers les barreaux, je vois une pièce très sombre. J'ai l'impression que mes parents sont là, mais je ne peux pas m'approcher d'eux. »

Bill a découvert ce « quelque chose » qu'il voulait tant recevoir de ses parents, depuis si longtemps. « Le soir le plus mémorable, l'un des événements les plus marquants de ma vie, c'est lorsque je vous ai demandé de me prendre dans vos bras et que j'ai pris un biberon. Cela m'a montré comme c'était simple de demander ce que je souhaitais. Je suis entré et j'ai obtenu ce que je voulais. Jusqu'à ce moment-là je me croyais obligé d'utiliser la ruse. J'ai su alors que je n'étais pas obligé de faire mon numéro. Il n'y a pas de ficelles. »

En renonçant à l'idée qu'il était contraint de jouer la comédie, Bill pense que sa « plus grande réussite a été de prendre conscience de mes propres besoins, du fait que tout le monde a des besoins, et que c'est bien d'exprimer ce dont on a besoin. Je me sens plus paisible. Si quelque chose me tracasse, je suis capable de dire ce que je ressens au lieu de m'en prendre à quelqu'un d'autre, ou bien de chercher la solution au fond d'une bouteille de whisky. Peu à peu, j'éprouve plus de respect pour moi-même et pour les autres ».

Michael a cinquante-trois ans, mais il a encore une silhouette de bébé, à cause de son ventre replet et des rondeurs qui enrobent sa robuste charpente. Il dit : « J'ai de la chance de travailler dans un bureau, parce que je suis prédisposé aux accidents, c'est sûr ! » Plusieurs mois auparavant, il était tombé d'une échelle en peignant sa maison et il s'était brisé une jambe. L'année précédente, il était tombé et avait eu le bras cassé. Au cours d'une réunion de groupe récente, il perdit son équilibre et tomba presque sur Abigail. Il se mit alors à sangloter : « J'ai eu tellement de soucis cette semaine, mais j'ai essayé de le cacher. Mon appétit est devenu démentiel. J'ai grossi de deux kilos et demi au cours des trois derniers jours. Après la réunion de la semaine dernière, j'avais envie de mâcher quelque chose, comme un chien qui ronge un os. J'ai pris un bain chaud tout en mangeant du pop-corn. J'ai pensé que je devais être vraiment en colère pour avoir envie de mordre comme cela. »

Il ne chercha plus à réprimer ce qu'il ressentait ; son dos se courba lentement, il commença à se balancer. Il donnait l'impression d'un bébé qui apprend à s'asseoir. Il bavait, faisait des petits bonds, mais n'abandonnait jamais sa position assise, alors qu'en rampant, il aurait pu atteindre différents jouets. Les autres l'encourageaient à jouer, s'il en avait envie. Puis il décrivit cette scène : « Je suis petit, tout petit. Mon père n'est jamais là. J'ai envie de ramper et de voir ce qui est autour de moi, mais je n'ose pas quitter ma mère. Je suis petit, elle me serre contre elle, mais si je veux la quitter, je perds tout. J'ai peur d'être rejeté si je grandis. Je décide de rester petit, pour être en sécurité. Ma première réaction quand je subis un choc, c'est de cesser de penser et de chercher à ce que les autres s'occupent de moi. Pas étonnant que je me sois tellement cramponné aux femmes, prêt à promettre ou à faire n'importe quoi. Je veux grandir sans être abandonné pour cela ! »

Souvent Michael n'entendait pas ce que les gens lui disaient parce qu'en régressant il retournait à un âge trop précoce pour comprendre le sens des mots. Non seulement cela contribua à déclencher ses accidents, mais aussi il acquit à l'université la réputation d'être un sot et un rêveur. Adulte, il fut incapable de se faire des amis.

A la réunion suivante, Michael se mit à explorer, avec beaucoup d'hésitation au début, puis, à mesure que sa confiance augmentait, il s'aventura de plus en plus loin de moi. Robert s'allongea par terre et Michael rampa sur lui. Il revenait souvent vers l'un de nous, puis, las de nos strokes*, et attiré par une boîte de biscuits pour bébés ou une balle de couleur vive, il se détournait pour essayer de voir ce qu'il pouvait. Il joua une demi-heure, puis il se roula en boule pour se reposer.

Michael avait besoin d'autres expériences où il pourrait agir *en étant protégé*, afin d'apprendre physiquement que chaque situation comporte son propre pouvoir et sa propre récompense. L'accomplissement de n'importe quelle tâche lui semblait un effort insurmontable, et ses capacités lui apparaissaient bien faibles en comparaison. Il se heurtait à un blocage énorme, un véritable mur de ciment qu'il devait escalader ou démolir pour s'approcher de la tâche.

Au cours des six mois qui ont suivi ses premières tentatives d'explorations, Michael perdit plus de vingt kilos ; sa silhouette semblait plus allongée. La récupération de son pouvoir dans l'étape exploratoire avait accru sa vitalité et sa créativité. Il dit qu'il se sent libéré de ses problèmes d'accidents. De plus, il a décidé de démarrer sa propre affaire. « Je me contentais de mon ancien travail, mais j'ai décidé que le moment était venu, après tout. Cela fait partie du passage à l'âge adulte ! »

Même si l'étape n° 2 concerne surtout l'exploration, nous avons encore besoin de l'affection physique qui nous a aidés à développer notre pouvoir d'exister. Ainsi nous bénéficions de l'appui qui nous est nécessaire pour découvrir le monde. Par le goût, le toucher, l'odorat, l'ouïe et la vue, nous développons notre pouvoir de faire, d'agir. Nous profitons aussi de toute la richesse de l'information sensorielle qui nous conduit à l'étape n° 3. Avant d'acquérir une pensée logique et conceptuelle, nous avons besoin de savoir que c'est bien pour nous de circuler à travers le monde, d'explorer, de nourrir nos sens et de laisser les autres s'occuper de nous.

> « Nous ne cesserons pas d'explorer,
> Et la fin de toute notre exploration
> Sera d'atteindre notre point de départ,
> Et de découvrir ce lieu pour la première fois. »
>
> T.S. Eliot

ÉTAPE Nº 3

Le pouvoir de penser

DE DIX-HUIT MOIS À TROIS ANS

Toute la science n'est rien d'autre
qu'un raffinement de la pensée quotidienne.
A. EINSTEIN

AFFIRMATIONS

C'EST OK POUR TOI DE PROVOQUER, DE DÉCOUVRIR DES LIMITES, DE DIRE NON, ET DE TE SÉPARER DE MOI.

- Je suis heureux que tu grandisses.
- Tu peux montrer aux gens que tu es en colère.
- Tu peux réfléchir à ce que tu ressens, et tu peux ressentir ce que tu penses.
- Tu peux penser par toi-même ; tu n'es pas obligé de veiller sur les autres et de penser à leur place.
- Tu n'as pas à être indécis ; tu peux être sûr de ce dont tu as besoin.

SYMPTÔMES NORMAUX

Dire « Non ! » et « Je ne veux pas » ; vouloir être différent des autres, surtout s'ils constituaient une source de maternage ; colères ; révoltes ; obéissance ; être temporairement négligent ou gourmand ; se sentir fâché sans savoir pourquoi ; pousser les autres ; adopter une position à part ; acquérir une nouvelle façon de penser.

DÉVIATIONS

- « Dépêche-toi de grandir. » Nous résistons aux sentiments ; nous refusons de penser quand nous avons peur ; nous restons à l'écart pour éviter d'être dépendant ; nous nous montrons énergique et exigeant au lieu de tenir compte de nos sentiments ou de nos besoins, et nous essayons de contrôler les événements.
- « Reste petit. » Nous nous montrons conciliant au lieu de résister ; nous refusons de penser quand nous sommes en colère ; nous acceptons d'être dépendant pour éviter la séparation ; nous préférons séduire plutôt que réfléchir, et souvent ce sont les événements qui nous contrôlent, et non l'inverse.

EXEMPLES DE TRANSMUTATIONS NORMALES

David est un jeune homme de vingt-huit ans, brillant, énergique, qui depuis sa sortie de l'université réussit fort bien dans une compagnie d'ordinateurs. Il se plaint : « Ce travail me plaisait tout à fait à l'époque, mais maintenant je ne comprends pas comment j'ai pu penser cela. Je ne peux pas être *moi* ici. Il n'y a que les règlements de la compagnie, la politique de la compagnie, et les *traditions*, les traditions sacrées, qui trônent partout comme de vieux barbons guindés. Je ne sais pas si je serai capable de rester ici encore longtemps — ou même si j'en ai envie ! Je veux être une personne à part entière, et non pas quelqu'un qui se plie à leurs règles vieillottes ! Il est peut-être temps que je vole de mes propres ailes ! »

Sarah, une éducatrice dans la cinquantaine, avait su reconnaître la négativité qui caractérise l'étape n° 3. Fort attirante et dotée d'un grand magnétisme, elle se plaignait de devenir tâtillonne : « Je sais que je commence à prendre mes distances parce que je me rends compte que les choses vont mal. J'ai même rappelé à ma famille qu'il fallait me laisser me débrouiller au lieu d'essayer d'intervenir ou de chercher comment remédier à cela. Je suis capable de voir ce que j'ai besoin de faire.

« Parfois, cela ne me gêne pas de voir la maison en désordre. En fait, j'aime bien être négligée chez moi, quelquefois. Autrefois, cela me préoccupait tellement ! La maison est-elle propre ? Est-elle sale ? Cette maison est-elle la mienne ? Ce désordre est-il le mien ? Je veux savoir ce qui est à moi. J'adore même le son de ces mots : "à moi !"

« J'ai recommencé à jardiner. Même si une voix intérieure me dit : "Vas faire ce que tu as à faire", je réponds simplement : "Pas maintenant. Je m'occupe de mes plantes." Mais en réalité, je joue dans la boue.

« J'ai tellement pensé à mon mari et à mes enfants qu'il ne me restait plus un instant pour penser à moi. Cela me mettait en colère et nous nous heurtions. Mais je crois qu'ils sont heureux que j'apprenne à dire "non". Je l'ai même dit à mon travail, aux plus âgés des enfants, aux chefs et aux "spécialistes" ! Pendant des jours, je m'étais fait du souci à propos d'une nouvelle politique. J'ai déclaré à l'un de mes chefs que je pensais que c'était une erreur, et pour finir, il m'a remerciée. J'ai adoré cela ! Je veux acquérir une autorité et une indépendance toutes nouvelles dans ma vie, et j'ai décidé de me battre pour voir si je suis importante à leurs yeux. Cela me fait tant de bien de dire ce que je pense ! »

COMMENT DÉVELOPPER LE POUVOIR DE PENSER

Dans l'étape n° 3 nous sommes prêts à devenir des individus indépendants, vivant selon leurs propres normes. Même si elle a quelque chose de douillet, la sécurité qu'on éprouve à dépendre d'autrui devient rapidement ennuyeuse. Nous sommes impatients d'utiliser l'information recueillie lors de nos expériences, et de nous servir de notre cerveau d'une manière rationnelle. Nous cherchons la cause des événements, nous formulons nos propres conclusions et nous explorons le monde merveilleux des idées. Nous voulons devenir des êtres pensants.

Pour y parvenir, il nous faut dépasser notre état de dépendance antérieure pour prendre nos distances à l'égard d'autrui, car penser est une activité solitaire. Nous établissons des frontières et traçons les limites qui nous séparent des autres en mettant ceux-ci à l'épreuve. Nous nous interrogeons : « Qu'est-ce que je contrôle et qu'est-ce que je ne contrôle pas ? Puis-je me débarrasser de quelque chose ou de quelqu'un en faisant comme s'il n'existait pas ? Puis-je encore obtenir ce dont j'ai besoin si je pense par moi-même ? » Nous arrivons ainsi à dépasser les relations de dépendance, en bousculant les autres et nous traçons les limites qui nous séparent d'eux, et nous faisons de la place pour penser.

Chaque fois que nous retraversons l'étape n° 3 nous entamons un nouveau processus de mise à l'épreuve. Nous sommes soucieux de découvrir ou d'affirmer notre importance vis-à-vis de notre entourage. Nous cherchons quelles sont les limites à observer dans telle ou telle situation. « Jusqu'où puis-je aller ? Vais-je trop loin ? Où dois-je m'arrêter, et toi commencer ? Qu'est-ce que je contrôle, la situation ou la relation ? »

Vouloir séparer ce qui est « à moi » de ce qui est « à toi » marque l'apparition d'un nouveau stade de pensée et d'individualité. Au cours de ce processus, il arrive que nous demandions à autrui de réfléchir à notre place, et s'il le fait, cela nous rend furieux.

L'étape n° 3 soulève des problèmes concernant la séparation, la responsabilité et la réflexion. La résistance, la soumission, la révolte, l'esprit de contradiction et l'autorité deviennent alors des thèmes courants dans notre vie quotidienne. A mesure que nous apprenons à dépendre davantage de nous-même que des autres, nous passons par des phases d'oubli, d'obstination, de procrastination ou d'avidité. Nous rêvons souvent que nous sommes enlisés, les pieds enfoncés dans la boue, nous nous débattons pour nous libérer, ou bien, pris de panique, nous nous enfonçons dans des sables mouvants.

Le refus de prendre les choses en compte ou leur méconnaissance constitue l'un des signes distinctifs de cette étape. Par exemple, à la question : « Comment va votre père ? » on répond : « Oui, je pensais justement à lui l'autre jour dans un magasin. Oh, et vous ai-je dit que j'ai vue Marie dans ce même magasin ? Elle passait par là et... » Le refus systématique de répondre aux questions traduit le besoin de s'affirmer comme un individu à part entière, qui refuse de se soumettre, ne veut pas répondre, mais ne veut pas l'admettre. En voici quelques exemples :

Question	***Redéfinition***	***Réponse possible***
Quelle heure est-il ?	Tu es donc si pressé ?	Je ne sais pas. *Ou bien* Il est trois heures.
As-tu fait la vaisselle ?	Oh, cela ne presse pas.	Non, je la ferai plus tard.
Que ressentez-vous ?	Je crois que le problème, c'est le timbre de ma voix.	J'ai peur.
Vous semblez être en colère. Est-ce exact ?	Je suis déçu.	Oui, je suis en colère. *Ou bien* Non, seulement, je ne sais pas ce que je dois faire.

Chaque nouveau progrès accompli pour accéder à une pensée indépendante s'accompagne souvent d'une série de transactions, de redéfinitions, de phases de mise à l'épreuve qui sont les conditions préalables à la séparation.

Cette étape du développement s'accompagne de sentiments de colère. C'est une colère dite *colère de séparation*, car il s'agit d'un outil permettant de briser la relation de dépendance. Cela se traduit souvent par des crises de rage. Adultes, nous crions, nous donnons des coups de pied, nous jetons les choses par terre, ou bien nous mettons tout en désordre, comme des enfants. Parfois nous nous sentons furieux sans savoir pourquoi. La colère de séparation nous aide à créer des frontières entre nous. Une fois cet objectif atteint, notre fureur ne nous est plus d'aucune utilité. Nous pouvons donc l'abandonner, tout simplement, tout comme nous posons une pelle ou une cuiller quand nous avons fini de nous en servir.

La colère de séparation de l'étape n° 3 est différente de la colère née de désirs insatisfaits. Par exemple, un bébé qui pleure de faim devient furieux si on ne le nourrit pas. Il existe un autre type de colère, la *colère paranoïde*, qui sert à masquer la peur. Ici, le vrai problème, c'est la peur, et pour dominer notre colère et faire face à nos terreurs, nous avons besoin de nous sentir en totale sécurité. Quand nous sentons monter en nous la colère de séparation, nous devons nous servir de notre énergie comme d'un combustible pour nous inciter à *penser*. Réfléchir à la manière dont nous pouvons prendre soin de nous est une chose essentielle, même si, sous l'empire de la colère, nous sommes tentés de ne plus penser et de dire : « Cela m'est égal ».

Chaque fois que nous débutons l'étape n° 3, nous devons, pour développer notre pouvoir de penser, accomplir les tâches suivantes :

- Découvrir notre importance par rapport aux autres.
- Former des concepts, nous informer et apprendre à penser.
- Découvrir nos limites propres et celles du monde.
- Relier entre eux les événements sensoriels.
- Exprimer la négativité, l'ambivalence.
- Nous heurter aux autres.
- Affirmer le contrôle.
- Séparer ce qui est « à moi » de ce qui est « vous et à vous ».
- Établir notre indépendance.
- Exprimer notre opinion.
- Mettre à l'épreuve la réalité.

(Les méthodes permettant d'atteindre ces objectifs figurent p. 209.)

La vie nous offre l'occasion de développer notre pouvoir de penser :

- Entre un an et demi et trois ans.
- Quand nous nous occupons d'un enfant de deux ans.
- Quand nous mettons fin à une relation de dépendance.
- Quand nous développons de nouvelles capacités intellectuelles ou que nous acquérons des informations nouvelles.
- Quand nous adoptons une nouvelle attitude personnelle ou que nous prenons position sur un problème.
- Quand nous modifions les accords pris avec autrui.
- A quatorze ans, et à des intervalles de sept ans après cet âge.

Ce ne sont là que de grandes lignes générales. Laissez vos symptômes physiques vous dire où vous vous situez dans le cycle. Rappelez-vous, vous pouvez utiliser à votre profit n'importe quelle étape dans la mesure où vous réalisez les tâches de développement qui y sont associées.

LA MISE EN PLACE DU POUVOIR DE PENSER

C'est entre dix-huit mois et trois ans que nous commençons, pour la première fois, à provoquer ceux auxquels nous avons été liés bébé, puis petit enfant. C'est l'époque des exigences, des crises de rage, du « non ! » ; l'enfant affirme sa séparation, et non plus sa dépendance vis-à-vis d'autrui. Il veut pouvoir se maîtriser et penser par lui-même. Il cherche à savoir s'il peut, sans danger, affirmer son indépendance et penser.

A deux ans, nous avons besoin de limites pour pouvoir mener nos expériences en toute sécurité. Tout se passe comme si nous disions : « Je vais te pousser à me laisser sortir dans la rue ou manger trop de bonbons, *mais je veux que tu m'imposes des limites.* » Nous attendons de nos parents, comme de tous les adultes qui s'occupent de nous, qu'ils nous donnent la structure dans laquelle nous établirons notre premier contrat social, un accord où nous acceptons de modérer notre comportement pour vivre en bonne harmonie avec les autres. Pour établir ces frontières, nous nous demandons : « Dois-je te reconnaître, toi, et ce que tu veux ? Si je refuse de penser à quelque chose, puis-je le faire disparaître ? M'aimeras-tu encore si je pense par moi-même ? M'aideras-tu encore à veiller sur ma sécurité si je deviens autonome ? » Nous apprenons à penser en toute indépendance et à nous souvenir des choses à notre guise. Pendant que nous découvrons la manière de nous maîtriser, nous souffrons parfois de constipation ou de diarrhée.

Au cours de l'étape n° 3, nous avons encore besoin de contact physique et d'affection pour alimenter notre pouvoir d'exister ; par ailleurs, nous devons explorer le monde et stimuler nos sens pour entretenir notre pouvoir de faire. Enfin, il nous faut développer notre capacité de penser et acquérir notre indépendance en découvrant les *limites*, c'est-à-dire ces expériences qui déterminent les frontières du comportement acceptable et de la sécurité.

C'est entre un an et demi et deux ans que se met en place un nouvel État du Moi, débordant d'énergie. Il marque la naissance de la pensée, telle que les adultes la conçoivent : par exemple, l'enfant est capable d'établir un lien entre la cloque qui se forme sur son doigt, le mot « chaud » et le brûleur de la cuisinière.

Notre sexe influence souvent notre façon de penser. Généralement, les filles ont l'impression qu'on encourage chez elles l'intuition ; les garçons, eux, se sentent poussés vers la logique et la pensée rationnelle. Les filles peuvent donc décider de se fier à leur instinct plutôt qu'à leur logique, alors qu'on trouvera chez les garçons l'attitude inverse, la logique prenant le pas sur l'instinct. Comme on donne souvent pour modèle aux petites filles la fragilité et la faiblesse physique, elles refoulent leur désir de se bagarrer et renoncent à tester leur force. Les garçons, au contraire, sont encouragés à montrer leur force et leur énergie, et ils pratiquent souvent des activités brutales et bruyantes à travers lesquelles ils expriment leur besoin de se confronter aux autres. Les efforts que font les petites filles pour rompre leur relation de dépendance sont souvent minimisés par l'entourage ; il est alors plus facile pour elles de renoncer à la séparation. Les efforts d'indépendance des garçons ont droit à beaucoup plus de considération, et sont même vivement encouragés. En ce qui concerne l'ordre, on observe la même différence d'attitude : alors qu'on félicitera une fillette parce qu'elle aime que tout soit bien rangé, on acceptera sans broncher le désordre d'un garçon. Ainsi, on incite les fillettes à rester dépendantes et à utiliser leurs capacités intellectuelles pour s'occuper d'autrui, alors que les garçons sont poussés à faire preuve d'indépendance et à se servir de leurs capacités intellectuelles pour se mesurer au monde extérieur.

Les expériences que nous vivons au cours de cette première étape de séparation forment la base des conclusions qui décideront du type d'information que nous nous autoriserons à capter et à traiter tout au long de notre vie. Nous pouvons aboutir à la conclusion suivante : « Je peux penser par moi-même et être aimé quand même. Je peux me servir de ma cervelle pour veiller sur moi. » Mais il arrive aussi que nous décidions : « C'est dangereux pour moi d'être séparé des autres. Je peux penser pour veiller sur mes parents, mais pas pour prendre soin de moi. C'est bien de réfléchir, mais pas à la colère, ni à mes besoins propres, etc. » A deux ans, nous décidons pour la première fois si l'accès à une nouvelle indépendance constitue une menace, une victoire, ou bien quelque chose qui se trouverait à mi-chemin entre les deux.

LE SABOTAGE DU CYCLE DANS L'ÉTAPE N° 3

Si nous décidons de nous « dépêcher » durant cette étape qui voit l'éclosion de notre indépendance, il arrive que nous refusions de penser à la peur. Pour y échapper, nous essayons de contrôler l'espace tout autour de nous, souvent en adoptant une position tranchée et en faisant preuve d'obstination. Pour acquérir notre indépendance, nous en arrivons à sacrifier notre pouvoir d'exister, arrivant à la conclusion qu'il « vaut mieux être à l'écart que de dépendre, ou d'avoir besoin de quelqu'un ».

Si nous « restons petits », nous nous montrons conciliants, charmants, au lieu de résister et de mettre les autres à l'épreuve, comme cela devrait se passer à cette étape du développement. Quand nous sommes en colère, nous refusons de penser, et nous n'essayons plus de nous maîtriser, ni de maîtriser l'espace autour de nous. Nous évitons d'avoir une position ou une opinion personnelle, car nous avons décidé une fois pour toutes qu'il vaut mieux sacrifier le pouvoir de penser au pouvoir d'exister.

Dans les deux cas, nous sommes incapables de mettre nos capacités intellectuelles au service de nos sentiments ou de nos besoins. Dans le premier scénario, nous renonçons à nos besoins au profit de la pensée ; dans le deuxième cas, c'est la pensée que nous sacrifions à nos besoins et à nos sentiments. Ces deux démarches créent nécessairement des problèmes, qu'il s'agisse de dire « non », ou « cela suffit », ou de prendre des décisions à propos de nos sentiments. Au lieu de traverser l'étape n° 3 en menant à bien les tâches de développement propres à cette période, nous restons bloqués, nous nous montrons obstinés, contrariants, l'esprit confus, nous contentant de dire « je ne veux pas » ou « cela ne me plaît pas », sans chercher plus loin. Pour résoudre nos problèmes personnels, nous n'utilisons pas notre capacité de raisonner, car nous sommes passés à côté des tâches de développement qui nous auraient facilité la besogne.

Les jeux de l'étape n° 3

Quand nous n'avons pas su mener à bien ces tâches propres à l'étape n° 3, nous nous livrons à différents jeux au lieu de développer notre pouvoir de penser et d'affirmer notre indépendance. Voici quelques-uns des jeux typiques de cette période :

• *Regarde ce que tu m'as fait faire.* C'est le jeu choisi par les personnes qui n'ont pas réussi à se séparer d'autrui. Comme elles n'ont pas établi de frontières entre elles et les autres, elles pensent toujours que leur entourage est responsable de leur propre comportement. Si elles n'ont pas agi comme elles auraient dû le faire, c'est la faute des autres.

• *Schlemiel.* Il est joué par ceux qui restent englués dans leur désir de provocation. Ils créent le désordre autour d'eux, puis ils s'excusent, démontrant ainsi qu'ils n'ont pas à se plier aux règles sociales auxquelles tout le monde obéit, parce que « personne ne peut les y contraindre ».

• *Tiré à quatre épingles.* C'est le pendant du jeu précédent : on est très ordonné, toujours très propre, pour montrer qu'on est vraiment quelqu'un de bien.

• *Stupide.* C'est l'attitude de ceux qui refusent de réfléchir afin de découvrir sur quoi ils peuvent exercer leur pouvoir. Malheureusement, ils ont découvert qu'ils pouvaient manipuler leur entourage en jouant les ignorants et les incapables. Et depuis, ils s'enlisent dans ce rôle.

• *La vie est belle.* Ce jeu sert à masquer la peine éprouvée après que l'on a perdu l'affection de quelqu'un pour avoir voulu s'en séparer. On trouve que la vie est belle, on voit tout en rose, au besoin en s'aidant de l'alcool ou de la drogue.

• *Dis-le moi.* C'est le jeu de ceux qu'on n'a pas encouragés à penser par eux-mêmes. Ils attendent des autres qu'ils pensent à leur place, tant ils ont peur de ne plus être reconnus.

• *Je vais leur montrer.* Quand on s'est figé dans une attitude de rébellion au moment où l'on souhaitait se séparer des autres, ensuite on veut toujours montrer qu'on a « raison » en amenant les autres à donner leur avis, pour leur prouver qu'ils ont tort.

• *Ivre et fier de l'être*, et ses corollaires : *Noble et fier*, *Pauvre et fier*, etc., caractérisent ceux qui ont réussi à manipuler leur entourage en essayant de les détourner de ce qu'ils faisaient. Ils poussent quelqu'un à essayer de contrôler leur comportement, puis ils font la preuve de son impuissance en refusant de suivre ses conseils.

Le langage corporel de l'étape n° 2

La résistance qui caractérise cette étape s'exprime souvent par une respiration courte qui diminue l'oxygénation du cerveau et la faculté de penser. Certaines personnes contractent aussi les muscles du cou à l'endroit où la tête s'articule sur la colonne vertébrale, c'est-à-dire là où s'exerce le contrôle du passage de l'information sensorielle jusqu'aux centres nerveux supérieurs du cerveau.

Certaines personnes connaissent des problèmes d'assimilation ou d'élimination de la nourriture. Des diarrhées ou des constipations temporaires accompagnent souvent la réalisation des tâches de développement propres à cette étape.

L'enfant de deux ans qui se cache « au fond de l'adulte » peut croire que la séparation, l'indépendance et la pensée personnelle ne s'acquièrent qu'au prix de la non-existence. Penser devient alors une activité qu'il faut éviter à tout prix, et non pas un pouvoir qu'on cherche à développer. Des troubles de la pensée apparaissent :

- *Le sur-détail.* Nous réduisons la réalité à de tout petits détails pour échapper à l'image globale.
- *La généralisation abusive.* Nous considérons l'image globale pour escamoter le détail inacceptable.
- *L'obsession.* Nous ruminons sans arrêt les mêmes pensées pour faire obstacle à un sentiment menaçant.
- *L'inachèvement.* Nous élaborons des pensées, puis nous laissons quelqu'un d'autre les mener à leur terme.

En général, ces troubles sont directement proportionnels au niveau de danger que nous avons connu lorsque nous avons voulu affirmer notre indépendance. Il s'agit d'un mécanisme de contrôle, d'un dispositif de protection destiné à combattre un sentiment de danger.

Si vous avez l'impression que quelqu'un vous dit : « Ne pense pas. Ne te sépare pas de moi. Ne te mets pas en colère », ou bien si certains thèmes vous reviennent souvent à l'esprit : « Je ne veux pas. Je te fais front. Tu ne peux pas me forcer. Je résiste. Je ne suis pas sûr », vous souhaitez peut-être développer le pouvoir resté inutilisé dans l'étape n° 3.

SE RÉAPPROPRIER LE POUVOIR DE PENSER

Le développement de notre capacité de penser est un processus individuel et unique qui, cependant, comporte des éléments communs en chacun de nous. Les trois cas que nous allons examiner montrent des comportements d'évitement, des tâches de développement laissées inachevées et le recours à certaines méthodes pour mettre fin aux problèmes créés par la séparation dans l'enfance.

Nous commencerons par l'histoire de Béatrice, que nous avons rencontrée dans le chapitre 2. Elle n'a pu mener à bien les tâches de développement qui lui auraient permis de se séparer de son père qu'elle décrit comme « quelqu'un de très caustique, négatif, autoritaire ».

« Dans mon passé, le changement est source de problèmes. L'uniformité est considérée comme un idéal élevé : la même famille, les mêmes lieux. Mon père n'a pas encore réussi à se séparer de ses parents malgré qu'ils soient morts. Mon frère non plus n'a pas encore opéré de séparation. Il a quarante-trois ans et demeure très assujetti à maman et à papa.

« J'ai senti que, pour moi, ce serait la séparation ou le suicide. Comme la séparation ne marchait pas, j'ai essayé le suicide. La première fois j'ai échoué, et j'ai caché cela en disant qu'il s'agissait d'une "réaction aux médicaments". Je pense que j'étais complètement prisonnière de la structure de papa. »

Ses amis eurent un choc en découvrant la vérité. Béa ? Ce n'était pas possible. Béa, qui semblait si bien parmi eux, qui occupait une place si importante dans leur communauté religieuse, elle dont le mari avait une si belle situation d'ingénieur !

La difficulté qu'éprouvait Béa à conquérir son indépendance se manifesta au collège, lorsqu'elle fut l'une des sept élèves choisis pour être affectés à un cours très convoité des étudiants. Le matin, elle prit son petit déjeuner, puis grimpa les escaliers et rejeta tout ce qu'elle venait d'avaler. « J'étais morte de peur, dit-elle. Je sais que j'ai des capacités, mais je ne suis pas parfaite et je sentais que je devais être parfaite. » Elle éprouva bientôt une douleur dans le cou et souffrit d'une inflammation à l'épaule droite.

Le médecin déclara que cela venait de ce qu'elle écrivait beaucoup au tableau noir. Béa découvrit que sa mère connaissait le même problème. Elle comprit que toutes deux étouffaient les sentiments que faisait naître en elles le caractère coléreux de son père, au lieu d'y faire face, et cela se traduisait par des douleurs dans le cou. Puis elle lutta contre la dépression.

Quand elle était plus jeune, elle ne souffrait pas d'inflammation, mais de crises d'asthme. Quand la cloche de l'école sonnait, elle commençait à respirer difficilement et sa mère la gardait à la maison. « J'étais très bonne élève, mais j'avais peur d'échouer, de ne pas atteindre la perfection, de n'être pas à la hauteur de ce qu'attendait mon père. » Vers la trentaine, elle connut des hauts et des bas, elle souhaitait réussir et redoutait l'échec. Elle se sentait capable de conquérir le monde et, pourtant, elle n'arrivait pas à décider ce qu'il fallait qu'elle achète à l'épicerie ! Elle passait par des phases de constipation et de diarrhée.

« Je crois que je me purgeais ; j'avais besoin de "sortir" tout cela, et de dire à Papa que je voulais être moi-même, même s'il ne devait plus m'aimer. » Elle décida : « Je ne me plierai plus jamais à ce jeu. »

« J'ai finalement fait tout ce tapage infernal, et j'ai commencé à devenir indépendante. J'ai dit "non" à ce que je ne voulais pas faire, que cela plaise ou non. »

Lors d'un atelier de week-end, Béa poursuivit les tâches nécessaires à la réappropriation de son pouvoir de penser. « Au début, j'étais vraiment bloquée, dit-elle. Je voulais que quelqu'un me donne des directives, me dise : "Maintenant, nous allons nous occuper de cette étape, Béa. Tu te mets là. Tu vas faire cela...", mais personne ne m'a parlé de cette façon. Ils m'ont demandé ce que je voulais faire.

« Le deuxième jour, j'ai essayé un petit jeu chahuteur avec un couple qui traversait la même étape que moi (des adultes qui travaillaient sur leur problème de séparation). J'ai pris conscience que les gens n'allaient pas partir sous prétexte que je faisais du bruit. Nous jetions des cubes de bois et nous prenions les affaires des autres, et les adultes fixaient des limites, en nous disant par exemple : "Vous pouvez jouer ensemble si vous ne vous faites pas de mal. Vous pouvez lancer les cubes, mais ne vous blessez pas. Regardez-les rebondir sur ces coussins. Voyez ! Il y a un panier dans lesquels vous pouvez les jeter." »

Lors d'un second week-end, Béa continua à tester les limites au cours d'une séance qui se déroulait dans une vaste pièce où tout avait été aménagé pour faciliter le travail des huit adultes qui avaient tous le même type de problème.

Béa se souvient : « Je me rappelle que nous sommes entrés là comme un troupeau d'éléphants. "Seigneur ! Laissez-moi faire. Je vais bien m'amuser et personne ne pourra m'en empêcher !" Nous nous sommes emparés d'une grosse boule de pâte à modeler rose. Nous nous sommes battus pour l'avoir, nous essayions de nous en mettre dans les cheveux et dans les yeux. Les adultes intervinrent fermement mais gentiment : "Non, ne vous faites pas de mal. Il ne faut pas vous en jeter dans les yeux. Mais vous pouvez jouer avec, y mettre de l'eau, l'émietter." C'était tellement important, de ne pas être coincé dans la situation de faire quelque chose de défendu, ou bien de ne rien faire du tout. Cela m'ouvrait des horizons, j'avais enfin d'autres alternatives devant moi, au lieu de rester coincée.

« Plus tard, quelqu'un m'a pris ma couverture, et je voulais *ma* couverture. L'un des adultes m'en a donné une autre, et m'a montré où elles se trouvaient pour que je puisse choisir moi-même. C'est quelque chose que j'ai pas connu dans mon enfance : avoir des limites qui comportent des choix. Pour la première fois j'avais un tas de directives formulées en terme de choix : tu fais cela comme ceci ou comme cela, mais il ne faut compter sur aucune tolérance ni aucune complaisance. Mon frère était un rebelle ; il faisait le contraire de ce que papa et maman voulaient. J'étais la bonne petite fille soumise. Tout au long de mon enfance, j'ai entendu : "Nous allons faire de toi quelqu'un de parfait".

« Revivre mes deux ans et tester les limites me permettaient d'"essayer" de ne pas penser à la place des autres et de voir ce qui se passait. J'ai toujours été une organisatrice née, quelqu'un qui aimait donner une structure. Je me libère maintenant de cette habitude de penser à la place des autres. Je décide que je peux être moi-même et agir comme je l'entends, et cela ne veut pas dire que je sois en désaccord avec les autres.

« Dans le groupe de jeu je n'ai pas renoncé à me comporter en enfant pour m'occuper de tous les adultes présents, comme je l'aurais fait quand j'étais petite. J'ai même laissé les adultes se débrouiller avec un autre "enfant" qui avait peur et commençait à pleurer. J'ai joué, et puis j'ai commencé à m'occuper des autres, quand j'ai réalisé qu'il y avait des grandes personnes pour cela, et que je pouvais donc rester enfant et m'amuser.

« Le fait que quelqu'un me fixe des limites a changé en moi le sentiment d'insécurité que j'avais éprouvé dans ma vie d'adulte. Je peux m'amuser maintenant, au lieu de me sentir en insécurité. Et puis, j'ai établi un lien en me comportant comme un enfant de deux ans avec une autre personne (une autre adulte). Nous en tirions avantage, chacune pour des raisons personnelles, et notre relation en bénéficiait aussi. Alors que nous jouions, elle se tourna vers moi et me lança soudain : "Ta maman est bouchée !" Elle dit cela plusieurs fois et j'ai compris qu'elle disait vrai ! Elle *était* bouchée ! Elle se défilait et je ne pouvais pas compter sur elle. A bien y penser, elle, mon père, mon frère, restent tous vraiment très *longtemps* aux toilettes. Cela m'a aidée à tracer une frontière entre le fait qu'elle soit “bouchée” et moi. »

Depuis cette séance de groupe de jeu, les gens ont remarqué que Béa est beaucoup plus détendue. Elle aime être seule, alors qu'avant elle détestait cela. « Je n'ai plus besoin d'être avec les autres pour me sentir bien. Je suis toujours très organisée, mais je peux modifier mes plans sans avoir l'impression que le ciel va me tomber sur la tête. Et il m'arrive aussi de lancer une plaisanterie, de ne pas tout prendre au tragique, et d'être spontanée.

« Je repense encore à cette scène, comment étaient les murs, la dimension de la pièce, les couleurs, les gens, la sensation de cette pâte avec laquelle on jouait. Cette scène me permet de faire le lien entre ce que je pense et ce que je ressens. Elle m'aide à prendre des décisions. Elle m'aide à affronter la vie en disposant d'un soutien. De plus, j'ai en partie renoncé à considérer mon mari comme un modèle constant pour moi. Maintenant, j'établis des contacts personnels avec les gens, et il m'y encourage. Cette nouvelle base de réflexion constitue un pont qui peut me conduire vers un travail créatif. Ma prochaine étape sera d'entreprendre une thèse de doctorat sur ce sujet. Je peux finir mes études. »

Brit était une femme de quarante-deux ans, volontaire et grosse fumeuse. Elle commença à tester les limites dès son entrée dans le groupe qui devait l'aider à renoncer au tabac. Bien qu'elle ait lu le règlement et accepté de ne pas fumer pendant les réunions du groupe, elle commença à allumer une cigarette, en nous gratifiant d'un petit discours. « Écoutez, mes trésors, dit-elle, j'ai fait beaucoup de choses dans ma vie, et vous ne pouvez rien m'apprendre sur la façon d'arrêter de fumer. J'ai essayé toutes les méthodes possibles : supprimer une cigarette de plus chaque jour, mâcher du chewing-gum, je me suis même mise à tricoter. Tout cela sans résultat, sauf que je me suis fait quelques très jolis pulls. »

Elle se rappelle encore comme elle s'est indignée lorsque chacun lui a rappelé l'engagement pris de ne pas fumer. « Je sais que vous m'avez montré le règlement. Il était même épinglé sur le mur, mais je jure que je n'ai jamais vu y figurer “Défense de fumer". Au début, j'étais furieuse, et puis j'ai eu peur. Je pensais : "Je dois encore venir à bout de cela, comme toujours dans ma vie". Alors, ils se sont tous levés et déplacés, et je me suis retrouvée au milieu d'eux. Ils se sont rapprochés de moi et m'ont touchée. Ils ne disaient rien. J'ai dit simplement :"J'ai peur", et je l'ai répété plusieurs fois. Je crois que c'était la première fois que je déclarais cela, que je l'avouais, et que j'avais envie de le dire. » Brit modifia sa décision : au lieu de se mettre toujours en colère, elle voulait désormais réfléchir à la peur qui la tenaillait. Son oubli ou son mépris du règlement concernant l'interdiction de fumer, l'affrontement et le soutien qu'elle venait de découvrir, constituaient une première étape.

Pour achever son processus de séparation, Brit commença par établir une nouvelle relation de dépendance qui l'aiderait à se réapproprier son pouvoir d'exister et de faire. Il lui fallait d'abord décider :« C'est bien de ressentir » et « C'est bien d'agir en fonction de ce qu'on ressent », avant de pouvoir dire : « C'est bien de penser à ce qu'on ressent. » Elle fume encore de temps en temps, mais elle affirme : « Je n'en ai plus envie. J'ai essayé de me nourrir et de satisfaire mes besoins. Maintenant que j'ai comblé ce vide, j'ai rarement envie d'une cigarette. »

Bertram n'a pas, contrairement à Brit, adopté le scénario « Dépêche-toi de grandir » pour réaliser sa phase de séparation. Il ne se sentait pas pressé, souhaitant plus que tout rester proche des autres et dépendre d'eux. C'est un homme affectueux, qui arbore un grand sourire amical ; sa chemise est souvent boutonnée de travers, quand il n'y manque pas quelques boutons ; on voit que les vêtements qui affublent sa grande carcasse ont été choisis au petit bonheur. Il adore la bonne chère, mais sa vie sexuelle lui pose des problèmes qui l'ont incité à participer à des groupes de thérapie. « J'ai beaucoup d'amies, mais pas de "petite amie" », se plaint-il.

Au début, l'essentiel de l'activité de Bertram consistait à se bourrer de petits gâteaux, et à s'allonger sur les coussins, au lieu de s'attaquer à son problème. Souvent des miettes de gâteaux parsemaient son menton, ou bien une goutte de salive restait au coin de sa bouche. Il répondait à la plupart des questions : « Je ne me souviens plus ». Quand je lui demandai s'il voulait dire par là : « Je ne *veux* pas me souvenir », il se mit à parler plus vite, sa respiration s'accéléra, et tout en tordant le coin d'un coussin, il piqua une vraie crise. Quand je lui demandai ce qui se passait, il finit par reconnaître qu'il était fou de rage. « Quand vous m'avez demandé ce que je voulais faire au sujet de ma fureur, j'ai eu si peur que je voulais ramper sous les coussins pour me cacher ! Et quand vous m'avez demandé si je voulais laisser sortir ma colère, l'exprimer d'une manière ou d'une autre, c'est comme si vous m'aviez parlé chinois. Je ne comprenais pas. Cependant, je savais que c'était exactement ce que j'avais besoin de faire. »

Bertram expliqua que pour lui, être en colère voulait dire être en danger. Il n'imaginait pas que la colère puisse faire du bien, et être sans danger. Pour découvrir qu'il pouvait se fâcher comme il voulait, sans courir aucun risque et même en bénéficiant de l'appui d'autrui, il s'étendit sur un épais tapis, il ôta ses bagues, ses chaussures et sa cravate, et desserra sa ceinture. Nous nous sommes tous mis autour de lui et nous lui avons prudemment tenu les bras et les jambes pour qu'il puisse lutter contre nous. Il fut d'accord pour s'arrêter si la sécurité l'exigeait. « Vas-y, fais ce que tu as besoin de faire », lui avons-nous dit. Au début, il hésita ; il résistait, déclarant même qu'il ne se sentait pas du tout en colère. Personne ne le crut. Alors, il gémit un peu et commença à donner des coups de pieds et à se débattre, tout étonné d'y trouver du plaisir. Alors il devint fou furieux, lutta, donna des coups de pied et cria pendant près de dix minutes. Puis son expression se modifia. Il prit plaisir à se montrer plus malin que nous : il regardait s'il pouvait nous berner, nous faisant croire qu'il ne bougerait pas, puis quand il pensait que nous n'étions plus sur nos gardes, tout à coup il se débattait. C''était signe qu'il commençait à penser autant qu'à ressentir. Visiblement très content de lui, il souriait. « Je peux faire tout ce que je veux, d'accord ?

— Oui », avons-nous répondu, en nous souvenant que nous devions faire attention ; nous nous doutions qu'il avait une idée derrière la tête.

« Ouaaah !!! », s'esclaffa-t-il, en crachant sur nous. Nous avons rapidement saisi une serviette de bain, pour nous protéger. Au bout de quelques minutes, il fut fatigué et commença à analyser la situation.

« Quand j'en suis arrivé là, je me suis senti content de moi, dit-il. Je n'avais plus peur du tout de la colère, mais j'avais besoin d'être sûr qu'on s'occuperait encore de moi, que je n'étais pas obligé, pour grandir, de me priver du soutien des autres. C'est pourquoi j'ai voulu que vous me teniez. Quand vous l'avez fait, je me suis senti encore plus en sécurité, et j'ai donc pu penser davantage. Presque toute ma vie j'ai été en colère, mais je ne le savais pas. Quand vous avez insinué que je pouvais répondre à vos questions, j'ai commencé à me *sentir* fou de rage. Jamais personne avant n'avait prétendu que je pouvais avoir des comptes à rendre. Mon père était toujours absent : il était à son travail, à ses affaires, parti quelque part. Ma mère et moi restions seuls, et ma mère était "absente", elle aussi, à sa façon, sur le plan émotionnel. Veiller sur moi constituait son but dans la vie. Elle était si seule et si fragile, si je m'opposais à elle, cela la mettait dans tous ses états. J'ai finalement décidé de renoncer à vouloir être moi-même, pour devenir seulement son prolongement. Mon désir de séparation était trop traumatisant pour tout le monde. Elle se sentait mieux quand j'étais sale parce qu'elle devait me nettoyer.

« Je n'ai pas appris à penser par moi-même. Et c'est pourquoi je suis devenu une vraie poire. Il suffit que quelqu'un me dise que je suis sympathique, et ensuite ils viennent tous s'installer chez moi accompagnés de leur chien et de leur poisson rouge, ils vident le réfrigérateur, et encore je me sens coupable de n'être pas un meilleur hôte ! »

La vie de Bertram ressemble à ce que vivent tous ceux qui « restent petits » au lieu d'opérer leur séparation. Au début, ils ne semblent guère souffrir de leur situation. Ils mettent souvent leur entourage mal à l'aise parce qu'ils bavent, ils se montrent plein de prévenance et très doux, leur allure est négligée, ils mettent les doigts dans le nez, ou bien ils le laissent couler, ils ont une voix forte et rient nerveusement, etc.. Par exemple, Bertram remuait beaucoup d'air, il était très bruyant, mangeait énormément, s'entourait d'un tas de coussins et trouvait naturel que les autres lui manifestent de l'hostilité.

Comme beaucoup de gens qui ont besoin de réaliser leur séparation, il végétait dans une attitude de « nourris-moi », et il avait envie de manger alors que ce qu'il lui fallait, c'était des limites. « M'écarter de mes parents était aussi difficile que de se dégager d'un bonbon collant, dit-il. Leur vie sexuelle n'était pas très réussie et le fait que je reste petit était pour eux une grande source de satisfaction. »

Depuis l'âge de deux ans, Bertram avait ressenti le besoin d'exprimer sa colère, et il ne l'avait jamais fait. Son défoulement au sein du groupe constituait le premier pas vers l'achèvement de la phase de développement qu'il n'avait pu réaliser à deux ans, un âge où il est essentiel de pouvoir contrôler le comportement d'autrui. Il continua à mettre les autres à l'épreuve et à dire « non », tandis qu'il développait enfin sa capacité, restée longtemps en sommeil, d'adopter des positions à part.

Il instaura aussi quantité de renforcements pour s'assurer que c'était bien pour lui de penser. Par exemple, quand on lui demandait : « Qu'as-tu besoin de faire pour résoudre ces problèmes ? » il disait souvent qu'il ne savait pas, puis il souriait, comme s'il attendait que quelqu'un d'autre pense à sa place et lui fournisse une réponse. Il avait besoin de se heurter à des refus pour être encouragé à penser. Et puis, il se chargeait d'apporter les casse-croûte, et ne le faisait pas, pour voir si nous nous attendions ou non à ce qu'il respecte ses engagements. « J'ai été étonné quand vous avez tous voulu que je quitte le groupe pour aller chercher ces casse-croûte, et aussi que je me charge de les apporter le week-end suivant, dit-il. Comme personne parmi vous ne l'a fait à ma place, c'était comme si vous me disiez que je n'étais pas obligé de veiller sur vous en ne respectant pas mes engagements. Cela, et le fait que je me sois mis en colère ont été pour moi deux tournants décisifs. Ils m'ont donné le moyen de dire “non”. Et puisque je pouvais dire “non”, j'ai décidé aussi que j'étais capable de penser et de me maîtriser. En d'autres termes, grandir ne représentait aucun danger. »

Béatrice, Brit et Bertram ont terminé, chacun à sa façon, les tâches de développement qu'ils avaient laissées inachevées depuis l'âge de deux ans. Chacun d'eux a appris comment se séparer d'autrui grâce à un processus qui inclut la négligence, l'entêtement, la colère et la mise à l'épreuve des limites. En découvrant qu'ils pouvaient acquérir leur indépendance tout en conservant l'amour des autres, ils ont retrouvé et développé le pouvoir de penser. Pour penser et devenir des êtres indépendants, nous aussi nous avons besoin de savoir que « c'est bien pour nous de provoquer, de découvrir les limites, de dire "non" et de réaliser notre séparation ».

ÉTAPE N° 4

Le pouvoir d'identification

DE TROIS À SIX ANS

À propos de mystères ! Pensez à notre vie dans la nature... Qui sommes-nous ?
H. D. THOREAU

AFFIRMATIONS

C'EST OK POUR TOI D'AVOIR TA PROPRE OPINION SUR LE MONDE, D'ÊTRE CE QUE TU ES ET DE TESTER TON POUVOIR.

- Tu peux être puissant et cependant avoir des besoins.
- Tu n'es pas obligé d'être effrayé, malade, triste ou fâché pour qu'on s'occupe de toi.
- C'est OK pour toi de chercher qui tu es. C'est important pour toi de découvrir qui tu es.
- C'est OK d'imaginer des choses sans avoir peur que cela leur donne une réalité.
- C'est OK de découvrir les conséquences de ton propre comportement.

SYMPTÔMES NORMAUX

Se demander « Qui suis-je ? » ; poser beaucoup de « Pourquoi ? » ; se soucier du pouvoir ; s'intéresser aux différences entre les sexes ; avoir des cauchemars ; éprouver des frayeurs soudaines, inexplicables ; l'envie de raconter des mensonges ou de chaparder (simplement pour voir ce qui arrivera) ; l'envie de tester son pouvoir, de se préoccuper des relations sociales ; de décider « qui suis-je ? » ; de découvrir les conséquences de ses actes.

DÉVIATIONS

- « Dépêche-toi de grandir. » Nous transformons la peur en colère, et les besoins d'être pris en charge en besoins sexuels ; la vigilance augmente.
- « Reste petit. » Nous transformons la colère en peur, et les besoins sexuels en besoins d'être pris en charge ; la vigilance diminue.

EXEMPLES DE TRANSMUTATIONS NORMALES

Bernice est prête à vivre une nouvelle vie. Ses enfants sont grands et elle se rend compte que son travail est une impasse. Elle souhaite reprendre ses études, mais elle craint qu'à son âge cela ne constitue un gaspillage financier. Son mari est angoissé à l'idée de dépenser de l'argent pour des voyages et tout ce qu'ils n'ont pu s'offrir jusqu'à présent. « Je sens que tout cela bouillonne, dit-elle. Je suis en pleine réorganisation. J'ai rêvé que je déplaçais des pièces sur un tableau : j'étais très, très absorbée. Puis une voix m'a dit :"Tu es quelqu'un d'important et tu n'as pas à faire tout cela". J'ai compris : "Oh, il y a ce que je *suis*, et ce que je *fais*. Ce n'est pas la même chose !" C'est en même temps effrayant et stimulant. »

Roger a été chauffeur de taxi pour gagner sa vie. Quand enfin il termina ses études de médecine, il connut les affres d'un changement d'identité. « Je suis perpétuellement insatisfait, dit-il. Je suis malheureux dans mon travail, chez moi et avec ma femme. Je me sens nerveux et je veux qu'un changement radical intervienne dans ma vie quotidienne. Je veux sortir, découvrir le monde, et ne plus être ligoté par mon foyer. J'ai pensé tout d'abord que j'avais fait une erreur en me mariant et je me suis senti attiré par les autres femmes. Je commence à croire que ce sont des symptômes qui traduisent un besoin de mieux me connaître et de voir comment je pourrais avoir la vie que je souhaite. J'ai besoin de construire quelque chose qui me sorte de cette insatisfaction émotionnelle, plutôt que de changer les choses de l'extérieur. Je me méfie de ce que je ne connais pas, de ce que je n'ai pas essayé, aussi je n'éprouve aucun sentiment de sécurité. Je n'ai pas de base personnelle sur laquelle m'appuyer, pas de pierres de touche qui me disent qui je suis. Je suis un étudiant en médecine, un mari, et je décris, et c'est tout à fait nouveau pour moi, ce que je souhaite faire, et ce que je ne veux pas faire. Mais d'abord, je dois me définir moi-même en fonction de ce que je ressens et de ce que je souhaite, et non pas en fonction de ce que je pense que je dois être pour les autres. »

Meridith éprouva le besoin de se construire une nouvelle identité lorsque son mari décida de devenir pasteur. « Quand il entra au séminaire, j'eus un nouveau rôle, et cela me fit peur. Par exemple, je ne peux pas me souvenir des noms. Je devais retrouver ma propre identité pour ne pas être écrasée par ce nouveau rôle, “être la femme du pasteur”. Plus récemment, j'ai subi un autre changement d'identité quand je suis devenue grand-mère. »

Lorrie a travaillé toute sa vie, elle s'est toujours dévouée pour les autres. « Je savais être maman, ou infirmière, mais je ne savais pas comment être Lorrie. C'est à cette tâche que je me suis attelée toutes ces dernières années. J'avais besoin de savoir qui est Lorrie, au lieu de me considérer tout le temps comme une mère d'élite ou une femme d'action. J'ai même repris mon prénom d'autrefois. Je suis en train de vendre ma maison et de me débarrasser de tout ce que je conservais depuis trente ans. Je pensais que ce serait peut-être triste, mais ce qui fait tout l'intérêt de la chose, c'est que c'est *moi* qui choisis de le faire. Je n'ai pas besoin de tout ce fatras entassé depuis trente ans pour être Lorrie. »

COMMENT DÉVELOPPER LE POUVOIR D'IDENTIFICATION

« Qui suis-je ? Qui est cette personne qu'on appelle “moi” ? Qu'est-ce que j'aime et que je n'aime pas ? Quels talents ai-je ? Qui sont mes amis ? Que puis-je réussir ? » Si l'on peut donner une réponse à toutes ces questions, on sait qui on est. Nous y répondons en essayant de voir ce qui arrive *si*... « je ne porte pas la tenue qu'il faut pour travailler, même si je l'ai fait pendant des années, si je change de travail ou de métier, si j'envoie les enfants en colonie et que je parte en vacances de mon côté, si j'ai besoin de surveiller mon budget (ou mon régime) et que je ne le fais pas. » C'est ainsi que nous créons notre identité.

Pour déterminer qui nous sommes, il arrive que nous lancions une rumeur ; nous modifions parfois notre style, nous nous préoccupons de la folie ou de la santé mentale, de ce qui relève de l'imagination ou de la réalité, et nos cauchemars sont pleins d'horribles monstres, d'événements irréels ou de situations effrayantes appartenant à la vie quotidienne.

Chaque fois que nous développons notre pouvoir d'identification, nous utilisons comme indice ce que nous avons été auparavant pour savoir qui nous sommes maintenant. En général, nous nous rappelons facilement notre première étape d'identification pendant l'enfance, grâce au style verbal et à la vivacité de notre imagination, à la fois créatrice et destructrice, qui caractérisent cette période. Que nous soyons enfant ou adulte, nous disons toujours la même chose pendant l'étape n° 4 : « Je suis ici, un nouvel être humain, doté de mon pouvoir personnel pour agir sur les autres et je peux m'en servir à ma guise ! Je veux participer au contrôle de ce système. »

Souvent nous sommes fascinés par les personnages décrits dans les livres, les pièces de théâtre ou les histoires, car nous cherchons à les utiliser pour former notre définition du moi. Nous nous identifions parfois à une figure mythique, à une vedette de cinéma, un homme politique, un ami plus âgé que nous admirons beaucoup, ou même à un animal : « Je suis comme une licorne, expliquait quelqu'un, car j'appartiens à une espèce menacée. » Un autre disait qu'il se sentait comme « le vilain petit canard, pas très beau pour l'instant, mais qui cache en lui un superbe cygne ».

Durant cette phase, nous nous passionnons aussi pour les relations sociales, nous voulons trouver notre place dans les groupes, et découvrir comment nous pouvons agir sur eux. Nous déclenchons même des luttes ou des conflits pour voir quelle est notre influence réelle et découvrir les conséquences qu'entraînent nos actes. Nous prodiguons toute notre attention à quelqu'un, en ignorant délibérément la présence d'une autre personne, simplement pour voir ce que cela donnera.

Un autre souci propre à cette étape du développement concerne la signification de l'appartenance au sexe masculin ou féminin. En effet, nous nous interrogeons sur ce que cela veut dire, d'être un homme ou une femme, car l'identité se fonde sur le sexe, et les différences sont tout autant culturelles que biologiques. « Je suis une fille ou une femme, un garçon ou un homme » est un fait biologique, mais quelles en sont les conséquences ? « Comment cela se traduit-il dans ma vie ? » Pendant que nous essayons de répondre à cette question, nous sentons parfois en nous une attirance pour le partenaire sexuel d'une autre personne. Souvenez-vous d'Œdipe, qui a tué son père et épousé sa mère ! Ce sont les résultats de nos expériences qui nous disent ce que signifie notre sexe d'appartenance.

Ces résultats constituent la base de nos décisions concernant l'influence ou l'autorité que nous pouvons exercer autour de nous. Se dépouiller d'une vieille identité pour en forger une nouvelle est un travail de longue haleine ; il nous faut abandonner notre ancienne peau pour préparer la nouvelle.

Chaque fois que nous traversons l'étape n° 4, nous avons besoin d'effectuer les tâches suivantes pour développer notre pouvoir d'identification :

- Découvrir « qui suis-je ? ».
- Découvrir ce que signifie être un homme ou une femme.
- Vérifier, à travers les conséquences de nos actes, ce qu'est la réalité.
- Exercer notre pouvoir dans le domaine des relations.
- Distinguer l'imaginaire et le réel.
- Développer notre aptitude à organiser et à modifier notre réalité interne.

(Les méthodes permettant de satisfaire ces besoins figurent p. 217.)

Nous avons l'occasion de développer notre pouvoir d'identification :

- Entre trois et six ans.
- Après avoir instauré de nouvelles frontières pour penser et affirmer notre indépendance.
- Quand nous cherchons à établir une relation nouvelle avec notre famille, nos amis, notre culture, ou dans notre travail.
- Quand nous remplissons un rôle nouveau ou que nous sommes sur le point d'apprendre une nouvelle technique.
- Quand nous nous occupons d'enfants d'âge préscolaire.
- Aux âges qui sont des multiples de quatre et cinq.
- A quinze ans, et à des intervalles de sept ans après cet âge.

Ce sont là de grandes lignes générales. Souvenez-vous, il faut laisser vos symptômes physiques vous dire où vous vous situez dans le cycle. L'étape où vous vous trouvez vous sera bénéfique si vous réalisez les tâches de développement qui y sont associées.

LA MISE EN PLACE DU POUVOIR D'IDENTIFICATION

C'est entre trois et six ans que nous nous créons pour la première fois une identité, quand nous jouons à imaginer qui nous sommes et ce que nous pouvons devenir. Nous posons beaucoup de « pourquoi » : « Pourquoi le ciel est-il bleu ? Pourquoi tes lèvres remuent-elles quand tu parles ? Pourquoi papa est-il un garçon ? Pourquoi je suis "moi" et non pas "toi" ? » Nous apprenons à créer notre propre version du monde en manipulant des images, des expériences et des concepts issus de notre environnement. Nous acquérons le pouvoir qui est le nôtre en tant qu'êtres sociaux, en observant l'influence que nous exerçons sur les autres. Nous nous intéressons beaucoup aux différences qui existent entre les individus, en particulier aux différences liées au sexe. Nous décidons si nous sommes un garçon ou une fille, et ce que cela signifie.

Enfants, nous définissons notre identité en termes de sexe. Selon qu'on est un garçon ou une fille, on se différenciera dans l'impression d'être OK, dans la satisfaction de ses besoins, l'acceptation de ses sentiments et la capacité d'agir et de penser. Par exemple, le fait d'être un garçon peut vouloir dire qu'il faut se montrer coriace et redoutable, se donner du mal, prendre l'air dur pour cacher ses sentiments, être compétent, réfléchir à la manière dont on peut gagner un combat, et non à la manière dont on doit veiller sur soi et sur les autres. Le petit garçon décide alors qu'il doit faire mieux que les filles, se montrer plus intelligent et plus fort qu'elles.

Au contraire, être une fille signifie souvent qu'il faut être fragile, craintive et facilement décontenancée, comme dans le conte « La princesse et le petit pois ». Les fillettes décident alors de ne pas faire les choses elles-mêmes, mais simplement d'aider ceux qui agissent ; elles cherchent à paraître réservées, gentilles et jolies, au lieu de réfléchir à la manière d'affronter le monde extérieur. Cela peut aboutir à la décision de ne jamais se montrer plus intelligentes que les hommes, de ne jamais faire confiance aux hommes, ou bien de ne se fier qu'à eux.

Ces conclusions naissent de nos observations et de la relation de pouvoir que nous voyons s'établir avec ceux qui nous sont proches et que nous aimons. L'identité qui se crée ici est un résumé de nos expériences et des décisions que nous avons prises jusque-là, et qui commencent dès l'étape n° 1 avec le flot de sensations physiques qui forment en nous notre première impression sur la vie. Nous y ajoutons les expériences de l'étape n° 2, axées sur le mouvement, les odeurs, le goût, le toucher, et celles de l'étape n° 3, période où nous tentons d'acquérir notre indépendance et de penser par nous-mêmes. Ce que nous apprenons quand nous découvrons les conséquences de notre comportement et de nos caprices nous informe aussi sur la façon dont les autres nous considèrent.

Ces conclusions ont une fonction sociale, extérieure, et une fonction personnelle, intérieure. En dedans, elles constituent le centre de communication qui nous sert à traiter nos besoins, nos sentiments, notre comportement et notre pensée. Socialement, elles établissent notre position dans le réseau social.

Ces décisions sur notre identité, bien qu'oubliées depuis longtemps, continuent d'influencer notre comportement et le cours de notre existence. Nous pouvons décider que nous voulons être traités comme un frère, ou une sœur, qui a bénéficié de certains privilèges ou de cadeaux, ou bien nous pouvons nous croire dotés de qualités généralement attribuées à l'autre sexe. Décider que nous n'appartenons pas au sexe qui est le nôtre est une façon de répondre à la question : « Qui suis-je ? » Nous connaîtrons probablement des difficultés dans notre vie sexuelle ultérieure si nous nous créons tout un éventail d'aptitudes personnelles en nous basant sur cette décision.

LE SABOTAGE DU CYCLE DANS L'ÉTAPE N° 4

Si nous nous « dépêchons » de traverser notre étape d'identification, nous risquons d'avoir un sentiment d'identité rigide et immuable, car nous aurons esquivé les expériences nécessaires à sa création. Nous nous sommes peut-être identifié comme quelqu'un qui n'a aucun besoin de dépendance, et qui préfère que les autres se tiennent à distance. Ou bien, nous évitons de ressentir les choses en nous réfugiant dans l'activité intellectuelle. En répondant à la question : « Qui suis-je ? », il arrive que nous renoncions à notre capacité de nous donner des soins nourriciers, car elle repose sur la capacité de ressentir. Comme nous n'éprouvons aucune faim émotionnelle, nous continuons à blesser les autres et à agir en étant autoritaire et omnipotent. Pour barrer la route à nos sentiments, en particulier à la peur, nous nous voyons comme quelqu'un qui se réfugie dans les aventures sexuelles quand il a peur.

Si, durant l'étape n° 4, nous « restons petits », nous transformons la colère en peur, ou nous interprétons nos attirances sexuelles comme le besoin de nous donner ou de recevoir des soins nourriciers. Nous pensons que nous sommes trop effrayés pour pouvoir penser. Nous croyons que l'indépendance est dangereuse, ou que le fait de grandir entraîne la perte du contact avec autrui. Au lieu d'agir en fonction de ce que nous ressentons, nous nous livrons à des ruses qui ne correspondent pas à nos sentiments, simplement dans le but d'extorquer l'affection que nous ne pourrions pas, croyons-nous, obtenir autrement. Nous nous mettons parfois en colère quand nous entreprenons une activité physique, et nous nous retirons dans notre jardin secret plutôt que de montrer aux autres que nous sommes parfaitement capables de nous débrouiller. Il nous arrive de trouver les autres étouffants, et leur contact nous donne l'impression de nous faire « ventouser », digérer, engloutir, comme Jonas dans le ventre de la baleine. Nous avons peur de grandir si notre liberté de mouvement a été entravée par les barreaux d'un parc, une relation étouffante, ou des règles étriquées concernant la manière dont doit se comporter un petit enfant bien élevé. Dans nos cauchemars, nous nous heurtons à des difficultés insurmontables en essayant de nous échapper pour nous mettre à l'abri du danger.

La peur qui apparaît dans le schéma « Reste petit », contrairement à ce qui se passe dans le schéma « Dépêche-toi », est destinée à nous permettre d'affronter un monde qui ne comporte aucune aide parentale. C'est pourquoi nous avons du mal à répondre à la question : « Peur de quoi ? » Notre peur est diffuse, non spécifique.

Quand nous « restons petits », il arrive que nous donnions à notre colère une connotation sexuelle. Par exemple, une femme, quand elle était fâchée, se mettait à fixer les organes génitaux des gens, quel que fût l'endroit où elle se trouvait, chez elle, au supermarché ou à l'église. Un homme, lui, commençait à tripoter son sexe dès qu'il se mettait en colère. Tous deux avaient abouti à la conclusion qu'il était impossible que deux personnes éprouvent le même besoin en même temps. Ils se comportaient comme si dans ces circonstances ils n'avaient besoin de rien excepté de la part de leurs parents.

Si nous nous faisons une idée fausse de nos capacités réelles, que ce soit en les minimisant ou en les surestimant, c'est peut-être dû au fait qu'à l'âge de quatre ans notre rôle dans la famille était inadéquat. Par exemple, un homme raconte qu'enfant, il devait rester entre ses parents, en exprimant perpétuellement des besoins, des exigences, réclamant sans cesse qu'on s'occupe de lui, afin de fixer sur lui l'attention de ses parents et de la détourner des terribles problèmes qu'ils avaient entre eux. Dans la logique de ses quatre ans, il avait décidé qu'il pourrait garder ses parents unis s'il restait toujours quémandeur.

Lorsque nous créons une identité qui ne nous autorise qu'un seul rôle déterminé au lieu d'étendre nos possibilités de choix, nous restreignons terriblement notre moi potentiel.

Les jeux de l'étape n° 4

Voici quelques jeux typiques de cette étape, lorsqu'au lieu de développer notre pouvoir d'identification, nous voulons justifier notre comportement :

- *Le mien est plus gros que le tien* existe chez les « quatre ans » comme moyen de vérifier à quel sexe on appartient ; cela devient un jeu quand il sert à masquer un sentiment d'infériorité en l'attribuant à quelqu'un d'autre.

- *Battez-vous* est un autre mécanisme de développement qui se transforme en jeu lorsqu'on l'utilise pour capter l'attention. Initialement, quelqu'un provoque une dispute entre deux autres personnes, puis il devient l'élément indispensable à leur réconciliation.

- *Le chahut* sert à éviter l'intimité sexuelle, en particulier entre les membres d'une même famille, pour lesquels l'inceste est tabou. Cela commence par une bagarre et se termine par une porte claquée.

- *Le viol.* On laisse croire à quelqu'un qu'on va lui donner quelque chose (de la tendresse, une glace, une aventure sexuelle, un cadeau) et l'on change brusquement d'attitude, laissant l'autre le bec dans l'eau, déçu et humilié.

• *Décampe* est une variation du jeu précédent. Le partenaire est d'abord séduit, puis abandonné.

• *Gendarmes et voleurs.* On joue « aux gendarmes et aux voleurs » quand on fait quelque chose qu'on sait être défendu. On le fait quand même, puis on se laisse prendre, pour attirer l'attention sur soi, même si c'est à son détriment.

• *On attrape Joey !* Ici, deux joueurs s'allient contre un troisième ; on retrouve le thème de « séduire et abandonner ».

Le langage corporel de l'étape n° 4

Les problèmes de santé rencontrés dans l'étape n° 4 concernent le taux du métabolisme basal, la transformation de la nourriture en énergie et les taux de secrétion hormonale. On constate aussi des difficultés circulatoires, qui se traduisent par une pression sanguine anormale, des maux de tête, des douleurs dans la poitrine, des palpitations ou des troubles du rythme cardiaque.

On peut établir un lien entre ces symptômes cardiaques et tout le symbolisme qui s'attache au cœur et à la poitrine, centres de l'allaitement, de l'amour et de la vie. Ceux qui se sont créé une identité qui les prive de tendresse connaissent parfois des troubles cardiaques et des problèmes circulatoires, symptômes d'un cœur malade. Durant cette étape, chaque identité créée s'accompagne de symptômes physiques particuliers.

Si vous avez l'impression d'obéir à des consignes qui vous dicteraient : « Ne sois pas sensé », « Ne sois pas loyal », « Ne sois pas puissant », « Ne sois pas aimant », « Ronge-toi le cœur », s'il vous vient souvent à l'esprit : « Je ne sais pas qui je suis », « Mais qu'arriverait-il si... », « Mais ce n'est pas moi », « Je me sens impuissant... », si vous hésitez entre telle ou telle personne, telle ou telle idée, tel ou tel mode de vie, etc., sans doute vous faut-il développer votre potentiel de pouvoir de l'étape n° 4.

SE RÉAPPROPRIER LE POUVOIR D'IDENTIFICATION

Vous allez faire la connaissance de trois personnes qui toutes ont traversé le même processus pour se réapproprier leur pouvoir d'identification. Le récit de leurs expériences peut nous aider à réaliser notre propre développement.

Nous commencerons par Susan. Petite fille, elle eut une vie très compliquée. Elle était l'aînée, et c'est à ses dépens que sa mère fit son apprentissage. Puis d'autres bébés arrivèrent, trop nombreux, trop tôt, et sans que la mère soit suffisamment aidée. Elle se mit à boire, et Susan dut faire office de maman, alors qu'elle avait besoin d'être elle-même une enfant. Et puis, Susan avait exactement trois ans et dix jours, on la sépara de sa mère. Susan en conclut, avec la logique propre de l'enfance, que si on l'enlevait à sa mère, c'est *parce qu'*elle avait testé son pouvoir : si elle n'avait pas cherché avec tant d'ardeur qui elle était, cela ne serait jamais arrivé. Elle décida sur-le-champ de ne pas se créer sa propre identité. Susan se revoit assise au tribunal, écoutant ce que dit le juge, toutes ces terribles accusations portées contre sa mère. L'enfant les prit à son compte. Après tout, si sa mère était méchante, Susan était méchante, elle aussi.

Elle fut placée dans deux familles nourricières avant d'être adoptée par une autre famille à l'âge de cinq ans. On l'avait séparée de ses frère et sœurs. L'enfant qui venait juste après Susan (et dont elle avait sauvé la vie en la sortant d'une maison en flammes) ne put se développer jusqu'au moment où elle revint vivre avec Susan. Elle fut adoptée par la même famille. Susan décida qu'elle était responsable de la vie de sa sœur.

Dans leur nouvelle famille, tout se passait à peu près bien. Ses nouveaux parents avaient exigé que les enfants qu'ils adoptaient puissent faire des études. Susan avait bien réussi ses tests (elle se situait dans les trois pour cent supérieurs de son groupe), mais ses résultats scolaires étaient décevants, ce qui avait beaucoup mécontenté ses parents. De plus, chaque automne elle était malade pendant près de six semaines, souffrant de sinusite, de bronchite et de maux de tête très violents.

Chaque fois que Susan parlait de retrouver sa mère biologique, sa mère adoptive lui disait qu'elle ne rencontrerait qu'une propre-à-rien. Elle déclara à Susan que sa mère biologique avait commis quatre fautes dont Susan devrait se méfier, elle aussi : la fertilité, le laisser-aller, l'obésité et l'alcoolisme. Susan se fit du souci, même si elle ne comprenait pas très bien ce que cela voulait dire.

Elle craignait aussi qu'on ne l'emmène ailleurs, une nouvelle fois. C'est pour empêcher cela qu'elle évitait obstinément le « crime » qu'elle avait commis à quatre ans : elle ne se créait pas d'identité unique, globale. « Par contre, j'avais l'impression d'avoir deux personnalités, dit-elle, une qui datait de mes premières années, et l'autre de mes années d'adoption. Quand j'agissais mal et qu'ils me disaient : "pourquoi as-tu fait cela ?", je répondais que ce n'était pas moi. Je l'attribuais à cette autre petite fille qui représentait les premières années de ma vie. Je me disais à moi-même : "*Cette* Susan-ci ne ferait jamais une chose pareille parce qu'elle ne voudrait pas faire de peine à son papa et à sa maman. Je ne veux pas qu'on me renvoie." Sa mère adoptive n'avait sans doute pas compris, mais elle lui faisait remarquer : "Je ne te reconnais pas d'un jour à l'autre. Tu changes tout le temps de personnalité". »

Au collège, Susan se protégea des dangers inconnus auxquels l'exposait son héritage génétique en évitant les garçons, ou bien en ne sortant qu'en groupe. Quand, à vingt et un ans, elle prit son premier verre d'alcool, elle pensa : « Ça y est, me voilà alcoolique à présent. »

« J'ai montré aussi que j'étais fertile, mais j'ai eu plusieurs fausses couches. Ne sachant pas qui j'étais, j'étais morte de peur à l'idée de *ce* que j'allais mettre au monde ! » Susan continua de s'inquiéter et de perdre ses bébés. A vingt-six ans, elle eut une dépression nerveuse. (Si l'on considère cette période difficile du point de vue de la théorie de la transmutation, les problèmes que Susan connut à l'âge de vingt-six ans sont facilement explicables et étaient même prévisibles. Sachant combien sa mère, dès le début, avait eu du mal à assumer la situation, il est facile de deviner que Susan n'a pas reçu tout le soutien dont elle avait besoin, et qu'elle a laissé inachevées les tâches de développement de l'étape n° 1. A vingt-six ans, son horloge de dévelopement et la naissance de son premier enfant ont probablement déclenché une transmutation naturelle dans l'étape n° 1. Si l'on ajoute à cela les tâches de développement qu'il lui faut terminer, tous les éléments sont réunis pour faire de cette année-là une période cruciale pour réaliser des tâches de survie, une occasion rêvée de développer au maximum son pouvoir d'exister.)

Elle consulta un psychiatre qui lui dit qu'elle souffrait d'une dépression *post-partum*, et que cela disparaîtrait avec des médicaments. Il lui donna trois tranquillisants différents, qu'elle devait prendre pendant six mois. Elle compta ses petites pilules... il y en avait largement assez pour se tuer. Mais au lieu de cela, pendant quelque temps elle les avala en suivant scrupuleusement les instructions du psychiatre ; elle ne sentit aucune amélioration. Alors elle décida qu'elle voulait vivre.

« Ce que j'avais besoin de faire, c'était de retrouver ma mère biologique. » Son mari était d'accord, et ils déménagèrent. « J'ai d'abord recherché mon frère et mes sœurs parce que cela posait moins de problèmes » (c'est-à-dire, c'était moins lourd de menaces). Au bout de sept ans, elle les retrouva. Elle participa alors à la création d'une association destinée à aider dans leurs recherches les enfants adoptés. « J'ai connu des réussites incroyables, raconta-t-elle. J'ai découvert des mères biologiques par douzaines, et parfois en moins d'une demi-heure. »

Au cours d'un atelier auquel Susan assistait, elle se mit à parler un peu d'elle et de son travail, et l'un des participants, doté d'une certaine finesse d'esprit, lui demanda :« Comment se fait-il que vous n'ayez pas retrouvé votre mère à vous ? »

« Je n'avais rien à répondre, et je savais que je devrais affronter ce problème, aussi ai-je décidé de me mettre à la recherche de ma mère. Et c'est ce que j'ai fait, deux semaines avant mon trentième anniversaire.

« C'était comme si cet énorme, cet épais mystère qui s'était toujours trouvé devant moi, je l'avais jeté par-dessus mon épaule. Je tournais autour, je le contemplais, et c'était mon passé, à sa place exacte, au lieu d'être toujours devant toute chose. J'allais pouvoir savoir qui j'étais. Cela m'a donné ce dont j'avais besoin pour être capable de me regarder. Jusque-là, je ne m'étais jamais regardée dans une glace. Maintenant, non seulement je pouvais le faire, mais je voyais que j'étais jolie. »

Il lui était enfin possible de se construire une identité. Elle se sentait suffisamment en sécurité, et elle possédait les éléments de son passé dont elle avait besoin. En guise de dernier test, elle rassembla tout son courage et posa à sa mère adoptive la question de fond : « Si tu avais pu garder seulement Kathy (sa sœur), sans moi, m'aurais-tu renvoyée ? » La réponse fut immédiate : « Nous n'y avons jamais songé un seul instant ! » A trente ans, elle sentait enfin pour la première fois qu'elle faisait partie de sa famille.

Susan commença à se reconstruire. Par exemple, elle savait qui elle était en partie grâce à ce qu'elle ressentait, aussi se mit-elle à faire part de ses sentiments à son entourage. Ensuite, elle déménagea à nouveau, parce qu'elle avait besoin de se rapprocher de ses parents adoptifs pendant qu'elle continuait à construire son identité. Elle demanda aussi à tous ceux qui l'entouraient de lui faire remarquer les moments où ils voyaient en elle ce qui en faisait une personne unique... lorsqu'elle était spontanée.

« A trente ans je ne disposais pas des outils nécessaires pour me construire moi-même. Je ne pouvais rien bâtir sur ce qui s'était passé quand j'avais trois ou quatre ans. Je construisais sur des planches pourries. » Pendant quelques ateliers de week-end, Susan régressa et se retrouva à trois ans, à quatre ans, pour jeter de nouvelles bases. « Une fois, j'avais trois ans, juste avant qu'on me sépare de ma mère. Je découvris que je recevais suffisamment d'amour parce que, lorsque je me montrais particulièrement méchante, quelqu'un me disait : “Non, je t'aime, ne fais pas cela”. A un moment, un adulte nous a demandé de nous tenir tranquilles parce qu'il y avait un bébé dans la pièce, et ce fut horrible... Une fois de plus, un bébé m'empêchait de faire ce que je voulais. Tous mes amis (ils “avaient” trois ans, eux aussi) allèrent sous la table et se mirent à construire une forteresse. Ils s'écroulèrent sur moi et je suffoquais tellement que j'ai cru mourir. L'un des adultes dit alors : “Vous sortez et nous allons trouver à quoi vous pourrez jouer”. Et ce fut comme si on me délivrait de tout ce poids sur mes épaules. » (Elle était enfin libre de ne plus se sentir toujours responsable des bébés.)

Trois semaines plus tard, les poumons et les sinus de Susan allaient beaucoup mieux. « J'ai réalisé alors que je tombais toujours malade en octobre, et c'est l'époque où l'on m'a séparée de ma mère ! J'étais plus ou moins malade jusqu'en février, qui est le mois de mon anniversaire. Je n'ai plus eu de bronchite après mes trente ans.

« J'ai découvert que j'étais digne d'être aimée et que je n'étais pas responsable de la vie de ma sœur, seulement de la mienne ;

et je suis OK pour ce qui me concerne, ce n'était pas de mon ressort. » (Ici elle renonce à l'extraordinaire sentiment de son propre pouvoir qu'elle éprouvait depuis l'âge de trois ans.) « Et je peux aussi penser *et* ressentir, et non pas seulement l'un ou l'autre. » (En construisant une base nouvelle pour son identité au cours des séances de travail, elle établissait des rapports nouveaux entre les sentiments et la pensée.)

« Je pouvais commencer à me reconnaître. Si je réussis quelque chose, ou que cela me semble bien, je peux dire : « Bravo, Susan », parce que je sais qui est Susan. Quand quelqu'un me demandait de faire quelque chose, j'avais l'impression d'être acculée et je ne me sentais jamais sûre de moi. Maintenant, quand je me charge d'un travail, je sais que j'irai jusqu'au bout. Autre chose : je n'osais jamais faire aucun rêve parce que je ne pensais pas qu'il puisse jamais se réaliser. Maintenant je me fixe des buts, je fais des rêves et je sens mes pieds solidement plantés sur le sol là où je veux qu'ils soient. Je sais qui je suis ! »

Les succès remportés par Susan dépassent les simples victoires personnelles. En 1979 elle reçut le prix du Mérite de la Jeune Américaine.

A cinquante-deux ans, Sally avait eu souvent l'occasion de développer son pouvoir d'identification. Parfois les résultats avaient été des plus gratifiants, à d'autres moments cela s'était traduit par un fiasco complet. La première fois, lorsqu'elle quitta sa petite ville du Nebraska pour aller au collège distant de soixante-quinze km, elle fut enchantée, car c'était ce qu'elle désirait : elle voulait trouver un mari, et le collège était l'endroit idéal pour réaliser son rêve. Elle y trouva aussi un soutien important. Dans ce collège, les cercles d'étudiantes avaient pour objectif de former des jeunes filles de la bonne société, de les aider à se créer une identité de « jeune fille du meilleur monde ». Cela aussi, Sally le souhaitait.

Elle avait aussi très envie de se marier, de se faire appeler « Madame ». La naissance des enfants entraîne chez beaucoup de femmes une crise d'identité. Pas chez Sally. « Quand j'étais petite, j'ai décidé : "Je suis née pour deux raisons, être une épouse et une mère. J'aurai quatre enfants, deux garçons et deux filles, et j'arrêterai d'avoir des bébés quand j'aurai trente ans", et c'est exactement ce que j'ai fait », dit-elle.

L'un de ses premiers gros problèmes d'identité commença lorsque ses enfants grandirent et qu'elle prit peur en pensant qu'elle n'aurait plus jamais le rôle d'une maman. Puis, en l'espace d'un an, son mari mourut de leucémie et sa fille fut écrasée par une voiture en descendant du trottoir.

« Une partie de moi mourut aussi, quand elle fut tuée, parce qu'une partie de ma maternité mourait. (Elle voulait dire : son identité en tant que mère de sa fille.) J'ai pensé : "Je ne serai jamais plus une personne tout entière". » Avec l'aide d'amis très sûrs, elle commença à se reconstruire. Lentement, elle comprit qu'elle avait non seulement des problèmes qui portaient sur son identité actuelle, mais aussi des problèmes concernant ce qu'elle était avant ; elle n'avait jamais pris conscience de cela auparavant.

« Par exemple, je mentais, dit-elle. Je n'en éprouvais aucun remords. Dire la vérité m'effrayait davantage. Et puis aussi, je me sentais très attirée par le partenaire des autres femmes. Cela me donnait un sentiment de sécurité. Je n'avais à redouter aucune intimité entre nous, et pourtant je pouvais être aussi "sexy" que je le voulais. Si c'était lui qui commençait, c'était de sa faute. Par chance, je ne me suis jamais attiré d'ennuis. Je cherchais à m'approprier un pouvoir par association. » Puis elle fut tenaillée par la sensation que quelque chose en elle n'obtenait pas ce qu'il lui fallait. De plus, elle n'était pas facile à aborder, et de rester dans son coin ne lui apportait pas grand-chose. Pour finir, elle sut comment les étudiants auxquels elle faisait cours la jugeaient. Tous déclarèrent qu'ils la trouvaient froide, distante, inaccessible. « Je ne pouvais plus me cacher la vérité, dit-elle. Il fallait que je change. » Elle devait affronter l'image qu'elle avait d'elle-même. « Je ne pensais pas disposer d'un pouvoir suffisant pour obtenir ce dont j'avais besoin. »

Poussée par son désir de changer, elle commença par choisir deux voies hasardeuses. Elle voulait d'abord liquider le problème, puis chercher un soutien autour d'elle. Heureusement, elle comprit rapidement qu'elle prenait les choses à rebours. Puis elle eut une aventure, dont la brièveté marqua pour elle le début d'une identité nouvelle.

Un peu plus tard elle se rendit en Californie pour participer à un groupe de travail qu'un ami lui avait recommandé. A sa grande surprise, elle passa le plus clair de son temps à pleurer sans pouvoir s'en empêcher. « Cela me fit si peur que j'ai commencé à me préoccuper de savoir qui j'étais », raconte-t-elle. Pour s'échapper de son monde intérieur si secret, Sally se mit à se plaindre à haute voix, au lieu de garder tout cela pour elle et de prétendre que ce qu'elle éprouvait était tout à fait différent. En agissant ainsi, elle comprit que ce qu'elle ressentait et ce qu'elle pensait ne correspondaient pas du tout (ce symptôme est lié à l'identité, qui sert de lien entre la pensée et le sentiment).

Quand, à quatre ans, Sally jeta pour la première fois les bases de son pouvoir d'identité, sa mère fut malade pendant neuf mois, puis son frère vint au monde. « Je n'ai pas reçu toute l'attention et les soins que je méritais. » Son père était absent la plupart du temps, mais sa mère et elle avaient pour ami le médecin du coin. « Il était gentil avec moi. J'avais envie qu'il vienne à la maison parce que cela faisait plaisir à ma mère. Elle était alors plus gentille avec moi. Si j'étais malade, il venait, aussi il fallait que je sois malade tous les jours... J'avais un problème avec mon foie, disaient-ils. Chaque jour je prenais une petite pilule pour mon foie, et puis je vomissais, et le docteur venait. »

Sally se souvient de sa mère lui lisant une histoire de reine... une reine des neiges qui vivait dans un grand château. La reine était froide et cruelle, mais elle voulait avoir des enfants, et lorsqu'elle obtint ce qu'elle désirait, elle devint gentille. « On m'avait tellement ignorée que j'ai décidé : "Je me ferai moi-même ma place dans le monde, et alors je serai meilleure, plus grande et plus gentille que toi. Je serai une reine, et si je veux des fraises à mon petit déjeuner, je les aurai, j'aurai tout ce que je voudrai". »

La décision de Sally l'amena à esquiver des tâches de développement que les enfants réalisent à cet âge... par exemple, elle ne posa jamais de « pourquoi ». « J'agissais comme si je savais pourquoi. Le ciel était bleu parce qu'il était peint en bleu, c'est tout. »

En créant une identité qui ne tenait pas compte de ses besoins, Sally avait jeté les fondements d'un symptôme qui la tourmentait à l'âge adulte : elle était torturée par des maux de tête qui duraient des jours et des jours. Elle commença à comprendre que ces migraines étaient le moyen choisi par son corps pour lui dire qu'elle devait développer son pouvoir d'exister. En se servant du schéma qu'elle avait créé à l'âge de quatre ans, lorsqu'elle avait besoin qu'on s'occupe d'elle, elle tombait malade, et le médecin venait ! Jusque-là, Sally s'était perçue non pas comme une personne formant un tout, mais comme une série de morceaux épars. Elle se fixa comme objectif de « rassembler tous ces morceaux ».

Au début, elle essaya de rejeter complètement la « reine des neiges », mais il y avait en elle certains côtés qu'elle aimait et voulait garder, en particulier ce sentiment exaltant d'être grande et puissante. Elle voulait être royale, mais pas distante. Elle modifia délibérément son attitude qui, d'autoritaire, devint détendue, ouverte, chaleureuse. Elle décida qu'il serait amusant d'enseigner à la reine comment devenir douce et tendre, plutôt que de se montrer dure et cruelle.

Pour se faire plaisir et s'octroyer un peu de bonté et de chaleur envers elle-même, chaque jour Sally consacrait un quart d'heure à dresser une jolie table et à manger dans une vaisselle raffinée qu'elle gardait généralement pour ses invités. Bientôt elle oublia de limiter ses efforts à quinze minutes seulement, et elle fit en sorte de se procurer des soins nourriciers dans tous les domaines de sa vie. Il arrivait encore parfois que, sous l'effet d'un choc, elle redevienne la « reine des neiges », froide et distante. Pour y remédier, Sally jeta les éléments de base d'une nouvelle identité en reconnaissant ses besoins et en cherchant à les satisfaire grâce à des appuis, au lieu de nier leur existence. Sally était dans le même groupe de jeu que Susan et elle joua au « fort », elle aussi, sous la table. Quand l'un des participants, un « deux ans », voulut jouer, Sally dit : « Non ». « Un adulte emmena le bébé plus loin, et ce fut épatant... le signe que je pouvais satisfaire mes propres besoins, alors que ce n'était pas possible quand mon frère vint au monde. »

Un second élément qui contribua à former sa nouvelle base d'identité apparut dans un autre groupe de jeu. La plupart des enfants s'amusaient avec de la pâte à modeler, mais Sally remarqua qu'il y avait tout près de là un baquet contenant de l'eau savonneuse. Elle s'amusait beaucoup à jeter de l'eau partout lorsqu'une adulte lui dit que c'était de l'eau sale. Sally lui répondit qu'elle avait *tort*. « Cela marqua un tournant important pour moi, de savoir que je pouvais avoir raison face à cette autorité. (Ici, elle décide d'avoir sa propre définition de la réalité, une tâche essentielle chez les quatre ans.)

« Après, j'ai commencé à tenir tête et à exprimer verbalement ce que je savais être vrai. Maintenant, cela me crée davantage de problèmes d'une certaine façon, parce que je n'ai pas envie de passer les choses sous silence quand je pense que j'ai raison. Au contraire, je dois faire face, d'une manière ou d'une autre, et j'ai besoin d'apprendre comment.

« Autre chose a eu beaucoup d'importance aussi, c'est d'avoir Robert près de moi, sans qu'il s'en aille ni qu'il me bouscule. J'ai vu que je n'avais pas besoin de faire quoi que ce soit de particulier, ni de recourir à des ruses pour attirer l'attention d'un homme et le garder près de moi. C'est une nouvelle base pour commencer à faire confiance aux hommes. Je les vois sous un jour différent maintenant, comme lorsque j'étais avec Robert. »

Bien que Sally ait envie de travailler encore au développement de son identité, elle s'est suffisamment libérée pour s'intéresser à nouveau aux hommes. Maintenant, elle dispose de son propre pouvoir au lieu de vouloir emprunter le leur, et elle découvre ceux qui sont vraiment intéressants.

Joe est un homme costaud, doté de biceps et d'avant-bras énormes, musclés par la pratique des haltères. Âgé d'environ quarante ans, il réussit dans bien des domaines. Il vit avec sa femme et ses deux fils dans une banlieue cossue. C'est un cadre important dans une grande compagnie pétrolière et il est entraîneur d'une équipe sportive.

Des crises de violence périodiques forment un contraste saisissant avec le reste de sa vie. La plupart de ses amis se contentent de devenir joyeux ou polissons lorsqu'ils ont un peu trop bu, mais Joe, lui, devient méchant. Une fois, après que ses amis l'eurent calmé et ramené chez lui, il a battu son jeune fils, le laissant couvert de contusions, physiques et morales. Joe vint participer à un groupe « pour apprendre à me contrôler ».

Il commença par accepter de dire ce qu'il ressentait. Bientôt il identifia un schéma : l'envie d'être violent était précédée de la peur d'être en butte à des propositions sexuelles venant d'un autre homme. « J'ai eu vraiment peur à ce moment-là, dit-il. Je savais que je devrais travailler là-dessus. Je me rappelle avoir parlé de deux choses que je voulais faire, et qui s'excluaient mutuellement, et j'attendais des autres qu'ils me disent comment résoudre ce conflit, mais au contraire ils ont insisté sur le fait que je devais régler ce problème moi-même. Pour y parvenir, il fallait que je replonge dans mon passé. »

La semaine suivante, Joe raconta un cauchemar qu'il faisait souvent. En travaillant sur ce rêve, Joe se rappela bientôt des scènes de son enfance, vers trois ou quatre ans, où il avait eu honte de ce qu'il ressentait. « J'ai décidé que les sentiments, c'était bon pour les filles. A l'extérieur, j'essayais d'être un "dur" et de ne rien ressentir, mais à l'intérieur je savais que je devais être une fille, puisque j'éprouvais des sentiments et des besoins. » Joe l'Adulte protégeait Joe le Petit Garçon en se montrant violent, moyen des plus efficaces pour reprendre le contrôle de la situation.

Joe se mit à interroger les autres hommes du groupe sur leurs sentiments, leurs besoins et leurs expériences. Il franchit une étape importante lorsqu'il s'assit près de Robert, et que, serré contre lui, il lui posa des questions qu'il n'avait encore jamais formulées : « Est-ce que tu m'aimes bien ? As-tu peur de moi ? Est-ce que tu aimes bien me serrer contre toi ? Ton père te prenait-il dans ses bras quand tu étais petit ? Et quand tu étais grand ? Est-ce que tu vas me faire du mal ? Que me feras-tu si tu te mets en colère ? »

Quelques séances après celle-ci, il participa à un groupe de jeu où il s'amusait sur un tas de sable avec trois autres « enfants » (des adultes en régression) âgés de trois à cinq ans. Il jouait à tester le pouvoir de son nouveau père intériorisé. Lorsque tous les « enfants » se lancèrent dans une bruyante discussion pour savoir s'ils allaient jeter du sable, Joe lança fièrement : « Mon papa dit qu'il ne faut pas jeter du sable ! » Quand son copain lança une pelle, Joe laissa échapper : « Tu m'as fait peur ! »

Après cela, Joe se concentra sur les « comment » : comment les hommes font-ils face à la peur, comment se rattacher aux autres hommes, et cependant éprouver des sentiments, comment satisfaire ses besoins de contact ? Il montrait ainsi qu'il était parvenu à la phase suivante, celle de l'apprentissage de nouvelles aptitudes et de la modification de certains éléments dans son système de valeur.

Savoir qui nous sommes est un droit que nous avons tous, mais parfois, pour quantité de raisons, nous ne réclamons pas ce droit, ou bien nous n'en tirons pas tout le parti possible. Notre cycle de développement nous donne plusieurs occasions tout au long de notre vie de mener à bien les tâches nécessaires pour acquérir une nouvelle identité, harmonieuse et efficace. Susan, Sally et Joe, chacun pour des raisons qui lui sont propres, et chacun à sa manière, se sont tous trois réapproprié le droit au pouvoir d'identification.

ÉTAPE N° 5

Le pouvoir de réussir

DE SIX À DOUZE ANS

Les choses que nous devons apprendre avant de pouvoir les faire, nous les apprenons en les faisant.
ARISTOTE

AFFIRMATIONS

C'EST OK POUR TOI D'APPRENDRE À FAIRE LES CHOSES À TA FAÇON, D'AVOIR TES PROPRES PRINCIPES MORAUX ET TES MÉTHODES.

- Tu peux penser avant d'agir.
- Fais confiance à tes sentiments pour te guider.
- Tu peux agir comme tu l'entends.
- C'est OK de n'être pas d'accord.

SYMPTÔMES NORMAUX

Se préoccuper de « comment faire les choses » ; s'intéresser aux systèmes de valeurs et aux principes moraux d'autrui ; vouloir remettre en question la manière d'agir des autres ; vouloir faire les choses à sa façon, en n'imitant personne d'autre ; devenir prosaïque et raisonneur ; discuter et contester la morale et les méthodes d'autrui.

DÉVIATIONS

- « Dépêche-toi de grandir. » Nous apprenons à nous comporter en adulte compétent et à cacher nos sentiments ; nous sommes superorganisé, avisé et rigide.
- « Reste petit. » Nous apprenons à nous comporter en enfant incapable et à cacher ce que nous pensons ; nous manquons d'organisation ; nous ne faisons preuve d'aucun discernement, mais de molesse.

EXEMPLES DE TRANSMUTATIONS NORMALES

Keith développa de nouvelles aptitudes lorsqu'il dut apprendre à devenir un ingénieur actif au lieu de se contenter d'être un brillant étudiant. « Je me suis fait du souci pour savoir comment m'habiller, comment me comporter dans les premiers moments d'un entretien et comment me présenter dans un cadre professionnel. Je dois faire le tri dans mes valeurs, décider quelles sont les miennes, celles qu'on m'a enseignées à l'école et celles qui me viennent de mes parents. La grande question est :“Que me reste-t-il ?”. »

Brenda avait trois bonnes raisons de réaliser les tâches de l'étape n° 5. A quarante-deux ans, son horloge interne lui indiquait que c'était le moment prévu par son cycle naturel pour retraverser cette étape ; en même temps, elle décidait de changer de métier, ce qui l'obligeait à acquérir de nouvelles compétences ; enfin, sa fille venait d'avoir neuf ans. « On discute beaucoup dans cette maison, confia-t-elle. Au début, j'étais vraiment têtue. J'avais envie de bousculer tout le monde, comme si je ne pouvais pas avoir mon propre système de valeurs et rester quand même proche des autres. Je devais apprendre comment tout remettre à nouveau en question. Je rembarrais les gens, je croyais qu'il devait y avoir un perdant. J'apprends maintenant à discuter sans blesser mon interlocuteur afin que les deux partenaires sortent vainqueurs de la discussion. Nous avons très peu d'échanges du type : “Veux-tu... oui, non”. Par contre, j'ai mon franc-parler, je me fâche, et je veux que les autres disent clairement s'ils sont d'accord ou non. C'est important qu'ils veuillent discuter.

« J'ai besoin de confronter mes raisons aux leurs. Pourquoi cela ne serait-il pas mieux ? Pourquoi n'aimez-vous pas cela ? Qu'est-ce qui est juste ? Quelles sont les règles, pourquoi ces règles-là seraient-elles les bonnes ? La vie est bien plus intéressante quand je mets de l'ordre dans mon système de valeurs. Je suis plus souple. Je m'intéresse davantage à ce qui se passe. En même temps, j'ai une attitude responsable. Je fais marcher les choses, clac, clac, clac. Non pas que je me montre autoritaire, mais simplement plus précise et plus efficace. Trouver de nouvelles façons de libérer mon énergie créatrice constitue un vrai pari. »

COMMENT DÉVELOPPER LE POUVOIR DE RÉUSSIR

Lorsque notre horloge interne indique « étape n° 5 », nous pouvons retraverser rapidement les quatre premières étapes : nous mettons tout en œuvre pour exister, nous réalisons des choses pour explorer le monde, nous testons les limites et les frontières, et nous rectifions notre identité avant de commencer à actualiser nos valeurs et nos compétences. Il arrive alors que nous devenions aussi prosaïques et raisonneurs qu'un juriste de huit ans. Nous nous sentons à nouveau maladroits et gauches, comme un enfant qui grandit trop vite et se trouve mal à l'aise dans son corps. Nous nous trompons souvent en essayant de faire fonctionner les choses. Les contacts pris avec des personnes qui n'appartiennent ni à notre cercle d'amis habituels, ni à la famille, ni à notre milieu professionnel, sont très importants parce qu'ils constituent une source d'informations inestimables sur la manière dont les autres agissent. Nous sommes parfois fascinés par le coin d'une bouche, l'expression d'un regard, le mouvement d'une main, le son d'une voix, une manière de parler, la finesse d'une réponse.

Comment organiser ma journée, ma semaine, mon année, ma vie ? Qu'est-ce qui est important ? Est-ce que ce qui est important pour vous l'est aussi pour moi ? Pourquoi vivez-vous ici, et non ailleurs, pourquoi faites-vous ce métier, pourquoi avez-vous choisi cette façon de vivre ?

Pour créer des méthodes nouvelles, c'est en *agissant* que nous apprenons : nous jardinons, nous faisons du pain, nous fendons du bois, nous organisons une vente. Nous voulons savoir comment les autres s'y prennent, mais nous voulons aussi contester leur manière de faire. Nous avons besoin de modèles pour les comparer à ce que nous faisons.

C'est l'époque où nous affrontons les autorités qui nous gouvernent (le patron, les autorités religieuses, les avocats, les juges, les mères, les conseillers et les experts). Nous ne sommes jamais à court d'arguments : « Je suis sûr que les règles ne sont pas celles que vous dites. En fait, j'ai lu quelque chose là-dessus l'autre jour. Et aussi, un ami m'a dit, et aussi, quand j'étais petit, en outre, ma mère a toujours... » Nous sommes à la recherche de nouveaux rôles sociaux : « Quand je serai grand je être... » ; « J'en ai assez de rester à la maison à m'occuper des enfants, je crois que je vais me mettre à travailler » ; « Ce boulot me fait payer trop d'impôts, et puis, les enfants me manquent. Je crois que je vais chercher autre chose » ; « Je sais que je ne suis pas prêt à devenir père. Je me sens prêt à être étudiant ».

Quel que soit notre âge, chaque fois que nous ressentons les symptômes de l'étape n° 5, nous devons réaliser les tâches suivantes pour développer notre pouvoir de réussir :

- Essayer différentes façons de faire les choses.
- Développer nos aptitudes physiques, intellectuelles, émotionnelles et sociales.
- Discuter, contester et exprimer notre désaccord.
- Refuser les méthodes d'autrui jusqu'à ce que nous trouvions la nôtre.
- Apprendre une morale, des manières ou des valeurs nouvelles.
- Commettre des erreurs pour découvrir comment les choses fonctionnent.

(Les méthodes figurent p. 223.)

La vie nous donne l'occasion de développer notre pouvoir de réussir :

- Entre six et douze ans.
- Après avoir modifié nos décisions concernant notre identité.
- Quand nous apprenons une nouvelle manière de faire quelque chose.
- Quand nous élevons un enfant âgé de six à douze ans.
- A des intervalles de sept ans après la période allant de six à douze ans (les multiples des âges de huit et neuf ans sont particulièrement concernés).

Ce ne sont là que des repères mentionnés à titre indicatif. Laissez votre corps vous dire où vous en êtes dans le cycle. Rappelez-vous que vous tirerez profit de cette étape si vous exécutez les tâches de développement qui y sont associées.

LA MISE EN PLACE DU POUVOIR DE RÉUSSIR

Au cours des dernières années de l'enfance, nous commençons à nous soucier de développer les aptitudes qui nous sont nécessaires pour survivre de manière autonome dans le monde. Nous apprenons à nouer nos lacets, à traverser la rue, à lire, à écrire, et même à moraliser. Nous voulons apprendre comment être efficace, et dire d'un air assuré : « Je peux le faire ». Nous développons notre propre code de valeurs basé sur nos expériences personnelles, créant des structures ou des modèles qui définissent et décrivent le monde : « Réfléchis », « Travaille dur », « Prends ton temps », « Ne fais pas ton malin », « Sers-toi de ta cervelle ». Tous ces éléments s'ajoutent à nos propres expériences. En prenant comme base de discussion les structures élaborées par autrui, nous créons, testons et améliorons nos aptitudes personnelles.

Pour créer ces aptitudes qui nous sont propres, nous avons recours à un processus appelé *exclusion** : nous incitons les autres à créer des structures et, en même temps, nous nous protégeons contre elles. Puis nous discutons et nous contestons, pour nous emparer d'une partie des aptitudes ou des valeurs des autres et les faire nôtres. Quand on transpose cela dans le langage des « huit ans », l'exclusion se traduit par l'attribution de sobriquets. Quelqu'un qui ne répond pas à une question est traité d'idiot. Un petit boutonneux devient un « lépreux ». La plus légère claudication donne matière à discussion. Bien que cette attitude puisse passer pour un manque de sensibilité, elle remplit une fonction importante dans le développement : le comportement d'exclusion est essentiel à l'élaboration d'une structure.

Les méthodes et la morale que nous créons pendant cette période fournissent l'ultime ingrédient de la recette qui permet d'acquérir une personnalité complète. Cette technologie de survie personnelle, intériorisée, nous protège de manière automatique. Si nous nous mettions à courir dans la rue, quelque chose en nous s'écrierait automatiquement : « Arrête ! », en court-circuitant le long processus qu'exige la pensée. Chacun de nous invente ces structures vitales en agissant et en ayant ses propres expériences.

Les types de structures que nous créons sont très importants, parce qu'une fois que nous les avons mis en place, ils présélectionnent l'information. D'autre part, les premières méthodes que nous élaborons sont celles qui nous serviront à développer tout au long de notre existence les capacités qui nous permettent de vivre. Au sens strict, nous *apprenons comment apprendre comment.*

Le genre d'aptitudes que nous développons et la facilité avec laquelle nous y parvenons sont largement influencées, et même déterminées, par nos expériences et les décisions que nous avons prises au cours des étapes précédentes. Par exemple, les conclusions de l'étape n° 2 concernant l'action et le danger que peut représenter le fait d'agir, conclusions auxquelles nous avons abouti alors que nous ne savions encore pas même marcher, encouragent ou limitent ce que nous *faisons* dans l'étape n° 5 pour développer nos aptitudes.

Les conclusions de l'étape n° 4 à propos de notre identification jouent aussi un rôle déterminant. La décision que nous avons prise à propos de notre sexe d'appartenance formera la base de notre développement futur dans l'étape n° 5, selon que nous adopterons le modèle masculin ou le modèle féminin, ou les deux. C'est souvent sur cette seule base que sont écartées les structures du sexe opposé, chaque enfant créant des structures compatibles avec sa propre identité. A l'étape n° 4 la question était : « Suis-je un garçon ou une fille ? » A l'étape n° 5 nous découvrons « comment être un garçon ou une fille ».

Enfants, dans l'étape n° 5, nous nous intéressons à la sexualité essentiellement pour savoir « *comment* on fait », car nous ne sommes pas encore prêts à connaître les autres aspects de la vie sexuelle. Ce qui nous intéresse, c'est d'explorer le corps des autres, en particulier celui des enfants du même sexe que nous : c'est un moyen d'apprendre à être un garçon ou une fille.

Enfants, nous voulons découvrir ce qu'est la sexualité, grâce essentiellement aux enfants du même âge et du même sexe que nous, car il est impossible d'apprendre par une fille comment être un garçon, et vice versa. Toutefois, dans certaines cultures, l'incitation à l'hétérosexualité est si forte que les enfants ne peuvent faire ce qui leur serait nécessaire pour bien vivre leur sexualité à l'adolescence. Enfants, dans l'étape n° 5, nous apprenons toutes les conventions qui nous guideront dans le vaste monde : « Faites la queue. Attendez votre tour. Ne vous touchez pas les uns les autres ». Dans une culture fondée sur les rôles sexuels, nous apprenons les aptitudes qui correspondent à notre équipement génital plutôt qu'à nos besoins. Les garçons apprennent à gagner leur beefsteack ; les filles, elles, apprennent à le faire cuire. Nous adoptons l'aspect extérieur, le comportement et les valeurs convenant à notre sexe, plutôt que les structures capables de satisfaire nos vrais besoins. Les garçons apprennent à jouer au soldat, à se montrer bourrus et à se bousculer ; les filles sont encouragées à jouer calmement, à être jolies et à se tenir tranquilles. Tandis que les garçons sont formés à créer et à dominer, les filles, elles, doivent être aidées et dominées. Ils apprennent à toujours discuter ; elles apprennent qu'il ne faut pas le faire. Ils doivent chercher à obtenir ce qu'ils désirent ; elles doivent rester passives. Tous apprennent que ce que le garçon définit comme « normal » l'est effectivement, et que l'agression, un trait typique de la classe dominante, est culturellement acceptée, alors que la passivité, trait typique de la classe dominée, est anormale et pas acceptée.

Le pouvoir de réussir se développe dans la famille *et* dans la culture quand nous apprenons quels sont le comportement et la position sociale qui correspondent à notre rôle sexuel. Ces rôles constituent les toutes premières façons de se rattacher aux autres et aux groupes. « Les Martin valent mieux que les Dupont » ; « Nous sommes peut-être pauvres, mais honnêtes » ; « Ce que l'homme fait est normal et ce que la femme fait n'est pas normal » ; « Le blanc est normal, le noir, le rouge ou le jaune lui sont inférieurs ». Le mépris pour les jeunes, le racisme et le sexisme se transmettent ainsi de génération en génération grâce à tous les « comment faut-il... » qui se forment au cours de cette étape.

LE SABOTAGE DU CYCLE DANS L'ÉTAPE N° 5

Si nous adoptons le scénario « Dépêche-toi de grandir » lorsque nous traversons l'étape n° 5, il est probable que nous développerons notre habileté en jouant les compétents malgré la peur que nous éprouvons, car nous la dissimulons. Nos relations avec autrui consistent à exprimer notre opinion, à argumenter, à discuter de sujets de morale, mais nous refusons tout lien d'intimité. L'idée que nous nous faisons de la réalité est destinée à nous protéger en tenant les gens à distance : « Évite les besoins de dépendance » ; « Apprends à repousser les autres » ; « Attends pour éviter le pire » ; « Ne pense pas à la peur » ; « Sers-toi de ton système de valeurs pour rejeter les autres ».

Si nous « restons petits », nous essayons parfois d'éviter complètement l'étape n° 5 en continuant d'emprunter les valeurs et les règles morales des autres au lieu de créer les nôtres. Nous apprenons à jouer les faibles et les incapables, à cacher ce que nous pensons et à garder les autres auprès de nous pour préserver notre sécurité. Notre relation avec autrui repose sur la mise en avant de notre soi-disant manque d'aptitudes, comparé à leurs talents, et de notre incapacité à faire face aux problèmes de la vie quotidienne. Notre conception de la réalité a pour but de garder les autres tout près de nous : « Reste petit » ; « Sois dépendant » ; « Donne aux autres l'envie de faire les choses à ta place » ; « Renonce à ton opinion personnelle » ; « Ne structure rien » et « Ne pense pas à la colère ».

Ces deux schémas nous compliquent la vie lorsque nous devons faire quelque chose, car ils nous empêchent d'avoir recours à nos propres méthodes pour agir par nous-mêmes. Ces déviations affaiblissent notre compétence en écartant les tâches de développement que nous devons réaliser pour créer et élargir notre éventail d'aptitudes. Plus nous tombons dans l'un ou l'autre de ces travers, et plus nous créons un sentiment de frustration.

Au cours de l'étape n° 5, nous pouvons aussi faire nôtres les valeurs culturelles qui encouragent notre incapacité à développer certaines aptitudes. Nous remplaçons alors par des biens matériels ou des « gadgets » le contact dont nous avons besoin avec autrui, ou bien nous entrons en compétition avec nos amis pour obtenir les gâteries que la vie peut nous offrir, au lieu de nous montrer coopératifs. Nous nous limitons à des comportements axés sur l'atteinte d'un objectif, renonçant à la richesse que procure l'activité exploratrice. Nous apprenons à nous soumettre à l'autorité au lieu de développer notre indépendance, ou bien nous essayons d'acquérir les aptitudes qui correspondent à notre équipement génital au lieu de nous tourner vers celles qui répondraient à nos besoins. Il arrive notamment que nous fondions nos relations sur la fabrication de quelque chose, et non sur le développement de notre potentiel de pouvoir respectif.

Nous devenons rigides et inflexibles si nous avons accepté la manière de faire de quelqu'un d'autre sans l'avoir vraiment adoptée nous-mêmes. D'autre part, nous ressentons parfois de la colère quand nous sommes en pleine activité au lieu d'éprouver le plaisir que donne le sentiment de bien faire quelque chose.

L'acquisition de compétences techniques nous paraît aussi quelquefois pouvoir entraîner des conséquences fâcheuses et il faut éviter, pensons-nous, de se placer dans cette situation, car nous craignons d'être mis ensuite tout le temps à contribution : « Eh bien, maintenant que tu sais faire la vaisselle, tu pourras t'en charger tous les jours ».

Lorsque nous nous lançons dans des méthodes et des techniques qui contrecarrent nos besoins, c'est comme si nous acceptions qu'à l'intérieur de nous-mêmes un juge, autoritaire et catégorique, nous accuse de n'être pas à la hauteur : « Tu es un raté et tu en seras toujours un, mais essaie quand même de faire quelque chose. Pose-toi en victime, travaille dur et saoûle-toi ».

Les jeux de l'étape n° 5

• *Tribunal* est un jeu de compétition pour savoir « qui va avoir raison » et, par conséquent, qui en tirera bénéfice (sous forme d'attention, d'argent, etc.). Ceux qui choisissent ce jeu ont eu, dans leur enfance, des expériences malheureuses lorsqu'ils essayaient de développer leurs aptitudes : ils ont eu l'impression qu'ils avaient toujours tort et que, par conséquent, ils devaient souffrir ou être malheureux. En ne se débarrassant pas des structures des autres, ils résolvent le problème à leurs dépens, en ignorant leurs propres besoins et leurs sentiments.

• *C'est affreux* est joué par ceux qui n'ont jamais dépassé le stade de l'exclusion. Cette phase temporaire du développement devient la pierre d'angle de leur mode de relations. Comme ils s'interdisent d'agir de leur propre chef, ils ricanent des méthodes que les autres utilisent au lieu de chercher de meilleures solutions.

• *Défauts* sert à éviter la dépression lorsqu'on tient les autres à l'écart. En les jugeant, le joueur se protège contre la sensation intérieure d'être une Victime*.

• *Parents d'élèves* sert à éviter un sentiment de culpabilité. Au lieu de résoudre les problèmes, les joueurs se contentent d'en parler, en critiquant les efforts des autres.

• *Je te tiens, salaud !* est joué par ceux qui se servent de leurs capacités pour rejeter sur autrui la responsabilité de leur échec ; ils attendent que l'autre fasse une erreur, puis ils le prennent au piège.

Le langage corporel de l'étape n° 5

Les problèmes physiques qui accompagnent cette étape du développement apparaissent souvent dans notre *structure* physique, avec des déformations de la colonne vertébrale (lordose, cyphose, scoliose) ; des problèmes de coordination ; des troubles des aptitudes motrices ; un sous-développement ou un hyperdéveloppement des muscles du squelette, en particulier dans la partie supérieure du torse ; enfin, des contractions musculaires dans la partie supérieure de la poitrine et dans le dos, en particulier là où le diaphragme s'insère sur les dernières vertèbres thoraciques et les premières lombaires.

D'autres symptômes de l'étape n° 5 sont liés de manière spécifique à telle ou telle valeur. Par exemple, les douleurs dorsales viennent parfois de l'idée qu'« être un homme, c'est faire un travail éreintant » ; un blocage de la sueur peut être dû à la conviction qu'une « dame ne doit pas transpirer » ; ou bien, un excès de tissu graisseux est quelquefois la traduction de principes fâcheux tels que « il faut d'abord s'occuper des autres ».

Des structures qui asservissent et détruisent la personne qu'elles étaient supposées devoir aider en arrivent à inhiber sa sexualité, par le blocage, la répression ou le contrôle de l'énergie corporelle.

Si vous vous comportez comme pour obéir à quelqu'un qui vous dirait : « Ne pense pas, agis » ; « Ne structure pas » ; « N'exclus pas » ; « Ne discute pas » ; « Ne fais pas d'erreur » ;

ou bien si : « Je ne sais pas comment » ; « Je ne peux pas le faire (à ma façon, à ta façon) » ; « (Je ne suis, tu n'es, il n'est) pas OK... (je suis, tu es, il est) idiot, paresseux, stupide », sont des thèmes qui vous obsèdent, vous devez développer votre potentiel de pouvoir dans l'étape n° 5.

SE RÉAPPROPRIER LE POUVOIR DE RÉUSSIR

Karen a probablement traversé plusieurs fois l'étape n° 5, mais rien ne le laisserait deviner. Elle ne discutait jamais, elle se soumettait. Il allait de soi qu'elle cesserait d'exercer son métier de professeur lorsqu'elle se marierait, et c'est ce qu'elle a fait. Il allait de soi qu'elle resterait à la maison pour élever les enfants : elle le fit. Il allait de soi qu'elle serait un membre actif de l'équipe junior : c'est ce qui arriva. « Je faisais tout le travail de la maison, aussi, mais à contre-cœur », dit-elle.

Quand son fils aîné commença la phase de contestation qui caractérise la traversée de l'étape n° 5, toute la famille entra en conflit. « Il essayait de devenir lui-même, fort et indépendant, et moi aussi. Nous nous heurtions continuellement. Je me sentais opprimée, dominée par ma mère et mon mari. J'ai décidé de faire quelque chose pour ne plus être celle qui cherche toujours à contenter les autres, qui se soumet et ne fait jamais de vagues. Je voulais changer ma vie. »

En même temps, Ken (son mari) avait réalisé le rêve de sa vie : devenir chef de bureau dans une banque. Karen dit qu'il commença à penser : « C'est pour cela que j'ai travaillé comme un fou toute ma vie ! » « Pendant un an, nous avons parlé et fait le tri entre ce que nous avions vraiment envie de faire et ce que nos parents souhaitaient pour nous. Nous avons aussi fait appel à un psychologue pour nous aider. Nous avons découvert tous les deux que c'était normal d'être en désaccord, de faire des vagues et de discuter de tout. Ken décida de s'occuper davantage de la famille et des enfants. J'adorais la nature et la campagne et nous avons décidé d'acheter un chalet en montagne. Notre relation s'est considérablement améliorée. »

Quelques années plus tard, cependant, à quarante-deux ans, l'horloge interne de Karen lui indiqua que le moment était venu d'opérer une transmutation dans l'étape n° 5 ; à la même époque, le second enfant de Karen traversait lui aussi cette étape, pour la première fois, faisant resurgir des problèmes liés à son enfance à elle.

« J'ai compris que je n'avais jamais eu le droit de discuter et de contester. C'était toujours : "C'est comme cela, et pas autrement". J'étais folle de rage. Il fallait que je trouve le moyen de me débarrasser de cette colère, et je me suis réfugiée dans la maladie. Je croyais qu'on devait souffrir pour attirer l'attention sur soi. Je savais que si j'étais malade, j'obtiendrais l'amour dont j'avais besoin. Je présentais une foule d'allergies. Je pense que la plupart d'entre elles étaient imaginaires. J'achetais l'amour dont j'avais besoin. J'étais enfant unique jusqu'à ma maladie, oh, pardon ! je veux dire, jusqu'à l'âge de *six* ans, puis mon frère vint au monde.

« Dans la famille de mon mari, personne ne tombait jamais malade, et je n'ai donc pas pu me servir à l'âge adulte du jeu que j'utilisais dans mon enfance. Dès que je fus mariée, j'ai commencé à faire un rêve dans lequel un personnage très puissant me maintenait à terre. Je pense qu'il incarnait le pouvoir que je laissais mes parents et mon mari exercer sur moi. »

Ces trois faits : l'horloge interne de Karen, le passage de son second fils à travers l'étape n° 5 et l'abandon par Karen de ses anciennes façons d'agir, constituaient trois grandes forces convergentes qui la poussèrent à aller au fond des choses pour découvrir les racines de ses problèmes. Curieuse de son enfance, Karen demanda à sa mère ce qu'elle s'en rappelait. « Elle confirma l'impression que j'avais d'avoir manqué de beaucoup de choses entre six et douze ans. Ma mère m'a dit que mon frère lui donnait tellement de travail qu'elle ne se rappelait pas comment j'étais avant l'âge de douze ou treize ans. Alors j'ai commencé à retourner vers mon passé, à réfléchir à ces âges. J'ai suivi un cours pour acquérir de l'assurance et apprendre à "faire des vagues". J'ai lu des livres sur la façon de discuter, mais il me manquait toujours quelque chose. Je savais que j'avais besoin d'autre chose. Pendant ce temps-là, ma tension avait grimpé au fil des années. Les médecins avaient commencé par me donner une pilule diurétique, puis deux autres pilules. Mais sans aucun résultat. »

Au début Karen crut que pour se libérer de sa mère toute-puissante, elle devait la rejeter. « Je pensais : "Je n'ai pas besoin de toi. Je n'ai pas besoin de toutes ces sornettes. Je ne t'écouterai plus". Puis, le temps passant, j'ai compris que j'avais besoin qu'elle me dise qu'elle m'aimait. Qu'elle me dise qu'elle se souciait de moi. Elle n'avait pas à ressentir les choses à ma place, à penser à ma place, à décider pour moi. Je pouvais me débrouiller toute seule. J'avais besoin de savoir qu'elle m'aimait pour *moi*, pas pour ce que je faisais. J'en avais assez de faire des choses pour être aimée. »

Au cours d'un groupe de week-end consacré à la résolution de problèmes, Karen fut l'une des premières à annoncer qu'elle voulait travailler. Quelqu'un d'autre a fait remarquer qu'il avait besoin de redevenir un bébé, et Karen se mit en colère. « Je pensais : "Un bébé va encore me détrôner". Je n'étais encore jamais retournée à un âge antérieur. Je savais que j'avais besoin de me retrouver à six ans, mais je ne savais pas comment faire. Je pensais que cela tenait de la magie, mais maintenant, cela y était, j'avais six ans, et j'étais en colère. Petite, quand j'étais fâchée contre ma mère, j'allais dans mon armoire et je jetais toutes les chaussures partout. Cette fois, je cognai sur un coussin, je roulai du papier puis je le lançai, et à chaque fois je lui disais (comme si ma mère était là) que j'étais furieuse. Et puis j'ai compris que j'avais peur qu'elle s'en aille, et peur aussi que si je n'agissais pas comme le souhaitaient ceux qui m'aimaient, ils se fâchent et s'en aillent. Elle agitait toujours la menace que si les choses ne se passaient pas comme elle le voulait, elle s'en irait. J'ai commencé à dire : "J'ai besoin que tu m'aimes". J'ai décidé de ne plus être une gentille petite fille et de commencer à être *moi-même* et à dire ce que je voulais. »

Tout le reste du week-end, Karen se réappropria et développa son pouvoir de réussir. Par exemple, elle discuta la façon de faire des autres, et elle constata que personne ne la laissait tomber. Elle découvrit aussi d'autres moyens d'attirer l'attention sur elle qu'en tombant malade. Lorsque, dans un groupe de jeu, quelque chose lui déplut, au lieu d'avoir un malaise elle organisa une fête d'anniversaire et invita tous ses amis. Plus tard, dans la soirée, elle joua aux cartes avec quelques « enfants » de son âge (six ans), en discutant des règles. Elle se leva en disant « je reviens », mais elle ne reparut pas pendant un bon moment. « Ils étaient tous assis là, à m'attendre ! J'ai pensé "Quelle bande d'idiots, ils m'ont attendue alors qu'ils pouvaient jouer sans moi !" Mais ils ne sont pas partis, et ne se sont pas mis en colère. »

Plus tard, Karen raconta que pendant qu'elle travaillait sur cette période de sa vie, ses six ans, « J'entendis mon estomac pousser un soupir ! Avant, si quelqu'un commençait à discuter devant moi, j'avais l'estomac qui se serrait et me faisait mal, mais cela ne m'est plus jamais arrivé depuis ce week-end. Et plus tard, le docteur a constaté avec surprise que ma tension avait baissé ! Cela ne veut pas dire que tout a été parfait depuis. Par exemple, Ken et moi, nous nous sommes vraiment affrontés pendant un bon moment après cet épisode. Je n'arrêtais pas de lui dire à quel point cela me déplaisait qu'il pense à ma place ou qu'il me dise ce que je devais ressentir. Un autre exemple : on m'a proposé de donner des cours le soir, alors que mon fils avait besoin que je le conduise quelque part. L'année précédente, j'aurais dit : "C'est mon rôle de mère d'être là pour mes enfants". Mais j'ai réuni toute la famille et je leur ai expliqué à quel point c'était important pour moi d'enseigner, et nous avons trouvé un arrangement qui m'a permis de faire ce que je souhaitais. Et le plus important, c'est que je n'ai plus peur de ma colère ! »

Lorsqu'on achève les tâches de l'étape n° 5, on découvre souvent qu'on se sent plus proche des personnes de son sexe. On se crée aussi parfois un nouveau rôle culturel. Certains reprennent leurs études, d'autres se découvrent un don pour la peinture ou la musique. Karen songe à retourner à l'université pour obtenir sa licence. Elle prend plaisir aussi à pratiquer une forme traditionnelle de l'art féminin : elle fait des édredons pour les lits de leur chalet.

Elle conseille à ceux qui se sont sentis privés de quelque chose au cours de cette étape : « Réfléchissez à ces années-là, à ce que c'était vraiment et comment vous auriez aimé que cela soit. Puis allez dans un jardin public et observez les enfants de cet âge. Regardez ce qu'ils font... ils discutent, contestent, ne sont pas d'accord, etc. Vous pouvez même travailler avec eux pour découvrir comment ils font. Et lisez des livres comme *Tom Sawyer* pour vous rendre compte de ce que vous avez besoin de faire. »

George, quarante-cinq ans, et Martha, quarante-deux ans, ont mis au point un certain type de relation au sein de leur couple.

Ils donnent des dîners charmants, qui sont suivis de disputes abominables. Martha est furieuse : « Tu restes assis là, le visage impassible. Pourquoi ne dis-tu rien ? Je ne sais jamais ce qui se passe ! » George répond : « Tu es toujours tellement extravagante, à t'agiter ainsi dans tous les sens, à me faire des reproches. Tu ne dois pas être dans ton assiette. Tu vas peut-être avoir tes règles ».

Tout se passait entre eux comme s'ils ne disposaient chacun que de la moitié d'une personnalité ; il leur fallait rester attachés l'un à l'autre par un cordon ombilical de fonctions complémentaires, pour réaliser une personnalité complète qu'ils se partageaient : George était chargé de donner les soins nourriciers, critiquer, protéger et penser à la place de Martha, alors que sa tâche à elle était d'exprimer des besoins, des désirs, des peurs et des blessures, à la place de George.

En dehors de leur relation, George était un homme d'affaires compétent. Il savait réaliser une vente, conclure un marché et tenir ses engagements. Toutefois, c'était également quelqu'un de réservé, assez distant, et raisonneur. « Au diable les sentiments, l'important c'est que le boulot soit fait ! » disait-il à Martha quand elle se plaignait de manquer d'affection. « Je dois m'occuper des affaires, et penser à ce qui peut arriver demain. » Pendant ce temps-là, Martha savait faire l'enfant. Au lieu de se forger sa propre idée sur la réalité, elle se pliait aux règles morales et aux méthodes de son entourage, et tout particulièrement à ce que George attendait d'elle. Quand il était absent, elle cherchait d'autres modèles, imitant surtout les femmes qu'elle voyait dans les magazines de mode.

La première fois où George eut l'occasion, au cours de son enfance, de développer son pouvoir de réussir, son père était absent, souvent physiquement et parfois moralement. George forgea son système de valeurs en s'inspirant de ce qu'il entendait au cinéma ou à la radio. Ne pouvant pas les discuter, et donc les confronter à la réalité, George ne se sentait pas en sécurité, il était mal préparé à vivre en dehors du cercle familial. Ses études terminées, il entra à l'armée. Ensuite, il ne pensa plus qu'à gagner de l'argent. A quarante-cinq ans, très à l'aise financièrement, il reconsidérait cette situation qui ne le satisfaisait pas. « Où tout cela mène-t-il ? demandait-il, déprimé. À être enterré, au fond d'un trou, ou à mourir dans un service de cardiologie.

Je ne vis pas comme j'en ai envie et je rumine tout cela au fond de moi. »

On retrouvait dans l'enfance de Martha le même schéma. Sa mère était présente, mais il était impossible de discuter avec elle ou de la provoquer. Martha s'attira la tendresse de son père, qui était heureux de la voir rester une petite fille, affectueuse, douce et féminine. Martha n'imaginait pas qu'une fille puisse se comporter autrement. Dans sa petite ville, les femmes se soumettaient toutes à l'autorité masculine et s'occupaient de leur mari, excepté les « femmes dévergondées » et les « vieilles filles ».

Ne bénéficiant pas, dans leur enfance, d'un véritable appui parental, George et Martha ont tout misé sur les stéréotypes culturels. Ils ont persévéré dans cette attitude à l'âge adulte : ils se sont mariés et ils ont connu la « réussite » sous toutes ses formes : ils ont beaucoup d'argent, possèdent un bateau, prennent des vacances luxueuses, s'habillent à la dernière mode, vivent dans une grande maison et donnent des réceptions coûteuses. Mais leur vie leur semble désespérément vide et cette impression ronge lentement tous leurs faux-semblants. Ils ont donc décidé d'extirper la racine de leur malaise et de trouver une meilleure façon de vivre.

C'est dans ce but qu'ils sont entrés dans un groupe où le fait de voir d'autres personnes terminer des tâches de développement leur a permis de réagir. Pour se réapproprier son pouvoir de réussir, George partit faire du camping avec le leader du groupe. Il se comportait comme un enfant de huit ans ; tout en apprenant à pêcher et à camper, il réalisait ses tâches de développement : il osait contredire son nouveau père temporaire, provoquait la colère, discutait et essayait diverses façons de faire les choses, sans perdre pour autant l'affection d'autrui.

De son côté, Martha accomplit une grande partie de son travail de « huit ans » en discutant au sein du groupe. « Pourquoi lui avez-vous tenu tête à ce moment-là ? Pourquoi pas avant ? Croyez-vous qu'elle ait besoin de travailler chez elle ? Mets-tu quelquefois du rouge à lèvres ? Je crois que tu devrais te faire couper les cheveux. Est-ce que tu aimes mon nouvel ensemble ? » On aurait dit qu'elle avait pris une loupe pour examiner attentivement toutes les femmes présentes. Elle se chargea bientôt d'acheter les en-cas pour la réunion, et discuta du genre de nourriture qu'il fallait acheter. Elle provoqua la colère de l'un des participants en refusant de lui rapporter sa friandise favorite. « C'est très mauvais pour vous, cela gâte les dents ! » expliquait-elle, en tenant bon. Puis, pour tester sa nouvelle aptitude à faire les choses comme elle l'entendait et pour profiter de ses nouvelles compétences, Martha franchit un grand pas en prenant des vacances toute seule.

A son retour, elle était impatiente d'établir avec George un autre type de relation tout en conservant ses propres valeurs et ses propres aptitudes. Elle entra dans une troupe théâtrale et bientôt elle entreprit une carrière de comédienne. Pour créer entre eux une atmosphère d'amour stimulante, ils ont appris à préserver leur relation, en se faisant des compliments et des petits cadeaux et en n'hésitant pas à s'approuver mutuellement et à pratiquer la lutte corps-à-corps et le massage. Ils sont souvent en désaccord sur ce qui est important ou sur ce qu'il faut faire. Pour George, que deux personnes vivent deux vies au lieu d'une constitue une énorme différence, qui lui permet d'avoir ses propres sentiments et, par conséquent, sa propre trajectoire dans la vie. Pour Martha, la différence consiste en la possibilité pour elle d'avoir maintenant ses propres valeurs et ses propres aptitudes, et en un sentiment de sécurité, car elle sait désormais qu'elle peut gagner sa vie. Elle est heureuse de vivre avec George par choix, et non par nécessité.

ÉTAPE N° 6

Le pouvoir de régénération

DE TREIZE À DIX-HUIT ANS

Le processus omniprésent de la sexualité, tissé dans toute la trame du corps de l'homme ou de la femme, sert de modèle à tous les processus de notre vie.
H. ELLIS

AFFIRMATIONS

C'EST OK POUR TOI D'ÊTRE DOTÉ D'UNE SEXUALITÉ, DE PRENDRE PLACE PARMI LES ADULTES ET DE RÉUSSIR.

- Tu peux vivre ta sexualité et cependant éprouver des besoins.
- C'est OK d'être responsable de tes propres besoins, de tes sentiments et de ton comportement.
- C'est OK d'être autonome.
- Tu es le bienvenu quand tu reviens à la maison.
- Mon amour t'accompagne.

SYMPTÔMES NORMAUX

Succomber à des accès de dépendance, avec des envies d'explorer et d'être à part ; s'intéresser à la sexualité et aux individus qu'on considère comme des êtres sexuels ; éprouver de la gêne, des douleurs ou des picotements dans les organes sexuels ; souffrir d'acné ou d'autres éruptions cutanées ; le corps subit des changements brusques, en particulier des fluctuations rapides des taux hormonaux et des niveaux d'énergie ; ressentir le besoin d'unifier sa personnalité ; créer son propre système de soutien indépendant et, en tant que personne dotée d'une sexualité, établir des relations sociales.

DÉVIATIONS

- « Dépêche-toi de grandir. » Nous nous servons du comportement sexuel pour éviter et contrôler les besoins de dépendance.
- « Reste petit. » Nous nous servons du comportement nourricier pour éviter et contrôler les désirs sexuels.

EXEMPLES DE TRANSMUTATIONS NORMALES

Karen a une cinquantaine d'années et ses enfants sont grands. Elle vit maintenant dans le Sud-Ouest des États-Unis, où elle dirige le bureau de placement de l'université. « J'ai l'impression de passer le plus clair de mon temps à crier "Au secours", dit-elle. Je suis à peu près aussi naïve qu'une gamine qui va à son premier rendez-vous. Et je suis folle de rage, aussi. Je ne veux pas gâcher tout cela ! C'est cet homme, avec lequel je suis sortie plusieurs fois. Je l'ai vu hier, au tennis, avec une autre femme. Il est si tendre, si gentil, si réconfortant quand nous sommes ensemble que j'ai l'impression de ne pas pouvoir me tromper. Et je le vois avec cette femme... et elle est allée chez lui, aussi. J'en ai assez d'être avec lui un soir, et de le voir avec quelqu'un d'autre le lendemain ! Quelque chose en moi me pousse à rompre notre relation ou même à faire comme s'il n'y avait jamais rien eu entre nous ! Je ressens dans les épaules des douleurs qui ne me laissent pas une minute de répit. Je sais que je vais avoir des maux de tête si je ne fais rien pour remédier à tout cela ! »

Ralph a réfléchi sur son âge. Après avoir fêté son trente-deuxième anniversaire, il déclara : « Je réalise que ni ma vie sexuelle ni mon corps ne donnent de signes de fatigue. La vie n'est pas finie ! J'ai de la vitalité et de la force, et j'ai mûri. Ce réveil stimule mon appétit sexuel. En même temps, j'ai envie de me maintenir en forme, de me remuscler pour me sentir le plus vivant possible. Ces temps-ci, je sens que ma vie ne sera pas éternelle. Quand j'étais adolescent la première fois, je croyais que mon corps pouvait résister à tout et que je vivrais toujours. Maintenant j'ai envie de prendre soin de moi, de me nourrir régulièrement, au lieu de malmener mon organisme comme je le faisais quand j'avais seize ans et que je restais des nuits et des nuits sans dormir. Je réalise que mon corps constitue le moyen de réaliser le genre de vie que je souhaite avoir. Je ne veux pas abuser de l'alcool ni du tabac, ni trop faire la noce ; tout cela pomperait mon énergie. Ainsi, je pourrai vivre en restant jeune même si je deviens vieux.

« Je veux vivre mes phantasmes sexuels et faire des expériences maintenant, car je sais que cela ne durera pas toujours. Je possède encore cette virilité, et le désir ardent de l'utiliser pendant que j'en ai la possibilité.

« Je fais des rapprochements avec ce qui m'est arrivé jusqu'à maintenant. Quand j'ai eu seize ans, j'ai rompu avec les philosophies traditionnelles qui me ligotaient. J'ai repoussé de toutes mes forces la morale de ma famille et de la société. Maintenant, à trente-deux ans, j'éprouve à nouveau ce besoin de me heurter aux autres, mais de façon constructive, pour bâtir et non pour me révolter. Je veux dépasser ce qui a déjà été fait et laisser mon empreinte. A seize ans j'avais un rêve ; à trente-deux ans, je veux le réaliser. »

COMMENT DÉVELOPPER LE POUVOIR DE RÉGÉNÉRATION

L'étape n° 6 symbolise la régénération sous tous ses aspects. Grâce aux tâches que nous réalisons ici, nous subissons une réforme morale totale, réintroduisant dans notre existence les étapes antérieures de notre vie. Le cycle nous permet de nous régénérer, nous et l'espèce humaine. Alors que nous nous renouvelons, que nous nous reconstituons et abandonnons des niveaux d'existence anciens pour en créer de nouveaux, il nous devient possible aussi d'avoir des enfants.

L'entrée dans l'étape n° 6 s'accompagne de signes subtils et explicites : des rêveries, un intérêt pour tout ce qui est intérieur, invisible, inconnu, ou à venir. Tout ce qui se rapporte au sexe exerce sur nous une véritable fascination ! Notre précédent souci de faire preuve de compétence et d'adresse semble peu applicable et peu réaliste dans ce domaine plutôt flou. Nous avons simplement besoin d'apprendre à être ici, à exister dans ce rêve.

Quand, adultes, nous retraversons cette étape, il arrive que nous nous sentions encore perdus, abandonnés sur une terre inconnue, vierges et naïfs quant à la sexualité. Nous souhaitons parfois arrêter temporairement notre vie sexuelle, ou bien changer de partenaire, ou encore modifier notre type de relation. Nos nouveaux désirs sexuels et les tâches de développement liées aux cinq étapes précédentes nécessitent une régénération. A l'issue de ce processus, nous établissons avec le monde un rapport nouveau, un rapport d'adulte, après avoir dépassé les relations qui constituaient auparavant notre point d'appui principal.

Pendant que nous développons le pouvoir de régénération, certains thèmes appartenant aux étapes antérieures ressortent pour de courtes périodes. Nous revoyons rapidement les problèmes liés à chacune de ces étapes et nous avons l'occasion de récupérer notre pouvoir en résolvant des problèmes anciens.

L'étape n° 6 constitue une transition entre l'enfance et l'âge adulte. Intervenant à la fin du cycle, elle souligne le fait que tout ce qui s'achève contient en lui-même les germes d'un recommencement.

Quel que soit notre âge, chaque fois que nous traversons l'étape n° 6, nous devons, pour développer notre pouvoir de régénération, réaliser les tâches suivantes :

- Intégrer dans notre sexualité les besoins caractérisant les autres étapes.
- Dépasser la relation que nous avons avec nos parents (ou avec d'autres adultes qui nous servent de soutien).
- Développer notre propre philosophie.
- Vivre en être doté d'une sexualité et nous développer comme quelqu'un ayant une vie sexuelle réelle.
- Retraverser chacune des étapes antérieures.
- Nous faire notre place parmi les adultes.

(Les méthodes pour réaliser ces tâches se trouvent p. 229.)

Nous avons l'occasion de développer notre pouvoir de régénération :

- Après avoir acquis de nouvelles compétences.
- Quand nous sommes sur le point de quitter un travail, un foyer, une relation, un groupe social, une organisation, une ville.
- Quand des changements interviennent dans notre sexualité.
- A des intervalles de sept ans après la période allant de treize à dix-huit ans.

Toutefois, n'oubliez pas que c'est votre corps qui peut vous dire, mieux que quiconque, où vous vous situez dans le cycle. Et vous tirerez bénéfice de l'étape que vous traversez si vous réalisez les tâches de développement qui s'y rapportent.

LA MISE EN PLACE DU POUVOIR DE RÉGÉNÉRATION

Quand nous commençons cette étape, nous possédons déjà tous les éléments de notre personnalité. Au lieu d'en développer de nouveaux, nous retournons en arrière et nous bénéficions d'une nouvelle occasion de développer :

• *Le pouvoir d'exister.* A treize ans, nous éprouvons parfois à nouveau le besoin violent qu'on s'occupe de nous, nous n'avons plus envie d'agir, nous voulons seulement être tout près de l'autre, dans son intimité : si nous faisons un pas en avant vers la maturité, nous en faisons un en arrière vers la dépendance.

L'apparition conjointe de sentiments de dépendance et de la sexualité modifie les relations. Les parents, les frères et les sœurs se méfient parfois de cette intimité car ils ne savent pas si l'inceste est un sentiment ou un acte. Cependant, le contact physique est indispensable à l'harmonie d'un bon développement dans l'étape n° 6. Pendant cette période, notre champ d'attention est très étroit, presqu'inexistant. Nous n'avons guère envie de réfléchir, nous préférons ressentir, rêvasser, contempler l'espace, ou nous regarder dans une glace pour vérifier notre apparence.

• *Le pouvoir de faire.* Nous repassons ensuite rapidement par une phase exploratoire. Nous sommes plus attirés par la satisfaction sensorielle que par l'atteinte d'un objectif. Certains thèmes sur l'action resurgissent, en particulier ceux qui nous permettent d'inciter les autres à s'occuper de nous. Se lancer dans des activités sans autre raison que de faire quelque chose peut sembler illogique à ceux qui en sont à l'étape de la pensée. Cependant, nous nourrissons nos sens, en améliorant notre coordination corporelle et en jetant une passerelle entre notre état de dépendance et notre comportement exploratoire.

• *Le pouvoir de penser.* Pendant cette période, vers quatorze ans, nous replongeons dans une phase de négativité : nous voulons dire « non » et exercer notre indépendance. Nous nous mettons en colère, ou nous dépassons les bornes, juste pour voir ce qui va se passer. Nous sommes débraillés, et même sales (cette confiture de fraises est d'un effet terrible sur le tapis !). Parfois, nous connaissons l'angoisse parce que nous avons du mal à rassembler nos souvenirs (comment s'appelle-t-il, déjà ?). Cependant, nous nous découvrons un don pour apprendre des faits nouveaux et pour élaborer de nouveaux modes de pensée.

• *Le pouvoir d'identification.* A quinze ans, nous retraversons brièvement, mais intensément, l'étape n° 4, phase pendant laquelle nous apprenons qui nous sommes. Nous retrouvons pendant quelque temps de vieux problèmes d'identité. Pendant cette période, la décision que nous avons prise à quatre ans nous est facilement accessible. D'autre part, nous découvrons qu'à nouveau nous avons besoin de répondre à des questions comme « qui suis-je ? », « quelle vie ai-je ? ». Nous voulons tester notre pouvoir, découvrir des différences entre les gens et susciter des conflits entre eux. Nous nous intéressons à nouveau aux organes génitaux, surtout aux *différences* entre les garçons et les filles, et cette fois il s'y ajoute l'appétit sexuel de l'adolescence. Nous testons notre pouvoir de « magicien » et nous passons rapidement de la peur à la provocation, puis à l'exaspération, en un temps très court.

Des cauchemars, une imagination fantasque, et l'envie de raconter des « craques », ou de chaparder, simplement pour voir ce qui arrivera, sont monnaie courante au cours de cette phase.

• *Le pouvoir de réussir.* Vers seize ans, nous commençons à remettre en question les valeurs de nos parents, de nos professeurs ou de nos « maîtres à penser », au moment où nous nous libérons de ces relations pour nous affirmer comme adultes. Si nous sommes fils de prédicateur, nous cherchons à commettre un acte sacrilège ; si notre père est professeur, nous nous prenons de passion pour un mode de vie d'où l'instruction est totalement absente. Arrivés à ce point final, nous revoyons tous nos espoirs, toutes nos déceptions, et nous découvrons des souvenirs surgis du passé en même temps que nous créons des rêves et des plans pour l'avenir.

Les relations avec les camarades et la famille subissent le contrecoup des modifications rapides de l'organisme, alors que les adolescents essaient d'établir des modes de relation totalement nouveaux, qui tiennent compte de leur sexualité. Dans une culture où la vie sexuelle est soumise à certaines règles et certains principes, on peut imputer aux filles, par exemple, la responsabilité de réguler et de contrôler les contacts sexuels. Certaines cultures limitent la sexualité à la procréation, aussi les filles peuvent-elles n'envisager les rapports sexuels que sous l'angle de la grossesse. Elles pensent parfois qu'elles doivent résister à leur sexualité ; elles adoptent alors une attitude de refus à l'égard de tout ce qui concerne le sexe et, peu à peu, il s'installe chez elles une résistance destinée à repousser tout partenaire potentiel. Par peur d'être enceintes et d'être rejetées par la société, elles refusent toute vie sexuelle.

Les injonctions données aux filles se résument ainsi :

- Réservez un accueil favorable, mais relevez le défi ; ne cédez pas trop facilement.
- Montrez-vous vulnérable, mais protégez-vous.
- Soyez suffisamment habile pour attirer un homme, mais ne lui faites pas voir que vous êtes intelligente (jouez les manipulatrices).
- Plaisez à tous, mais ne vous intéressez qu'à un seul.
- Montrez-vous avertie, mais naïve.
- Soyez « sexy », mais restez vierge.

Dans bien des cultures, les garçons règnent en maîtres dans le domaine de la sexualité ; ils n'ont aucune responsabilité à prendre en ce qui concerne les conséquences possibles du contact sexuel ou la contraception. Tout les encourage à considérer leurs désirs sexuels comme trop forts pour être maîtrisés. Ils apprennent à enjôler, tranquilliser, et abuser des filles dans un moment de faiblesse.

Les messages que reçoivent les garçons sont les suivants :

- Intéressez-vous aux filles, pour satisfaire votre sexualité.
- Si vous sortez avec une fille, ne la mettez pas enceinte.
- Amusez-vous, mais ne vous faites pas piéger.
- Soyez fort, soyez détendu ; ne manifestez aucun sentiment autre que le désir sexuel.
- C'est OK d'avoir des relations sexuelles, mais ne vous impliquez pas.

Le scénario culturel peut aller jusqu'à apprendre aux garçons à paraître grands et dominateurs tandis que les filles doivent paraître petites. L'adaptation aux différences de statures « idéales » entre hommes et femmes entraîne toutes sortes de problèmes de posture et des sentiments d'infériorité.

Les influences culturelles enseignent aussi aux adolescents que les seuls « strokes » qui comptent sont ceux qui se déroulent entre des partenaires sexuels. Les « strokes » échangés entre personnes du même sexe n'ont aucune valeur. Tous les besoins transitent alors par le comportement sexuel qui est censé tous les satisfaire, ce qui aboutit à une attitude fausse : on cherche à séduire, à manipuler, on fait sa « sainte nitouche », sa coquette, ou bien on se montre effronté, décidé, agressif et autoritaire, au lieu d'agir simplement en fonction de ce qu'on ressent.

LE SABOTAGE DU CYCLE DANS L'ÉTAPE N° 6

Dans l'étape n° 6 peuvent resurgir des problèmes venus d'une étape antérieure mais qui prennent cette fois une forme plus compliquée, souvent sexuelle. Le « Je n'en ai pas assez (de soins nourriciers) » de l'étape n° 1 devient « Je n'en ai pas assez (de relations sexuelles) » dans l'étape n° 6. Le « Je ne peux pas me séparer de toi » de l'étape n° 3 devient « ...et par conséquent je n'arrive pas à réaliser ma sexualité ». Deux schémas apparaissent fréquemment. L'un consiste à rechercher le contact sexuel au lieu de satisfaire son besoin de prise en charge ; l'autre entraîne à s'occuper des autres ou à les amener à s'occuper de nous, au lieu de satisfaire nos désirs sexuels.

Quand nous laissons inachevées les tâches de développement propres à l'adolescence, elles réapparaissent à l'âge adulte sous des formes multiples : une difficulté à définir la réalité, un manque de philosophie personnelle sur la vie, l'absence d'un système de soutien extérieur à la famille, des difficultés de comportement sexuel. Nous ne sommes pas satisfaits de notre vie. Même si nous avons des relations sexuelles, les choses se passent de telle sorte que nous nous sentons malheureux au lieu d'être satisfaits, car nous n'avons pas pris le temps d'apprendre à vivre notre sexualité.

Notre réussite dans le monde est liée aux tâches de développement de l'étape n° 6. Tout le monde connaît des échecs, mais ceux qui ont des problèmes avec l'étape n° 6 ne savent pas s'adapter et poursuivent leur objectif, obsédés par la difficulté de se détacher de leurs parents.

La perte de contact peut signifier à nos yeux que l'acceptation de notre sexualité constitue un danger pour nos besoins de survie. Nous inhibons alors notre développement sexuel, ou bien nous décidons d'utiliser les relations sexuelles comme substituts pour qu'on s'occupe de nous. Nous souffrons aussi d'éruptions cutanées quand nous n'arrivons pas à satisfaire nos besoins de tendresse, de contacts physiques non sexuels, qui souvent peuvent réduire ou éliminer les problèmes de peau.

Les symptômes corporels et les jeux qui caractérisent les étapes antérieures ont des chances de se répéter, sous une forme plus aiguë, au cours de l'étape n° 6. En outre, on constate souvent : des douleurs dans les muscles longs, en particulier dans les jambes ; une gêne ressentie dans les glandes ou les organes sexuels secondaires ; un manque d'appétit sexuel ; des éruptions cutanées ; une impuissance ; des phénomènes d'éjaculation précoce et une absence d'orgasme.

Si vous agissez en vous conformant à des directives du genre « n'essaie pas », « ne grandis pas », « ne réussis pas » ou « n'aie pas de vie sexuelle », il vous faut développer votre potentiel de pouvoir dans l'étape n° 6.

SE RÉAPPROPRIER LE POUVOIR DE RÉGÉNÉRATION

La première adolescence de Tania laissait plutôt à désirer. Elle était mal préparée à entrer dans cette période de sa vie ; en effet, étant enfant, elle n'avait pas eu le droit de jouer. « S'amuser n'était tout simplement pas permis ; c'était considéré comme futile, dit-elle. Et c'était très important d'être toujours tirée à quatre épingles et de ne pas se salir, car l'avis des gens compte beaucoup, et ils n'aiment pas les petites filles malpropres. »

Elle apprit comment naissent les bébés et, par ricochet, ce qu'est la sexualité, non pas par un membre de sa famille, mais à l'hôpital : Tania y passait la nuit, lorsqu'une infirmière laissa ouverte la porte de la salle d'accouchement. Une femme était en train de donner le jour à un bébé. « C'était fantastique, dit-elle. J'étais bouleversée ! » Ensuite l'infirmière lui parla, lui expliquant quel était le nom des différentes parties du corps, etc. C'était une sorte d'initiation vivifiante, même si elle ne lui était pas donnée par ses parents.

Une seconde prise de conscience eut lieu lors de ses quinze ans, au cours d'un récital de piano. Le type assis derrière elle lui dit qu'elle devrait se rendre aux toilettes. Elle s'excusa et découvrir une grosse tâche rouge qui s'étalait derrière sa belle robe bleue.

Quand elle eut seize ans, encore mal informée des réalités de la vie, ses parents lui annoncèrent en termes non voilés que si jamais elle tombait enceinte, ce n'était pas la peine qu'elle remette les pieds chez eux. Elle fut pétrifiée, pensant : « Si je m'approche d'un garçon, je vais être enceinte. » « C'est là que j'ai commencé à fumer, dit-elle. Pour moi, le tabac et la sexualité sont très liés. »

Après le collège, elle suivit les cours d'une école de commerce pendant un an, puis elle commença à travailler et, à dix-neuf ans, elle se maria. « J'étais tout aussi ignorante qu'à l'adolescence. Le mariage marquait le début de ma sexualité. Je ne m'étais jamais masturbée, sauf quand j'étais toute petite. Je me revois encore, au moment où nous partions en voyage de noces. Mon père disait : "Pour l'amour de Dieu, ma petite, sois gentille avec lui", ce que j'interprète maintenant comme : "Ne dis jamais non". Ma mère disait : "Souviens-toi, ma chérie, cela te fera mal". Et elle avait raison. » Il se passa deux semaines avant que leur mariage soit consommé, tellement l'épouse était tendue.

« Je me fermais comme une huître, dit-elle. Il n'y avait jamais de caresses préliminaires, et puis venait toujours la question: "As-tu éprouvé du plaisir ?" J'ai appris très vite à mentir, parce que si je ne l'avais pas fait, il aurait eu des complexes et il serait devenu odieux à vivre. Pendant dix-huit ans j'ai cru que j'étais frigide. » Et tous les jours elle avait des maux d'estomac, elle se réveillait la nuit pour boire du lait afin de calmer la douleur.

Lorsque leurs enfants devinrent adolescents, Tania commença à maigrir. « Si j'avais dû, à ce moment-là, évaluer l'espace que j'occupais, j'aurais dit quarante-cinq kilos. Je rentrais la tête dans les épaules, je gardais les bras collés au corps, et cela traduisait parfaitement ce que je ressentais intérieurement.

J'étais la femme d'un homme d'affaires qui avait réussi, mais nous autres, épouses, portions toutes un masque, à coups de maquillage, de faux cils et de perruques. J'étais toujours volontaire pour tout. Cela venait de ma conviction d'être sans importance aucune, car seuls les gens importants gagnent de l'argent, et ceux qui ne le sont pas offrent bénévolement leurs services. » Elle comprit que sa vie reproduisait fidèlement celle de ses parents qui n'avaient connu qu'une vie sexuelle très pauvre jusqu'à ce que son père meure d'une hémorragie cérébrale à quarante-neuf ans. Une semaine avant sa mort, il confia à Tania qu'il aurait souhaité divorcer mais qu'il n'en avait jamais eu le courage.

« J'ai compris que j'avais le choix entre rester mariée et, probablement, mourir à quarante-neuf ans comme mon père, ou bien essayer de faire quelque chose. » Puis elle rencontra un homme pour lequel elle éprouva une attirance sexuelle réciproque. Toutefois, la décision n'était pas facile à prendre : divorcer voulait dire renoncer à la sécurité, à un lien familier, au prestige. Elle se résolut enfin à le faire et l'annonça à toutes ses amies qui lui répétaient depuis dix ans qu'elle devait divorcer. « Elles ont toutes disparu à l'horizon. C'était sans doute trop risqué pour elles d'accepter ma décision », dit-elle.

« Quand j'ai décidé de partir, ma confiance en moi s'est considérablement accrue. J'ai décidé de courir des risques, et que c'était acceptable de faire une erreur. Si j'avais besoin de m'occuper de ma vie sexuelle, c'était bien aussi. »

Progressivement, elle mit en place un système de soutien extérieur en s'intégrant à un groupe qui s'occupait de problèmes de croissance. « J'avais besoin d'être entourée de gens tolérants, dit-elle. Des gens qui m'acceptent comme je suis, et qui tolèrent ce que je fais, même si eux-mêmes agissent différemment. »

Elle prit une feuille de papier et inscrivit sur une colonne la liste de ses peurs, par ordre de priorité, puis, sur la colonne d'en face, elle indiqua ce qu'il en était réellement. Ce jour-là elle commença à se masturber pour la première fois de sa vie. Lentement, profondément, elle prit conscience à quel point elle dépensait la plus grande partie de son énergie à prendre soin des autres, en particulier des hommes, au lieu de s'occuper d'elle-même. « J'avais besoin de me sentir soutenue par d'autres personnes, de savoir qu'ils étaient contents que j'apprenne à m'occuper de moi. J'accordais surtout beaucoup d'importance à l'aide que m'apportaient les femmes, et je l'ai reçue de trois amies. J'avais besoin aussi que les hommes m'encouragent, qu'ils me disent des choses comme “Je pense vraiment que tu as eu raison. Tu es magnifique ! C'est sympa de voir que tu t'occupes de toi”. Il fallait que je me sente protégée par des gens qui étaient pour moi comme un père et une mère pleins de tendresse, qui répondaient à mes questions et partageaient tout avec moi. »

Elle décida alors d'apprendre à connaître sa sexualité, et non plus de se contenter simplement d'avoir des relations sexuelles. A un moment, elle demanda à son amant : « Ce que tu fais me semble si étrange, si merveilleux. Pourquoi fais-tu cela ? » Il répondit : « J'ai simplement envie de te sentir tout entière. Je veux savoir ce que tu ressens partout en toi. » J'ai compris bien sûr que c'est ce que beaucoup de gens oublient quand ils veulent avoir des relations sexuelles ; que ce contact physique est ce qu'il y a de plus important. Se détendre simplement, découvrir chacun le corps de l'autre, et éprouver du plaisir, qu'il aboutisse ou non à l'orgasme. Au cours des quelques années qui ont suivi le début de notre liaison, j'ai appris à apprécier mon propre corps, à sentir qu'il était bien, et suffisamment digne d'intérêt. Pendant cette période, mon tour de poitrine a augmenté de trois ou quatre tailles. Je crois que c'est dû en grande partie tout simplement au fait que maintenant j'accepte, j'apprécie, notre relation sexuelle. J'ai commencé alors à me développer, peu à peu, muscle par muscle. »

Son changement se traduisit aussi par une prise de conscience de l'énorme besoin qu'elle avait qu'on s'occupe d'elle au lieu que ce soit toujours elle qui s'occupe des autres. Grâce à une relation établie avec une thérapeute qui savait être une bonne mère, Tania régressa pour affronter des problèmes de confiance dont elle avait souffert dans sa petite enfance. « Quand je pense comme je me sentais en sécurité, bien au chaud et confortable, c'est à peine croyable, dit-elle en riant. C'était la première fois que l'on me tenait dans les bras pour me donner un biberon, et c'était vraiment très pur et très sexuel. J'étais stupéfaite et excitée en même temps. Cela marqua le début de l'éclosion de la fleur. Les changements que j'avais opérés en surface n'étaient pas suffisants. Le fait qu'on s'occupe de moi constituait un élément essentiel de mon processus d'intégration, en faisant passer ma science toute nouvelle de mon cerveau à mon ventre. »

Tania vit son existence se modifier dans bien des domaines en terminant les tâches de développement qu'elle avait laissé inachevées pendant sa petite enfance et son adolescence. Par exemple, elle ne souffre plus jamais de maux d'estomac. Et elle a confiance en elle. « Je sais que lorsque le moment est venu, je fais ce que j'ai à faire. Je ne le savais pas avant. J'ai confiance, aussi, car j'ai compris, oh mon dieu ! que je peux vraiment faire quelque chose. Je peux décider de courir des risques sexuellement. Et j'ai ma propre philosophie... en particulier, que c'est permis d'être quelqu'un doté d'une sexualité et que la sexualité est acceptée. » Elle a également changé de travail. Elle avait fait ses débuts comme assistante-comptable à temps partiel. Maintenant elle est sur le point de former sa propre clientèle et de se mettre officiellement à son compte.

A tous ceux qui ont besoin d'effectuer un travail semblable au sien, elle conseille : « Faites-le. C'est amusant, c'est gratifiant si cela en vaut la peine. Vous êtes là pour une raison précise et vous ne saurez pas pourquoi tant que vous ne connaîtrez pas tout de vous, y compris votre sexualité. Faites-le sans renforcement négatif autant que possible. Ne prétendez pas que votre partenaire est libre si ce n'est pas vrai, ou que vous êtes libre si vous ne l'êtes pas. C'est quelque chose qu'il faut affronter, on ne peut pas prendre cela à la légère. Allez-y, parlez. Si vous vous isolez, vous allez patauger en ne sachant pas quelle voie suivre. Une direction intérieure vous guidera. »

Carrie a été élevée comme beaucoup de personnes d'origine allemande : selon quantité de principes inflexibles, qu'elle décrivait comme « blancs ou noirs, le gris n'ayant pas sa place entre les deux ». Sa mère était patiente et intelligente. Elle apprit à sa fille à réfléchir, mais pas sur ce dont elle avait besoin. Son père aimait beaucoup Carrie. Malheureusement il ne savait pas très bien comment rentrer en relation avec les gens. Très bel homme, il semblait embarrassé et gêné de l'attention dont il était l'objet. Les deux parents vivaient en retrait et Carrie prenait le même chemin.

Lorsque Carrie eut dix ans, sa mère l'emmena faire une

promenade dans les bois et lui parla de la physiologie de la sexualité. « J'étais pétrifiée », raconte Carrie qui tremble encore au souvenir de cette scène. « Elle avait une énergie bizarre. Je cessai de penser. Je me disais sans cesse : "Quand va-t-elle s'arrêter ?" Je savais que ce serait pire si je lui demandais de s'arrêter. Elle me décrivit toute l'anatomie masculine et féminine, mais si vous m'aviez demandé qui fait quoi, j'aurais été incapable de vous le dire. J'ai dû attendre d'avoir vingt ans pour comprendre que le pénis pénètre dans le vagin. » Plus tard, cette nuit-là, sa mère termina sa conférence sur un coup de grâce, alors qu'elle bordait Carrie dans son lit. « Si jamais un homme te faisait monter dans une voiture, s'il t'emmenait et qu'il baisse ta culotte, et, et... oh, je ne sais pas ce que je ferais. » Puis elle éteignit la lumière et quitta la chambre. Carrie était terriblement troublée et effrayée. Toute la nuit elle vit des araignées dans son lit.

Peu à peu, Carrie se replia sur elle-même. Elle refusait de répondre aux coups de téléphone des garçons qui avaient été ses amis. Quand elle devint adolescente, elle travailla de plus en plus et eut de moins en moins de vie sociale. A quinze ans, sa mère ayant beaucoup insisté pour qu'elle aille nager, elle s'enferma dans la salle de bains d'un motel où elle séjournait avec ses parents plutôt que de descendre à la piscine en maillot de bain. Sa mère réagit à cet étrange comportement en se réfugiant sur les genoux de son mari en pleurant comme un bébé, tandis que le père de Carrie semblait mal à l'aise, mais ne faisait rien.

Plus tard, la même année, Carrie annonça à sa mère qu'elle voulait voir un psychiatre car elle avait un gros problème et il fallait qu'on l'aide. Sa mère fit une crise de nerfs, disant : « Mes enfants ne sont pas des malades mentaux et ils n'ont pas besoin de voir de psychiatre ». Carrie alla voir un prêtre catholique mais il ne sut pas quoi faire non plus. Alors elle décida de ne rien faire du tout pendant quelque temps.

Elle justifia son absence du bal du collège en le qualifiant de bébête. « J'avais tellement envie de danser, dit-elle. Mais je ne pouvais pas le faire. C'était trop sexuel et je me sentais vulnérable. Une fois, je me rappelle, je sanglotais sur l'épaule de papa et je lui disais : "Papa, j'ai peur des hommes. Je ne sais pas quoi faire". Et il me répondit : "Je sais. Je ne sais pas quoi faire non plus". » A seize ans, elle ne parlait qu'à deux représentants du sexe masculin : son père, et son neveu qui avait sept ans de moins qu'elle. Comme un enfant qui essaie de se protéger par des pratiques magiques, elle eut recours à quantité de comportements obsessionnels, et malgré son amour du plein air, elle l'évitait. « C'était trop menaçant, dehors, il faut bouger, il faut être dans un corps à l'extérieur. » Elle ne répondait pas aux reproches que sa mère lui adressait concernant ses sorties. Cela ne l'intéressait pas, tout simplement, lui dit-elle.

Au collège et loin de chez elle, elle commença à se dégeler lentement, prudemment ; elle se rendit à deux rendez-vous la première année. La deuxième année, elle eut des relations platoniques avec quelques garçons du collège et découvrit que les hommes étaient humains. Puis elle participa à un camp d'été mixte. « J'ai décidé qu'il était temps de me faire une idée sur les relations sexuelles. »

« Quand je suis revenue du camp, je suis sortie de chez moi pour téléphoner à l'un des garçons rencontrés au camp. Je pensais que c'était un type bien et qu'il ne me jouerait pas de sales tours, je lui ai donc annoncé : "Je vais coucher avec toi". En une fraction de seconde j'ai décidé que je l'aimais. Ce n'aurait pas été bien de sauter dans le lit de quelqu'un que je n'aurais pas aimé. »

Dans cette liaison comme dans celles qui ont suivi, Carrie est restée très petite fille. « Je n'assumais pas ma propre responsabilité et je me laissais utiliser. » Ce schéma atteignit son point culminant lorsqu'elle fut blackboulée d'un poste qu'elle convoitait sous prétexte que le garçon avec lequel elle couchait ne voulait pas qu'elle travaille avec une autre de ses petites amies. « Après cette histoire, j'étais une vraie loque, physiquement et moralement. Je suis rentrée chez moi comme un animal blessé. Je ne pouvais ni lire, ni marcher, ni taper à la machine, ni dormir. »

Elle trouva un appui, non pas auprès de sa famille, mais chez les parents de son petit ami du camp d'été. « Sa mère est venue me voir un jour et me dit : "Je vois que tu t'occupes tout le temps de mon fils. Qui s'occupe de toi ?" » Ensuite Carrie fit un rêve dans lequel la mère de son ex-petit ami lui faisait cuire des gâteaux de maïs parce qu'elle ressentait le besoin de se faire prendre en charge. Puis, se sentant fragile et vulnérable, elle dit à la mère de son ex-petit ami qu'il lui fallait faire un gros travail de reconstruction. « Pourquoi ne restes-tu pas ici ? » lui proposa-t-on en guise de réponse.

Pendant qu'elle se rétablissait, Carrie entreprit d'achever les tâches de développement propres à l'adolescence. « Un jour, j'étais en voiture avec sa mère et j'ai commencé à me conduire comme une gamine de treize ans, comme si c'était dû à des facteurs hormonaux. Je lui ai demandé : "Comment avez-vous rencontré votre mari (et je gloussais) ? Avec quels autres garçons êtes-vous sortie ? Quand l'avez-vous laissé vous embrasser ? A quoi cela ressemble-t-il, un baiser ?" Je glanais un tas d'informations et je *riais.* Je ne riais *jamais* quand j'étais adolescente. Et puis je lui ai dit que j'avais une envie folle de manger des gâteaux au chocolat, alors elle a stoppé et elle m'en a acheté. Je faisais l'idiote, je ne fermais pas la bouche, et je me laissais aller à toutes ces bêtises crispantes dont sont coutumiers les enfants de treize ans. »

Une autre fois, elle joua « les filles sur la plage ». Lors d'un séjour en Europe, elle alla à la plage en maillot de bain avec deux amies et fit tout ce que font les adolescentes : elles parlèrent des garçons et des relations sexuelles. « Nous regardions les hommes et les garçons, et nous parlions du corps masculin, de l'amour, du désir, et ce qu'il faut faire alors, que penses-tu de... et nous passions en revue les détails anatomiques. J'avais besoin de récolter des données pour parvenir à des décisions qui me soient personnelles, et non pas celles de ma famille ou de la culture. »

L'année suivante, quand elle retourna chez les parents de son ex-petit ami, elle franchit une nouvelle étape pour se réapproprier son pouvoir. « Si on ne peut pas dire "non", le "oui" ne veut rien dire alors, déclara-t-elle. J'avais besoin de ne plus me soumettre aux autres, de ne pas faire quelque chose sous prétexte que quelqu'un d'autre souhaite que je le fasse, alors que je n'en ai pas envie moi-même. Je revendiquais le droit d'avoir ma propre vie. Pendant près d'une semaine, j'ai arpenté leur maison en disant "non". »

Comprenant qu'elle avait encore peur des hommes, Carrie participa à un groupe de thérapie où « elle refit la promenade dans les bois avec maman », cette fois en captant des messages positifs et en modifiant sa décision sur les hommes et la sexualité. « Le lendemain j'y voyais plus clair ! J'ai réalisé que tout cela n'avait rien d'intellectuel. Si la pensée logique rationnelle avait quelque chose à voir là-dedans, nous aurions tous probablement une vie stable, à l'heure qu'il est. »

Avançant progressivement dans son adolescence, pas à pas, elle retrouva ses seize ans. « Je bondissais partout, je ne marchais pas. C'est parce que je faisais partie d'une bande et que j'avais un corps, je n'avais plus peur de bouger comme lorsque j'avais seize ans. Une nuit, je suis sortie avec les filles pour voir les routiers. Nous parlions entre nous de la masturbation, des rendez-vous dans les années 70 et 80, et dans les années 50, du phénomène de la pilule, et des gens qui couchent avec n'importe qui. »

« Alors que j'étais revenue à la maison (chez les parents de son ex-petit ami), je suis allée cette fois-ci au bal du collège. J'avais deux robes que j'aurais pu mettre, mais j'avais vraiment envie de porter quelque chose qui appartienne à sa mère. J'avais besoin d'avoir quelque chose venant d'une mère qui était très élégante mais sans ostentation, un vêtement magique qui affirmerait que je devais être fière d'être une femme. Ils m'ont aussi beaucoup encouragée à établir une relation saine et solide avec un homme, si c'était là ce que je souhaitais, non pas pour leur faire plaisir, mais parce que j'en valais la peine et que j'en étais capable. »

Carrie est revenue à Boston maintenant, elle travaille à plein temps dans un cabinet juridique. Quand on lui demande en quoi elle a changé sa vie, elle répond : « Par exemple, je me sens prête non seulement physiquement à avoir des relations sexuelles, mais aussi affectivement. J'ai quelques amis masculins ici et je n'aurais pas pu, avant. Nous faisons parfois l'amour, mais avant tout nous sommes amis, en évitant le plus possible la tension sexuelle. Et je me sens détendue avec les hommes. Avant, je ne pouvais pas, et cela rétrécissait beaucoup ma vie ! Il y a sur terre quarante-neuf pour cent d'hommes, et c'était plutôt difficile de ne jamais en croiser un sur ma route. Je peux dire "non", aussi. Quand un homme se comporte comme un mufle avec moi, je n'hésite pas une seconde à le quitter. Toutes les questions existentielles du genre "pourquoi suis-je sur terre ?" se sont évanouies. Et je reviens à l'un de mes amours premiers : le plein air. »

Voici quelques conseils que donne Carrie à ceux qui ont

comme elle un travail de reconstruction à accomplir dans l'adolescence :

- Le plus difficile est d'être motivé ; c'est ce qui fait toute la différence. C'est à la fois simple et difficile.
- Trouvez quelqu'un qui accepte de travailler *avec* vous. Personne ne peut vous assujettir, vous travaillerez ensemble.
- Remettez en cause tout votre passé. Pour cela, il vous faut un soutien ; être entouré de gens aimants pour que vous n'ayez pas à faire ce travail tout seul, et que personne ne vous abandonne.

ÉTAPE N° 7

Le pouvoir de transmutation

À PARTIR DE DIX-NEUF ANS

La roue a effectué un cercle complet.
W. SHAKESPEARE

AFFIRMATIONS

C'EST OK POUR TOI D'ÊTRE ICI.

- On peut encore s'occuper de toi.
- C'est OK pour toi de parcourir le monde, d'explorer et de nourrir tes sens.
- C'est OK pour toi de provoquer et de tester, de découvrir les limites, de dire « non » et de devenir indépendant.
- C'est OK pour toi d'avoir ta propre opinion sur le monde, d'être qui tu es et de tester ton pouvoir.
- C'est OK pour toi d'apprendre à faire les choses à ta façon, d'avoir ta propre morale et tes méthodes à toi.
- C'est OK pour toi d'être doté d'une sexualité, d'avoir ta place parmi les adultes et de réussir.

SYMPTÔMES NORMAUX

Avoir besoin d'encouragement pour décider « c'est OK d'être ici (à ce stade) » ; devenir curieux et facilement distrait ; être assoiffé de diversité ; mettre en place des frontières, fixer des limites ; explorer qui nous sommes et ce que nous pouvons faire ; apprendre « comment faire » ; discuter, modifier les priorités et les valeurs ; avoir une vie sexuelle ; créer des systèmes de soutien nouveaux et indépendants ; vivre plus d'une étape à la fois.

DÉVIATIONS

- « Dépêche-toi de grandir. » Nous nous sentons pressé d'agir avant d'y être vraiment préparé ; nous abandonnons notre pouvoir à des gens qui exercent sur nous une pression et ensuite nous échouons.
- « Reste petit. » Nous sommes trop distrait pour pouvoir nous concentrer sur les tâches à terminer ; nous nous révoltons au lieu d'élaborer des plans ; nous hésitons à assumer des rôles nouveaux et ensuite nous échouons.

EXEMPLES DE TRANSMUTATIONS NORMALES

Sam avait la cinquantaine quand il ressentit « un profond sentiment d'insatisfaction. Je ne savais pas ce qui se passait, dit-il. Mais j'étais nerveux. Je n'arrivais pas à dormir, la nourriture me dégoûtait. Je perdais mon appétit de vivre. Je savais qu'un changement important se préparait. »

(Étape n° 1) « Pendant un certain temps, je me mis à rêvasser et à penser à autre chose au beau milieu des conversations. Pour finir, j'ai pris quelques jours de liberté, tout seul. C'est alors que j'ai réalisé : "Je n'aime plus l'endroit où je vis !" Oh, notre maison était bien. Mon travail de comptable était bien, lui aussi. Ma vie était agréable, mais je voulais rebattre les cartes et faire moi-même une nouvelle donne. Je creusai en moi, profondément. Je ne voulais déraciner personne, ni ma femme, ni mes trois enfants adolescents, si j'arrivais à mieux m'adapter à l'endroit où nous habitions, mais la vérité était que j'en avais assez de vivre là. »

(Étape n° 2) « Lorsque nous (sa famille) en avons parlé, ce projet leur déplut. J'avais besoin d'un maximum d'encouragements, aussi je me suis mis à parler de cela à tous les gens que je connaissais. Ils ont été formidables. Ils ont commencé par m'apporter des articles, des revues, où je trouvais des récits et des photos sur des peuples et des pays lointains. Certains amis m'ont aidé à organiser des voyages et des entretiens professionnels pour voir quelles étaient mes possibilités. Peu à peu, j'y ai vu plus clair. J'en avais assez de travailler avec ma tête. Je voulais travailler avec mes mains. »

(Étape n° 3) « Il me fallait alors adopter une position, en particulier vis-à-vis des enfants. Ils n'avaient jamais connu de privations, et ils ont été enchantés de débattre de cela avec moi. Mais, bien que, je le savais, cela voudrait dire une baisse sérieuse de mes rentrées d'argent, j'avais envie de le faire. C'est alors qu'un ami me parla de cet endroit, et j'ai décidé d'aller y jeter un coup d'œil, même si tout cela semblait peu réalisable. Il s'agissait d'une vieille ferme en mauvais état, qui avait besoin d'un peu d'amour et de beaucoup de réparations, mais quelque chose en elle m'intéressait. Elle se trouvait à trois cents kilomètres de notre ville, elle était ravissante et, surtout, l'étable était construite de telle sorte qu'on pouvait en aménager une partie en magasin

ou en bureau, et elle se trouvait juste à l'entrée d'une petite ville. »

(Étape n° 4) « J'étais parvenu à un point crucial, car je réfléchissais : "Moi, fermier ? Ce n'est pas sérieux. Moi qui ai toujours eu la réputation d'être une grosse tête, un rat de bibliothèque, un intellectuel, un théoricien ? Moi, me lancer dans un genre de vie dont j'ignore tout, et en plus, prétendre y trouver mon gagne-pain ?" J'ai emmené tous les gens que je connaissais voir la vieille ferme. Ma femme fut étonnée, mais les enfants m'ont vraiment surpris. Ils ont déclaré qu'ils pourraient être heureux ici, surtout si cela me plaisait. Je me suis assis sur les vieilles marches branlantes de cette ferme, j'ai pris les enfants dans mes bras et nous avons tous pleuré un bon coup. Dans notre esprit, c'est à ce moment-là que nous avons pris possession des lieux. »

(Étape n° 5) « Le gros problème, ensuite, c'était d'arriver à faire que tout cela se réalise. Nous avons parlé avec des fonctionnaires, des hommes d'affaires, des fermiers, des artisans, des instituteurs, et nous avons découvert deux choses importantes : c'est que d'abord il n'y avait aucun restaurateur de meubles à des kilomètres à la ronde et, deuxièmement, que je pourrais enseigner la comptabilité à l'école à temps partiel en attendant que les affaires tournent rond. J'ai accepté ce travail et nous avons fixé la date du déménagement. »

(Étape n° 6) « A ce stade, je me retrouvai à mon point de départ, à la recherche de moi-même, examinant les autres possibilités, réfléchissant beaucoup, me demandant si c'était cela qu'il me fallait, si je serais capable de réaliser tout cela, si notre mariage en sortirait fortifié ou détruit.

« Nous n'avons pas rebroussé chemin, cependant. Nous avons donné une grande réception d'adieu et (étape n° 1) nous voici, vivant à la campagne, en train de refaire la maison, de ramasser les œufs de nos poules et de réparer des meubles. Il y a des moments difficiles, mais j'adore cette vie. En fait, nous l'adorons tous. »

Carole connut le même type de processus lorsqu'elle reçut une lettre l'informant qu'elle venait d'obtenir une promotion dans son travail :

(Étape n° 1) « Pendant près d'une semaine, je me suis sentie

très calme et c'était comme si le monde était tout neuf. J'en parlais aux gens, mais je me sentais triste et solitaire s'ils se contentaient de répondre : "C'est bien pour toi", sans me toucher en même temps. J'avais vraiment besoin de *ressentir* qu'on me rassurait. »

(Étape n° 2) « J'ai pris le manuel qui décrivait mon nouveau travail et je l'ai lu au hasard, me demandant qui l'avait écrit, ce qu'ils en pensaient, comment ils s'y étaient pris pour le rédiger. Je ressentais tout à la fois une impression de crainte et d'étonnement, mêlée de curiosité. Je devais me frayer un chemin jusqu'à ce que je sois habituée à mon nouveau lieu de travail, à mes nouveaux collègues, à mes nouvelles responsabilités. »

(Étape n° 3) « Je voulais partager ma joie avec mon mari mais il m'a refroidie. Je lui ai demandé de lire au moins ce qui concernait mon nouveau poste, mais il refusa, malgré mes demandes répétées. Personne d'autre ne pouvait me réconforter. J'ai finalement fixé une limite : je ne le laisserais pas assister à une soirée donnée en mon honneur s'il ne lisait pas les documents concernant mon nouveau travail. Et j'ai décidé que je n'avais pas besoin de son approbation. Il lut ces papiers et assista à la soirée. »

(Étape n° 4) « J'ai commencé à me préoccuper de ce que j'allais devenir peu après avoir débuté dans mes nouvelles fonctions. Puis un de mes projets se traduisit par un échec. Des dessins et des graphiques étaient mal disposés. Je me suis sentie totalement impuissante et j'ai fait un tapage terrible. J'ai même essayé de les effacer par magie ; mieux vaut qu'ils disparaissent plutôt qu'ils soient faux, dis-je. Mais j'ai survécu à cette tempête. »

(Étape n° 5) « J'ai vraiment pris à cœur l'apprentissage du rôle nouveau que je tiens dans mon milieu professionnel. Je devais apprendre quantité de techniques nouvelles pour réaliser un nouveau projet. Il me fallait créer un plan pour les gens avec lesquels je travaille. J'ai pris plaisir à le faire et cela a très bien marché. »

(Étape n° 6) « Au bout de quelque temps, j'ai commencé à entrevoir de manière fugitive un moi différent, plus mûr, qui faisait son apparition. J'avais l'impression d'être dans les limbes, contrainte de poursuivre mon travail quotidien, alors qu'intérieurement j'attendais que le nouveau moi émerge. J'ai commencé par oublier certaines choses, et puis je me suis mise à

examiner comment ce processus avait pu aller si loin. J'ai eu alors vraiment peur, en comprenant combien les choses peuvent changer rapidement. Je faisais resurgir du passé tout cet horrible fatras, tandis que j'essayais d'imaginer ce qui allait m'arriver. J'avais peur que les gens ne puissent pas m'aimer telle que j'allais être, mais seulement telle que j'étais avant. »

(Étape n° 1) « Maintenant tout cela semble de l'histoire ancienne. Je sais que je suis différente, plus âgée, plus expérimentée. Je suis contente de ce que j'ai fait, mais je sais que j'aurai besoin de beaucoup d'encouragements pendant quelque temps. Certaines personnes me poussent à poursuivre la réalisation d'autres projets, mais je sais que je ne suis pas encore prête. Ce matin, je suis restée au lit, à boire une tasse de thé bien chaud en regardant la pluie ruisseler sur les arbres. Ce fut le moment le plus lumineux de ma journée, et c'est exactement ce que j'ai besoin de faire en ce moment. »

COMMENT DÉVELOPPER LE POUVOIR DE TRANSMUTATION

Le passage vers l'étape n° 7 est un voyage qui nous mène de la complexité vers la simplicité, de l'achèvement vers le commencement. La transition entre la fin d'un cycle et le commencement d'un autre peut exiger un travail plus ou moins long et déboucher sur une naissance plus ou moins difficile. Cependant, une fois que nous avons pris notre première inspiration qui marque notre entrée dans un nouveau cycle, le monde devient pour nous ce qu'il est pour tous les nouveau-nés : intense, vital, vulnérable, plein de promesses de plaisir et fourmillant de découvertes.

C'est cette vie-là que nous avons préparée pendant des années. Nous sommes ici, nous bougeons, nous sommes intelligents et indépendants. Nous savons qui nous sommes, nous sommes compétents et nous avons une sexualité.

La transmutation est une période de croissance continue, au cours de laquelle le plan fixé par la nature nous sert de modèle parfait et de fondement pour parvenir à l'âge adulte. Comme nous connaissons déjà les différentes étapes, nous ne sommes pas surpris par les stades fondamentaux de la vie : nous les avons déja traversés, et les règles de base sont les mêmes. Nous avons encore besoin de réaliser des tâches de développement au cours des répétitions ultérieures, même si nous les avons menées à terme lors du tour précédent.

Les décisions prises à l'âge adulte exercent une profonde influence sur nos relations, notre sentiment de satisfaction et notre implication dans le monde. En établissant des rapports intelligents avec notre plan de développement naturel et les tâches qui lui sont associées, nous créons les bases nécessaires pour vivre dans la simplicité et la paix, ce dont nous serons nous-mêmes, et ceux qui nous entourent, les premiers bénéficiaires. Si nous comprenons le déroulement de notre propre croissance, nous sommes mieux à même de comprendre les autres. En apportant notre soutien à autrui pendant que nous réalisons nous-mêmes les tâches du cycle, nous prenons conscience des possibilités de croissance et de satisfaction que peut-être nous n'aurions même pas remarquées autrement. D'autre part, sachant que l'importance des choses varie en fonction du moment, nous nous sentons plus libres de nous concentrer sur la tâche en cours, sans nous préoccuper de celle du lendemain.

Bien que l'étape n° 7 s'accompagne d'un accroissement considérable de capacités mentales, l'âge adulte reste la période privilégiée de l'action, il nous faut réaliser le plan de vie que nous avons mis tant de temps à préparer. En agissant conformément à nos besoins, nous tirons le maximum de profit de ce temps privilégié.

L'expérience ludique permet de découvrir les possibilités de la vie d'adulte, tout comme dans l'enfance. Même si nous sommes devenus de grandes personnes qui disposent de beaucoup d'informations et d'expérience, nous restons aussi par certains côtés des enfants confrontés à un vaste univers, tout le temps changeant, qui demeure pour nous inconnu et inconnaissable. Nous sommes plus vieux, plus grands, et on nous appelle des adultes parce qu'on nous a concédé un septième pouvoir : celui d'utiliser les six autres. Le cycle complet de la vie constitue maintenant notre zone de pouvoir, le cercle magique dans lequel nous pouvons concrétiser notre rêve d'avenir.

A l'étape n° 7, nous devons accomplir les tâches suivantes :

- Actualiser, réviser et réaliser notre plan de vie.

- Travailler sur nos propres étapes de croissance.
- Établir et maintenir les relations dont nous avons besoin pour notre soutien.
- Découvrir, nous impliquer et quitter des situations dans lesquelles nous pouvons réaliser certains types de croissance.
- Conserver notre philosophie de la vie en tirant profit de nos expériences.
- Participer, accepter et assumer des responsabilités.
- Revendiquer de nouveaux rôles au cours des différentes étapes : pouvoir être enfant à un moment donné, parent à un autre, se retrouver tantôt étudiant, tantôt professeur.
- Reconnaître et résoudre les problèmes de croissance, y compris ceux des étapes antérieures.

(Le lecteur trouvera p. 237 des exercices lui permettant de développer son pouvoir de transmutation.)

Tant que nous vivrons, nous aurons l'occasion de développer notre pouvoir de transmutation.

LE SABOTAGE DU CYCLE DANS L'ÉTAPE N° 7

Au cours de l'étape n° 7, nous pouvons nous saboter de deux manières : en ne réalisant pas les tâches de développement propres à cette étape et en ne nous souciant pas des tâches laissées inachevées au cours des six étapes précédentes.

Dans les deux cas, le résultat est le même. Nous restons bloqués à un stade du cycle et nous n'avançons plus. Même si nous modifions l'aspect extérieur de notre vie, nous constatons que dans notre nouvelle situation, nous nous heurtons toujours à nos vieux problèmes. Nous pouvons déménager, changer de travail ou de partenaire, vivre en célibataire ou en couple, nous faire licencier ou recevoir une promotion, et cependant être toujours englués dans les mêmes schémas d'autodestruction. Si nous refusons d'apprendre à marcher, nous ne connaîtrons jamais la joie de courir.

Carole découvrit cela, « quand je me suis trouvée confrontée au processus de séparation (étape n° 3) après la mort de ma mère. J'étais si furieuse contre elle que j'en arrivais à saboter mon travail. J'aurais dû établir des règles et des méthodes nouvelles et modifier mes priorités, mais au lieu de cela, je me contentais d'opposer une résistance ».

Jacob se bloqua sur un problème de l'étape n° 1. En l'espace de neuf mois, il perdit son emploi, et sa fiancée le quitta pour un autre. Il se réfugia dans les bras d'une femme câline et rondelette, qu'il connaissait déjà, et eut avec elle une brève aventure. Il était si anéanti qu'il ne cherchait même pas un autre emploi. Finalement, des amis l'ont adressé à une agence de placement où on lui expliqua par le menu ce qu'il devait faire. Il finit par revenir sur terre et il trouva un autre travail, mais il pensait toujours à son ex-fiancée. Au lieu d'entreprendre les tâches qui l'aideraient à se libérer, il se cramponne, en répétant : « Comment cela a-t-il pu arriver ? »

L'enfermement émotionnel que nous ressentons lorsque nous limitons notre potentiel de pouvoir est un indice dont nous devons tenir compte si nous voulons comprendre ce que nous devons faire pour nous accommoder de la vie. Une fois ce travail accompli, une autre épreuve peut s'abattre sur nous, mais nous sommes alors capables d'en évaluer immédiatement les risques, et il est bien rare que nous retombions deux fois dans la même ornière.

A l'âge adulte, nous avons besoin de faire notre chemin en bénéficiant d'un maximum de soutien, d'encouragement, de générosité, de conseils et d'égards. Mais, avec ou sans, nous devons accomplir ce travail que personne d'autre ne peut, ou ne veut, faire à notre place.

Les pouvoirs dont nous pouvons nous doter en nous intéressant à notre propre développement sont ceux qui facilitent notre vie et celle des autres. Le cycle ne nous octroie pas le droit de nous servir d'autrui, d'exercer notre autorité et notre domination sur les autres, de commander pour s'attirer des bénéfices matériels ou un avantage personnel. Ce que le cycle nous donne, c'est la possibilité de réaliser notre propre potentiel de croissance et, ce faisant, d'encourager par l'exemple et l'entraide le développement harmonieux de ceux qui nous entourent.

Si, dans les étapes précédentes, nous nous sommes « dépêchés de grandir » pour fuir la dépendance, il arrive qu'ensuite nous nous pressions de faire les choses avant d'y être suffisamment préparés. Nous avons besoin de nous détendre et de savoir que nous disposons d'encouragements suffisants lorsque nous prenons le temps d'arranger les choses. Si nous sommes « restés petits », nous musardons, attendant que tout devienne parfait ; nous nous laissons distraire dans nos tâches et nos objectifs, et nous nous soumettons à ceux qui disent avoir besoin de nous, au lieu de faire ce que nous avons nous-mêmes besoin de faire. Nous devons comprendre que c'est vraiment normal de grandir, parce que cela ne signifie pas que nous serons abandonnés ou que nous devrons renoncer à notre sécurité.

Il arrive parfois que nous jouions encore certains jeux lorsque nous traversons l'étape n° 7, mais ils sont souvent de courte durée et sans grande intensité. Par exemple, nous jouerons à *C'est affreux* pendant un quart d'heure, puis nous agirons de manière à résoudre vraiment nos problèmes. Lorsque nous nous sabotons nous-mêmes, nos jeux sont alors plus longs, et font traîner les choses en longueur, ce que parfois nous payons fort cher.

Dans le cadre d'un déroulement normal de l'étape n° 7, nous éprouvons quelquefois des symptômes physiques temporaires que nous interprétons comme des signaux et auxquels nous pouvons remédier. Mais lorsque nous organisons nous-mêmes notre propre sabotage, nous n'arrivons pas à reconnaître ces symptômes et nous ne faisons rien à leur sujet, sinon parfois de les aggraver au point qu'ils deviennent de véritables maladies.

Toutefois, nous pouvons encore tirer parti de ces indices pour réécrire notre plan de vie et nous trouver en harmonie avec le plan prévu par la nature au lieu d'entrer en conflit avec lui. Lorsque notre horloge interne nous dit : « Le moment est venu de toucher, ou de savoir qui tu es ; c'est le moment de régler tes problèmes sexuels, d'explorer, ou d'affirmer ton indépendance », c'est à nous de décider de ce que nous ferons.

SE RÉAPPROPRIER LE POUVOIR DE TRANSMUTATION

Bertram (étape n° 3) découvrit que « on ne peut contraindre personne, parce que chacun de nous doit réaliser ses propres tâches de développement. On peut inciter, encourager, mais il arrive que les autres n'aient pas envie d'entreprendre ce travail sur eux-mêmes. Tout ce qu'on peut faire, c'est agir de concert, en espérant que l'autre en fera autant. »

« J'ai décidé que j'allais me porter le mieux du monde et que je me débarrasserais de tout ce fatras destructeur dans lequel je sombrais. Tous mes efforts devraient tendre à essayer d'attirer les gens vers moi. Pour moi, cela voulait dire opérer un énorme retour en arrière pour me préparer à cela. Il fallait décider de la manière dont je voulais passer mon temps. Je me demandais : "Où serai-je si je fais cela, et où serai-je si je ne le fais pas ?" J'ai décidé de ne pas attendre de recommencer une seconde vie pour m'offrir un meilleur départ. Je voulais réaliser cela maintenant. »

Après avoir décidé de résoudre les problèmes qui l'empêchaient de progresser, Katie (étape n° 2) éprouva le besoin de prendre quelqu'un pour modèle. « Je n'ai pas trouvé au coin d'une rue la personne qu'il me fallait, dit-elle. J'avais besoin de quelqu'un qui avait connu beaucoup de choses dans sa vie, quelqu'un de sensible, parce qu'il était passé par là, lui aussi, et qu'il savait ce qu'on ressent. »

Mitch (étape n° 1) tomba d'accord : « Je devais prendre le risque d'établir une relation en laquelle je pourrais avoir confiance. Ce fut le premier pas, dit-il. Si je n'aimais pas Pierre, j'allais voir Paul. Si je n'aimais pas Paul, j'allais voir Jacques. Si je me sentais mal à l'aise avec quelqu'un, je rompais avec lui et me tournais vers quelqu'un d'autre. »

Valérie (étape n° 1) découvrit « les gens avec lesquels travailler grâce à des amis, qui connaissaient d'autres personnes et étaient satisfaits des résultats. C'est ainsi que je me suis sentie suffisamment bien pour aller au fond des choses et en revenir. C'est ce que j'avais besoin de faire. J'ai décidé de ne pas me forcer si je n'étais pas prête, dit-elle. Une fois que j'étais prête, il fallait que je franchisse une seule marche à la fois. »

Pour apprendre à établir une relation positive qui lui fournirait le soutien dont il avait besoin pour se développer, Michael (étape n° 2) observa les personnes qui, selon lui, faisaient du bon travail et il examina comment elles s'y prenaient. « Elles demandaient ce qu'elles voulaient, qu'il s'agisse d'étreintes, d'être prises dans les bras ou d'être écoutées cinq minutes. Je ne savais pas qu'on pouvait faire quelque chose en peu de temps. Aussi ai-je commencé à demander, moi aussi. Par bribes, au début, j'ai découvert aussi qu'on peut vraiment réapprendre à satisfaire ses besoins, simplement, comme les bébés. Quand ils ont faim, ils pleurent. C'est la base de tout. »

Marcia, Katie, Bill et Mitch se sont rencontrés chaque semaine pendant près d'une année pour se soutenir mutuellement dans leurs tâches de développement. Dès le début, ils ont établi un contrat qui constituait un garde-fou essentiel dans leur travail.

« Nous avons convenu de résoudre des problèmes, et de ne pas nous en éloigner. Nous pouvons cependant nous y prendre comme nous voulons, en y passant un temps d'une durée raisonnable, se souvient Mitch.

— Nous avions un signal d'arrêt pour les moments critiques, rappelle Katie. Si quelqu'un "donnait un coup de sifflet" pour nous interrompre afin de préserver la sécurité d'une relation, tout le monde acceptait d'obéir. Nous avions aussi convenu que lorsque l'un de nous dirait "il y a un problème", les autres consacreraient du temps et de l'attention à examiner ce problème. Nous avons admis que certaines questions peuvent être réglées en quelques minutes, alors que d'autres prennent des mois ou des années.

— La coopération était importante aussi, ajouta Marcia. Nous avons reconnu que nous avons tous les mêmes besoins fondamentaux au cours des étapes du développement et que nous devons nous entraider pour satisfaire ces besoins.

— La négociation et la coopération étaient les deux moyens que nous utilisions pour obtenir ce que nous voulions, dit Bill. Nous avons été d'accord pour ne pas recourir à la violence pour obtenir ce que nous désirions. Nous avons décidé que pour quitter le groupe il fallait donner un préavis trois réunions avant. Ainsi nous nous protégions contre la tentation de tout laisser tomber si les choses devenaient pénibles. »

Susan souligna l'importance d'avoir un environnement bien adapté. « Quand j'ai commencé à vouloir être libre, je ne l'étais pas vraiment. J'avais trente ans quand j'ai revendiqué ma liberté. Seul mon corps avait trente ans, tout le reste en moi pouvait avoir n'importe quel âge, celui que je voulais. L'abandon de toutes ces années fut chose facile parce que je me trouvais dans une pièce qui me poussait à avoir trois ans. Elle m'invitait à explorer tout ce que les trois ans explorent, et à faire ce qu'ils font. »

Le retour à des niveaux antérieurs de son développement entraîna pour Nancy et sa famille un changement complet de leur cadre de vie. « Nous avons aménagé des endroits pour jouer, d'autres où l'on peut facilement se pelotonner ou se serrer l'un contre l'autre, dit-elle. Maintenant la maison est un endroit qui permet de vivre et de grandir. »

Les choses changent, puis reviennent à leur commencement. Semblables aux cercles que décrivent le soleil et la lune, le ciel, les corps des hommes et des animaux, les nids des oiseaux, les jours et les saisons, tout revient en un cercle. Le jeune devient vieux, et du vieux le jeune naît et grandit. C'est le chemin choisi par le Grand Esprit.

Sacajawa
Guide indien Shoshoni
de l'expédition Lewis et Clark

Troisième partie

EXERCICES DE DÉVELOPPEMENT

1

Concevoir une vision du futur

Nous avons tous notre histoire, mais oubliez cela pendant un moment. Maintenant, prenez quelques instants pour passer en revue votre journée. Comment s'est-elle passée ? Laissons cela. Maintenant, revenez sur les derniers mois qui viennent de s'écouler. Rappelez-vous les amis que vous avez vus, les gens que vous avez rencontrés, les fêtes, les cadeaux, etc. Puis passez à autre chose.

Maintenant, installez-vous confortablement et détendez-vous. J'aimerais que vous preniez de la hauteur pour survoler votre vie. Montez assez haut pour voir votre vie tout entière, depuis l'instant présent jusqu'au jour de votre naissance. Regardez la famille dans laquelle vous êtes né, votre mère, votre père, les autres enfants, l'endroit où vous êtes né, le pays, la ville. Maintenant revoyez pour vous-même les expériences que vous avez eues dans votre vie jusqu'à présent, la toute petite enfance que vous avez connue, puis votre enfance, les écoles que vous avez fréquentées, les diplômes que vous avez obtenus, la voie que vous avez choisie à l'âge adulte, et comment vous avez décidé cela. Maintenant, examinez comment vous avez vécu votre vie d'adulte jusqu'à présent, les expériences que vous avez vécues, le réseau d'amis et de connaissances qui s'y rattachent, les aptitudes que vous avez acquises, vos atouts et aussi vos points faibles.

Maintenant, au lieu de regarder le passé, tournez-vous vers l'avenir. Compte tenu d'où vous venez, quel genre d'avenir souhaiteriez-vous créer ? Je vais vous demander de vous projeter dans un univers différent. Vous pouvez en revenir à n'importe quel moment. Dans cet univers il n'y a pas de contraintes. L'avenir est vierge comme cette feuille de papier qui est devant vous. Vous êtes seul à pouvoir y inscrire quelque chose, personne d'autre ne peut le faire.

1 Choisissez l'âge que vous voulez avoir. ____________

2 Choisissez l'endroit, dans n'importe quelle région du monde, où vous aimeriez vivre. ____________

3 Choisissez l'éducation que vous voudriez avoir. ____________

4 Ensuite, choisissez ce que vous aimeriez posséder. ____________

Imaginez maintenant que vous tenez une baguette magique dans la main gauche. Serrez-la bien fort. Tant que vous tenez cette baguette, vous pouvez faire de votre vie tout ce que vous voulez.

5 Prenez connaissance de l'endroit où vous vous trouvez. ____________

6 De quelle dimension est votre famille ? ____________

7 Quel genre de travail faites-vous, si toutefois vous travaillez ? ____________

8 Combien d'argent possédez-vous ? ____________

9 Quelles sont vos aptitudes ? ____________

10 Décrivez votre aspect physique. ____________

11 Décrivez votre mode de vie. ____________

12 Décrivez quelle est votre contribution au monde, à la société. ____________

Prenez quelques instants, maintenant, pendant que vous tenez encore la baquette magique, pour compléter votre visualisation.

13 Inscrivez n'importe quel autre détail que vous voudriez ajouter. ______________

Enfin, réaffirmez votre visualisation par cette phrase : JE MÉRITE TOUT CELA ET PLUS ENCORE.

Maintenant que vous avez terminé, prenez la baguette magique et placez-la dans un endroit sûr où vous pourrez la retrouver chaque fois que vous en aurez besoin.

Maintenant que vous avez décrit la vie que vous voulez avoir, vous êtes prêt à bénéficier d'un soutien pour réaliser votre rêve.

2

Questionnaire sur le scénario de développement

Pour déterminer quels sont les éléments clefs de votre propre plan de développement, vous pouvez répondre aux questions suivantes. L'information que vous en tirerez peut vous guider à travers les étapes de votre cycle de vie.

Lorsque vous répondrez à ces questions, laissez libre cours à votre imagination et écrivez la première réponse qui vous vient à l'esprit sans vous soucier de son exactitude, même si vous pensez que vous fabriquez la réponse. Il ne s'agit pas d'un test ; vous ne serez pas noté. Répondez au présent pour aider votre mémoire, c'est-à-dire dites « Je suis » plutôt que « J'étais ».

Étape n° 1

1 Imaginez que vous venez de naître. Faites la liste des personnes qui sont intéressées par votre naissance. ____________

2 Quelles sont leurs réactions ? ____________

3 Imaginez que vous avez quatre mois. Vous ne pouvez ni marcher ni parler ; vous ne pouvez que pleurer. Vous avez faim et vous pleurez pour qu'on vous prenne. Comment réagit votre mère ? (Si vous le voulez, vous pouvez inclure les réactions de vos grands-parents ou d'autres adultes marquants qui se sont occupés de vous dans chacune des étapes suivantes.) ____________

4 Comment réagit votre père ? ______________

5 Quels sont les événements marquants, s'il y en a eu, qui sont intervenus au cours des six premiers mois de votre vie ? ______________

6 A quelles conclusions aboutissez-vous concernant qui vous êtes et l'idée que vous vous faites de la vie ? ______________

Étape n° 2

7 Imaginez que vous êtes un petit enfant, assez grand pour ramper mais pas pour être maître de son comportement. Du point de vue du développement, votre tâche consiste à découvrir le monde, votre environnement et vos sens. Vous avez besoin de tout goûter, de tout mettre à la bouche, de toucher tout ce que vous voyez. Vous êtes très actif à faire tout ce que font les petits enfants. Comment réagit votre mère ? ______________

8 Comment réagit votre père ? ______________

9 Quels sont les événements marquants qui sont survenus quand vous aviez entre six et dix-huit mois ? ______________

10 A quelles conclusions aboutissez-vous concernant le fait d'agir et les encouragements qu'on reçoit pour agir ? ______________

Étape n° 3

11 Imaginez que vous avez deux ans. Vous commencez à sortir de votre dépendance de nourrisson. Vous avez besoin de dire « non », de tester des limites, de manifester un esprit de contradiction et d'apprendre à penser par vous-même. Quelle est la réaction de votre père quand il veut que vous fassiez quelque chose et que vous dites « non » ? ______________

12 Quelle est la réaction de votre mère ? ______________

13 Quels sont les événements marquants qui sont survenus quand vous aviez entre huit mois et trois ans ? ______________

14 Concluez-vous qu'il est approprié ou non d'être indépendant et de penser par soi-même ? ______________

Étape n° 4

15 Imaginez que vous avez entre trois et six ans. Comme tous les enfants de cet âge, vous voulez découvrir ce qu'il arriverait si... « Qu'arriverait-il si je prétendais être quelqu'un d'autre que moi-même ; si je recommençais à faire cela après qu'on m'a dit d'arrêter ; si je prenais un paquet de gâteaux et que je le mangeais juste avant le dîner ?... » Vous voulez aussi savoir « pourquoi ? » « Pourquoi le ciel est-il bleu ? Pourquoi fait-il noir dehors ? Pourquoi y a-t-il des garçons et des filles ? » Vous adorez tester votre pouvoir. Vous faites quelque chose que vos parents vous ont dit de ne pas faire. Vous courez dans la rue, vous prenez des gâteaux dans la boîte, ou bien vous sortez les plantes vertes de leurs pots pour créer une forêt magique. Quelle est la réaction de votre mère ? __________

16 Quelle est la réaction de votre père ? __________

17 Quels sont les événements marquants qui sont survenus quand vous aviez entre trois et six ans ? __________

18 A quelles conclusions aboutissez-vous concernant votre pouvoir ? __________

Étape n° 5

19 Imaginez que vous avez entre six et douze ans et que la vie est exactement ce qu'elle était pendant votre enfance. Vous avez besoin de faire des choses et de développer vos aptitudes. Vous voulez discuter et contester. On vous pose une question et vous commencez à ergoter. Quelle est la réaction de votre père ? __________

20 Comment réagit votre mère ? __________

21 Quels événements marquants sont survenus quand vous aviez entre six et douze ans ? __________

22 A quelles conclusions avez-vous abouti concernant le fait d'agir à sa manière et d'avoir ses propres valeurs ? __________

Étape n° 6

23 Imaginez que vous êtes adolescent, découvrant le monde des impulsions et des désirs sexuels. Vous êtes assez grand pour être à peu près indépendant, mais vous n'êtes pas vraiment adulte. Vous avez encore besoin de soutien et de protection. Vous vous sentez affamé d'amour, d'affection et de contact avec vos parents. Quelle est la réaction de votre mère ? ____________

24 Et celle de votre père ? ____________

25 Quels sont les événements marquants survenus pendant votre adolescence ? ____________

26 Quelles sont vos conclusions concernant le fait de devenir sexuel et responsable ? ____________

27 Imaginez que vous avez entre seize et dix-huit ans. Vous vous détachez de vos parents, dans le désir de mettre un terme au lien émotionnel qui a été la base de vos relations avec eux en tant que parents plutôt qu'en tant que personnes. Vous avez votre propre point de vue sur le monde et il s'oppose à celui de vos parents. Vous tenez à décider de votre vie en vous fondant sur vos propres valeurs. Quelle est la réaction de votre mère ? ____________

28 Et celle de votre père ? ____________

29 A quelles conclusions aboutissez-vous concernant la séparation et la fin de la croissance ? ____________

Étape n° 7

30 Quelle était votre histoire ou votre conte de fée préférés quand vous étiez enfant ? ____________

3

L'utilisation de la structure de la pensée pour créer vos propres affirmations

Vous pouvez créer une affirmation tout spécialement conçue pour remplacer votre propre voix intérieure qui vous envoie des messages négatifs. Pour cela, il suffit de compléter l'exercice présenté ci-dessous. Vous aurez ainsi couché par écrit ce qui vous pousse à jouer tel ou tel jeu ou à manifester certains symptômes physiques. Vous pourrez alors utiliser ce que vous avez noté pour créer à votre propre intention une affirmation basée sur l'information contenue dans les deux dernières lignes.

Structurer la pensée :
un moyen pour se sentir mieux plus rapidement

1 Je suis ____________________
(le sentiment que j'éprouve)

2 parce que je pense que si je ____________________
(le comportement que je génère)

3 je serai ____________________
(réponse non souhaitée)

4 au lieu de ______________
(réponse souhaitée)

5 aussi, je ______________
(la façon dont j'évite le problème)

Ligne 1 : voici quelques sentiments : tristesse, joie, colère, peur, honte, etc. Des mots comme anxiété, culpabilité, remords, hostilité, désarroi, etc., désignent des expériences qui sont le résultat d'un sentiment, et ils prennent place à la ligne 5. Utilisez des mots comme terrorisé, effrayé, furieux, coléreux, triste ou joyeux, parce que ce sont des mots que les enfants peuvent comprendre.

Ligne 2 : vous décrivez ici la manière dont vous souhaiteriez vous comporter ou ce que vous aimeriez faire, mais que vous vous sentez incapable de réaliser. Décrivez ce comportement en termes positifs. Dites ce que vous voulez faire, et non ce que vous ne voulez pas.

Ligne 3 : cette ligne concerne la réponse que vous ne souhaitez pas, mais qui est pourtant celle que vous obtenez souvent des gens. Il s'agit probablement de la réponse que vous receviez déjà quand vous étiez jeune, c'est pourquoi on l'appelle souvent la « réponse parentale malsaine ».

Ligne 4 : décrivez en une phrase la réponse que vous voudriez obtenir des autres, à la place de celle qui vous est faite et que vous décrivez à la ligne 3.

Ligne 5 : établissez la liste de tout ce que vous faites, de tous les moyens que vous utilisez pour dissimuler vos sentiments de la ligne 1. C'est la liste des jeux et des divers moyens auxquels vous avez recours pour éviter le problème.

Vos sentiments, ce sont vos sensations physiques réelles. Souvent on utilise certains sentiments comme une sorte d'écran de fumée psychologique qui empêche l'expression directe des sentiments authentiques qui se cachent derrière. Par exemple, ce qui semble être de la colère peut masquer de la peur. La peur peut servir à camoufler de la colère. Indiquez vos sentiments authentiques à la ligne 1, et les sentiments parasites, « l'écran de fumée », à la ligne 5.

Ensuite, pour créer votre propre affirmation, utilisez les réponses que vous avez données aux lignes 2 et 4 pour compléter les phrases suivantes :

Structure de la pensée				Votre affirmation
Ligne 2	________	devient :	*Je fais*	____________
Ligne 4	________	devient :	*Je suis*	____________

Pour neutraliser les messages négatifs, au début il vous faudra répéter inlassablement vos affirmations. Cela peut se faire de bien des manières. Par exemple, en inscrivant ces affirmations sur une petite carte que vous mettrez dans votre poche ou dans votre porte-monnaie ; vous pouvez aussi la placer dans votre chéquier, si vous avez des problèmes concernant votre façon de dépenser l'argent. Elle peut aussi se trouver près du téléphone, sur votre bureau, ou dans n'importe quel endroit où vous aurez l'occasion de la lire souvent. Vous pouvez également :

- Répéter ces affirmations à haute voix, à vous-même, à vos enfants, et à l'enfant qui est en vous.
- Les écrire comme on fait des lignes à l'école.
- Les transporter partout avec vous et les regarder.
- Les inscrire sur les murs de la cuisine, de la salle de bains ou de votre chambre, partout où vous pourrez les voir souvent.
- Faire savoir autour de vous que vous avez besoin d'entendre ces affirmations, et demander qu'on vous les répète.
- Les enregistrer sur un magnétophone et les écouter.
- Prêter attention à vos pensées intimes et à vos sentiments quand vous réagissez au nouveau message. Ce sont là des indices importants concernant l'âge et l'étape dans lesquels vous avez besoin de développer votre pouvoir.

C'est OK d'avoir des besoins et de faire en sorte qu'ils soient satisfaits dans les limites de responsabilité que vous vous êtes fixées. Vous n'avez pas à créer de conflit entre vos besoins et vos responsabilités. Vous pouvez trouver le moyen d'assumer celles-ci *et* de vous réserver du temps pour vous-même.

Votre nouveau message vous protège parce que vous répétez une idée forte et que vous pouvez décider vous-même de la manière de vous comporter. Il permet à vos émotions les plus profondes et aux mécanismes de développement de faire surface au lieu d'être réprimés. En répétant ces affirmations, vous commencez déjà à vous développer bien au-delà de votre programmation négative antérieure.

4

Exercices pour développer le pouvoir d'exister

DRESSER UN INVENTAIRE

J'aime remplir les tâches de l'étape n° 1 de la manière suivante (cochez vos manières favorites) :

1 Tout en travaillant, satisfaire mon envie de sucer en mangeant des graines de tournesol. ____________

2 Prendre un bain moussant. ____________

3 Demander à être coiffé. ____________

4 Me faire baigner par un ami proche. ____________

5 Me faire masser. ____________

6 Prendre plaisir à ne rien faire du tout. ____________

7 Piquer souvent de petits sommes. ____________

8 M'enrouler dans des couvertures. ____________

9 M'étendre dans un hamac pendant des heures. ____________

10 Faire des petits repas fréquents. ____________

11 Grignoter des biscuits, etc. ____________

12 Prendre un bain de vapeur, un bain chaud, ou aller au sauna. ____________

13 Être dans les bras de quelqu'un, demander un câlin. ____________

14 Maintenant, ajoutez vos idées personnelles. ____________

RECEVOIR DES AFFIRMATIONS ET DU SOUTIEN

Les messages positifs suivants affirment le pouvoir d'exister :

- C'est OK pour toi d'être là, d'être nourri, touché, et qu'on s'occupe de toi.
- Tu as le droit d'être là.
- Je comprends et j'accepte tes besoins.
- Je suis content que tu sois un garçon/une fille.
- Tu n'as pas besoin de te dépêcher, tu peux prendre tout ton temps.
- J'aime te tenir dans mes bras, être près de toi, te toucher.

15 Maintenant, inscrivez la façon dont vous aimez que les gens se comportent avec vous quand vous traversez l'étape n° 1. ____________

16 Voici les personnes qui, dans ma vie, m'offrent un soutient inconditionnel pour exister. ____________

Avertissement : il existe une très grande différence entre être dans les bras de quelqu'un et régresser au stade de l'enfant. Des amis peuvent se prendre dans les bras et se câliner. Faire régresser au stade de l'enfance quand on est dans les bras d'autrui est une méthode thérapeutique qui ne doit être utilisée que par des personnes ayant reçu une formation de thérapeute. Elle n'est pas faite pour des débutants. Si vous avez déjà commencé à le faire, arrêtez ! Il vous faut une protection appropriée. Si vous avez besoin de retourner au stade de votre petite enfance, trouvez-vous d'abord des « parents » compétents. (Si vous souhaitez d'autres conseils pour établir une nouvelle relation parentale, reportez-vous au chapitre consacré au pouvoir de transmutation.)

Être dans les bras de quelqu'un

Quand vous demandez à quelqu'un de vous prendre dans ses bras, fixez tout d'abord une limite de temps. Vous pourrez alors vous détendre complètement et laisser la personne vous dire quand le temps fixé se sera écoulé.

Prenez plusieurs coussins et ayez une couverture à portée de la main pour vous aider à trouver une position confortable. Il faut que la personne puisse attraper facilement la couverture, car il est possible que vous ayez froid lorsque votre tension musculaire baissera.

Allez aux toilettes avant que la personne ne vous prenne dans ses bras. Un besoin urgent de vider votre vessie ou vos intestins provoquerait une fâcheuse interruption.

Laissez la personne trouver une position confortable, où son dos soit bien calé. Placez quelques coussins sous le bras qui soutiendra votre tête et sur ses jambes, pour que votre bassin puisse reposer sur elles sans couper la circulation.

La personne doit vous tenir en étant le *moins* tendu possible physiquement, pour que vous puissiez vous-même vous détendre. Si elle était tendue, vous pourriez douter de son désir de vous prendre dans ses bras. Si l'on n'y prend pas garde, la tension est interprétée comme une résistance à prendre l'autre dans ses bras, et cela peut évoquer chez vous le manque d'amour dont vous avez souffert étant enfant. Un corps détendu, disponible, communique facilement son énergie et profite aux deux personnes.

Quand la personne est prête, asseyez-vous sur les coussins placés près de ses jambes. Étendez-vous sur ses genoux en posant votre tête sur son bras. Ne vous appuyez pas sur votre coude, gardez vos bras près de votre poitrine. Ne mettez pas votre bras autour d'elle, laissez-la vous tenir. Relevez les genoux, aussi, puis détendez-vous et laissez-vous aller. A partir de maintenant, d'autres peuvent s'occuper de vous.

Même si vous êtes allé aux toilettes, il se peut que vous ayez besoin d'y retourner juste après que l'on vous ait tenu dans les bras, car votre corps se débarrasse des sécrétions qui étaient retenues par la tension musculaire et qui maintenant se libèrent sous l'effet de la détente procurée par votre position.

Si vous avez des problèmes de compétition à résoudre, vous

pouvez attacher de l'importance au fait que d'autres soient pris dans les bras en même temps que vous. Vous avez peut-être besoin de découvrir (à ce stade fondamental) qu'il y a vraiment assez pour tout le monde.

DONNER DES AFFIRMATIONS ET DU SOUTIEN

Il existe aussi bien des façons de délivrer des messages d'affirmation à ceux qui traversent l'étape n° 1. Par exemple, vous pouvez dire à un invité : « Je suis content que vous soyez ici. Considérez cette maison comme la vôtre » ; « J'aime être proche de toi quand nous parlons » ; « Je suis contente que tu sois une fille, toi aussi, car nous pouvons parler de tout ce qui nous intéresse » ; « Nous avons plein de temps devant nous pour jouer et travailler, nous n'avons donc pas besoin de nous dépêcher ».

17 Maintenant, dressez la liste de ce que vous aimez faire pour donner des affirmations à ceux qui traversent l'étape n° 1. __________

18 Faites la liste de ce que vous aimez faire pour vous occuper des autres quand ils traversent l'étape n° 1. __________

Prendre les autres dans vos bras

La plupart des gens pensent qu'il vaut mieux être dans les bras de quelqu'un que de prendre quelqu'un dans ses bras. Vous découvrirez avec surprise combien le fait d'avoir quelqu'un dans vos bras peut recharger vos « batteries ». Deux personnes en contact étroit partagent le même champ d'énergie, elles se nourrissent, se calment et s'apaisent l'une l'autre.

Les personnes qu'on prend dans ses bras sont parfois tendues, ou bien elles évitent de mettre leur visage en contact avec la poitrine de l'autre, car elles ont peur des sensations qu'elles peuvent éprouver au niveau génital. Vous pouvez dire quelque chose du genre « Je n'ai pas peur que tu sois contre ma poitrine », ou bien « Je n'ai pas peur de sentir du plaisir en étant proche de toi ou d'avoir des sensations liées à la sexualité ».

Tout le monde a des sensations génitales. Au cours d'un stress, nous libérons de l'adrénaline dans notre sang. La circulation dirigée vers les organes sexuels diminue afin que le sang puisse être envoyé vers nos muscles pour assurer notre autodéfense. Lorsque nous sommes dans les bras de quelqu'un, notre corps se détend et le sang retourne vers les organes sexuels. Nous pouvons ressentir cela comme une poussée d'énergie sexuelle chaque fois que nous sommes dans les bras de quelqu'un ou que nous tenons quelqu'un dans nos bras.

Un contact étroit entre la bouche d'une personne et la poitrine d'une autre stimule la libération d'hormones semblables à celles qu'on trouve dans le sang des mères allaitantes. Les hommes comme les femmes ont cette réaction naturelle qui aboutit à une brève montée des sensations génitales. C'est une réaction normale à laquelle il faut s'attendre et dont il ne faut pas s'effrayer.

Quand vous tenez quelqu'un dans vos bras, observez ce que vous ressentez. Si vous avez peur ou si vous êtes tendu, dites-le. Vérifiez si vous avez envie de continuer. Si la réponse est « non », dites à la personne que vous n'êtes pas prêt à continuer parce que vous avez besoin de faire face à vos sentiments avant de pouvoir vous détendre.

Vous avez peut-être envie aussi que d'autres personnes vous apportent leur soutien. Demandez-leur de presser ou de toucher légèrement les points du corps qui sont tendus, durs ou fermes : qu'ils effleurent légèrement de leurs doigts la peau des pieds, des jambes, du visage, du ventre ou du dos, chez vous comme chez la personne que vous tenez dans vos bras. Ils peuvent ajouter quelques innovations de leur cru, comme d'appliquer un linge frais, ou de chantonner une berceuse. Sauf s'ils ont sommeil, les gens qu'on tient dans les bras adorent glousser, gazouiller, rire et jouer « à faire coucou ». Ils peuvent craindre que vous ne les preniez pas au sérieux, que vous vous moquiez d'eux ou que vous attendiez d'eux une performance. Soyez attentif à cela, et progressez doucement. Faites-leur comprendre qu'ils n'ont pas besoin de faire quoi que ce soit de particulier pour obtenir qu'on s'occupe d'eux. Faites-leur comprendre que c'est OK pour eux de ressentir tout ce qu'ils ressentent. Vous aurez peut-être envie de leur prendre les mains, de les porter à votre visage pour qu'ils apprennent par le toucher que vous êtes bien réel.

Chacun est prêt à prendre plus de risques et éprouve davantage le désir de changer s'il se trouve dans un climat qui lui prodigue encouragement et considération. Si vous êtes affamé, vous avez peu d'énergie à consacrer à votre changement. De quel type d'attention avez-vous besoin ? Demandez ce que vous désirez. Sentez-vous libre de refuser un mode de reconnaissance dont vous ne voulez pas.

- Si on se serrait dans les bras ?
- Donne-moi un baiser, veux-tu ?
- Tenons-nous par la main.
- Tu veux bien mettre ton bras autour de moi ? C'est si agréable.
- Je n'aime pas qu'on me donne des tapes (qu'on me chatouille, qu'on me pince, qu'on me taquine).
- Dis-moi ce que tu préfères en moi.
- Je ne vais pas te laisser dire que je suis (laid, médiocre, égoïste, idiot, etc.).

Rappelez-vous que lorsque vous travaillez sur l'une ou l'autre des deux premières étapes du développement, il est possible que vous rencontriez des résistances si vous ne bénéficiez pas de contacts physiques affectueux, fréquents et solides. Vous n'êtes pas obligé de résoudre d'emblée tous vos problèmes. Vous pouvez commencer par satisfaire vos besoins de l'étape n° 1 et ensuite, à tête reposée, vous vous attaquerez à vos problèmes.

Vous pouvez réaliser des changements importants en utilisant au maximum les affirmations de l'étape n° 1. Si, après avoir eu recours aux affirmations et satisfait vos besoins en réalisant les tâches de développement associées à l'étape n° 1, vous avez encore des problèmes, c'est peut-être qu'il vous faut travailler sur une autre étape.

5

Exercices pour développer le pouvoir de faire

DRESSER UN INVENTAIRE

J'aime remplir les tâches de l'étape n° 2 de la manière suivante (cochez vos manières favorites) :

1 J'ai envie de ronger, de mâcher, de planter mes dents dans quelque chose. ______

2 J'ai un champ d'attention étroit et je suis facilement distrait. ______

3 Je passe d'un projet à l'autre. ______

4 Je suis fasciné par les couleurs. ______

5 J'aime écouter des sons différents. ______

6 J'aime regarder des formes différentes. ______

7 J'aime regarder les gens et bavarder. ______

8 J'aime faire de longues promenades au hasard, surtout si je donne la main à un ami. ______

9 J'aime manger des nourritures croquantes, qu'on peut mastiquer, comme les légumes crus, les os de viande. ______

10 J'aime porter des vêtements de couleurs vives, faire du bruit avec des instruments de musique, des couverts de table, des casseroles et des marmites, simplement pour en entendre le son. ___________

11 Maintenant, ajoutez vos idées personnelles. ___________

RECEVOIR DES AFFIRMATIONS ET DU SOUTIEN

Les messages suivants affirment le pouvoir de faire :

- C'est OK pour toi de circuler partout, d'explorer, de rassasier tes sens et de vouloir qu'on s'occupe de toi.
- C'est OK d'explorer et de faire des expériences.
- Tu peux agir et bénéficier d'un appui en même temps.
- C'est OK de prendre des initiatives.
- Tu peux faire preuve de curiosité et d'intuition.
- Tu peux t'attirer l'attention ou l'approbation d'autrui et cependant agir à ta guise.

12 Maintenant, inscrivez la façon dont vous aimez que les gens se comportent avec vous quand vous traversez l'étape n° 2. ___________

13 Voici les personnes qui, dans ma vie, m'offrent un soutien inconditionnel pour faire. ___________

Avertissement : il existe une très grande différence entre explorer dans le moment présent et régresser à l'état de petit enfant. Il vous faut une protection appropriée. Lisez l'avertissement qui figure page 198 ; il s'applique à toutes les autres étapes.

Explorer

Qu'aimeriez-vous faire que vous n'avez jamais fait auparavant ? Aimeriez-vous aller dans un lieu où vous ne vous êtes jamais rendu avant, connaître avec les gens un type de relations que vous n'avez jamais eu, ou essayer une nouvelle activité ? Explorer une ville, un pays, une librairie, un bowling, un terrain de camping, ou la boutique qui se trouve au coin de la rue ?

Choisissez une chose :

14 J'aimerais ______________

Avec qui aimeriez-vous faire cela ? Choisissez quelqu'un qui connaisse bien cet endroit ou cette activité, quelqu'un avec qui vous aimez vraiment vous trouver et avec qui vous vous sentirez en sécurité. Demandez à cette personne de vous présenter, de vous montrer ce qu'il connaît, pour que vous puissiez voir tout cela de vos propres yeux, mais en bénéficiant d'un guide et d'une protection.

15 J'aimerais faire cela avec ______________

Convenez d'une date et faites cela ensemble. Rappelez-vous que le plaisir et l'excitation provoqués par la présence de votre ami dans cette expérience toute nouvelle pour vous peuvent créer chez vous des réactions enthousiastes. Ne vous emballez pas. Ce n'est pas parce que la découverte de ces livres anciens, du camping, du violon ou de la guitare vous semble fantastique que vous devez immédiatement vous lancer dans l'achat d'un matériel de camping ou d'un instrument de musique. Parlez-en avec un ami avant de vous engager vraiment. Son jugement dicté par une attitude parentale bienveillante constitue pour vous un élément de protection.

DONNER DES AFFIRMATIONS ET DU SOUTIEN

Il existe bien des manières de délivrer des affirmations dans l'étape n° 2. Vous pouvez dire à un ami : « C'est vraiment très réussi ! (ton avion en papier, ton tableau, ton gâteau) » ; « Viens ! Je t'emmène nager à la piscine et faire un pique-nique » ; « Nous avons suffisamment travaillé. Allons nous promener quelque part où nous ne sommes encore jamais allés. Nous pouvons être de retour dans une heure » ; « Allez, accorde-toi un jour de congé. Il ne faut pas que tu te rendes malade. Tu peux aller tout simplement pêcher à la ligne » ; « C'est bien de prendre une baby-sitter et de faire une petite sieste, ou d'aller se promener » ; « N'hésite pas à m'appeler si tu en as envie. Tu peux m'interrompre quelques instants ».

16 Maintenant, dressez la liste de ce que vous aimez faire pour donner des affirmations à ceux qui traversent l'étape n° 2. ____________

17 Faites la liste de ce que vous aimez faire pour vous occuper des autres quand ils traversent l'étape n° 2. ____________

Encourager les autres à explorer

Si vous voulez aider quelqu'un à explorer, rappelez-vous que tous ceux qui explorent, quel que soit leur âge, ont une capacité d'attention très courte. Leur tâche consiste à découvrir une nouvelle partie du monde dans laquelle ils ne se sont jamais aventurés auparavant. En découvrant cet univers, ils se redécouvriront eux-mêmes. Votre tâche est de leur fournir un maximum de stimulations différentes nécessitant le moins de concentration possible.

Ceux qui explorent ont besoin, entre deux incursions dans l'inconnu, de contacts physiques et de manifestations de tendresse. Prévoyez ces moments de « rebranchement » pour être sûr que tout se passe bien.

Soyez sûr de savoir à tout instant ce que fait celui qui explore ; réfléchissez à tous les dangers possibles. L'« explorateur » ignore tout de cet univers, il a besoin d'être étroitement surveillé ; il ne sait pas où se trouve le danger. C'est pour cela qu'il a fait appel à votre protection.

Même les explorateurs adultes, en dépit de leur appétit féroce pour tout ce qui est nouveau et différent, peuvent se sentir submergés par les stimulations. Prévoyez des temps de pause fréquents, des moments de répit. S'ils semblent nerveux, diminuez le taux de stimulations nouvelles pour qu'ils puissent faire face. Quand ils se reposent, ils ont besoin d'intimité et de contact physique.

Lorsque l'exploration est finie, prévoyez de consacrer un moment pour parler de ce qui vient de se passer. N'oubliez pas de donner à l'explorateur des messages d'affirmation sur ce qu'il a fait. Ensuite, il se peut que vous ayez vous-même envie d'explorer. C'est quelque chose qu'il faut retrouver !

Si vous pensez que vous avez un problème d'exploration à résoudre, voici ce que vous conseille Katie : « Vous pouvez changer, que vous ayez trente-huit, vingt-huit ou soixante-huit ans. Il n'y a pas d'âge pour explorer. D'autre part, penser ne fait pas partie de cette étape ; c'est une activité qui relève de l'étape suivante. Vous retournerez au stade de la pensée dès que vous aurez acquis suffisamment de connaissances sensorielles, par la vue, le goût, le toucher, l'odorat, en parcourant le monde. Ne vous souciez pas de mémoriser les choses au cours de cette étape.

« Beaucoup d'articles du type "aide-toi toi-même" ou "comment changer sa vie" vous invitent à fixer un but puis à tendre vers lui pour l'atteindre. Mon expérience personnelle au début du travail portant sur l'étape exploratoire est que j'ai besoin de *ne pas* me fixer d'objectif. Si vous vous trouvez à l'étape n° 2, vous n'en voudrez pas non plus, et vous n'y êtes pas obligé. Vous n'avez pas à mettre la charrue avant les bœufs. La fixation d'un objectif ne doit pas devenir pour vous un nouveau "devoir" dans votre vie. Notre société est tellement centrée sur l'atteinte des objectifs ! Ne vous dévalorisez pas sous prétexte que vous n'avez pas de but. Et rappelez-vous le principal : vous avez besoin de soutien ! »

Souvenez-vous aussi que le contact physique demeure un besoin primordial au cours de cette étape. Tout en travaillant sur votre système sensori-moteur, pendant que vous rassasiez vos sens, vos yeux, vos oreilles, votre nez et votre bouche et que vous apprenez à vous déplacer, il se peut que vous ayez envie de retourner à la fin de l'étape n° 1 pour revoir les besoins de contact et le moyen de les satisfaire.

Le contact physique établit une passerelle entre les sentiments et les actes. Si ce que vous ressentez et la manière dont vous vous comportez se trouvent en désaccord, c'est peut-être que vous avez besoin d'augmenter votre dose d'affection physique.

Vous pouvez réaliser des changements importants en utilisant au maximum les affirmations de l'étape n° 2. Si, après avoir eu recours à ces affirmations et satisfait vos besoins en réalisant les tâches de développement associées à l'étape n° 2, vous avez encore des problèmes, c'est peut-être qu'il vous faut travailler sur une autre étape ou retourner à un âge plus précoce.

6

Exercices pour développer le pouvoir de penser

DRESSER UN INVENTAIRE

J'aime remplir les tâches de l'étape n° 3 de la manière suivante (cochez vos manières favorites) :

1 Ne pas tenir mes engagements rien que pour voir ce qui se passera. ______

2 Dépenser plus d'argent que ne me le permet mon budget. ______

3 Ne pas prendre soin de moi. ______

4 Me plaindre quand les autres refusent de faire quelque chose pour moi. ______

5 Dire « non », même si je pense « oui ». ______

6 Changer d'avis toutes les cinq minutes. ______

7 Me mettre en colère contre ceux qui s'opposent à moi. ______

8 Maintenant, ajoutez vos idées personnelles. ______

RECEVOIR DES AFFIRMATIONS ET DU SOUTIEN

Les messages suivants affirment le pouvoir de penser :

- C'est OK pour toi de provoquer, de découvrir des limites, de dire « non » et de te séparer de moi.
- Je suis heureux que tu grandisses.
- Tu peux montrer aux gens que tu es en colère.
- Tu peux réfléchir à ce que tu ressens, et tu peux ressentir ce que tu penses.
- Tu peux penser par toi-même. Tu n'es pas obligé de veiller sur les autres et de penser à leur place.
- Tu n'as pas à être indécis, tu peux être sûr de ce dont tu as besoin.

9 Maintenant, inscrivez la façon dont vous aimez que les gens se comportent avec vous quand vous traversez l'étape n° 3. ____________

10 Faites la liste des personnes qui, dans votre vie, vous offrent un soutien inconditionnel pour penser. ____________

Avertissement : la remarque faite pour les deux étapes précédentes s'applique également à celle-ci. N'oubliez pas : il vous faut une protection appropriée.

Établir des limites

Établir clairement qui est responsable de quoi est essentiel pour passer de l'état de dépendance à l'indépendance. Souvenez-vous que les gens sont responsables de leur comportement ; il ne faut pas imputer la responsabilité d'un comportement aux choses ou aux situations. Pour assumer vos responsabilités et laisser les autres assumer les leurs, vous devez demander sans détour ce que vous voulez, au lieu de vous exprimer en termes allusifs. Dites plutôt : « Tu veux venir te promener avec moi ? », et non : « J'ai besoin d'aller me promener... »

Invitez les personnes de votre entourage à vous dire ce qu'elles pensent et ce qu'elles ressentent, au lieu de leur suggérer leurs propres réactions. Par exemple, si vous dites : « Ce projet ne te plaira pas », vous encouragez des sentiments négatifs, alors que

« Dis-moi ce que tu penses de ce projet » laisse le champ libre à tous les sentiments. Vous pouvez dire carrément « non », quand vous en avez besoin, au lieu de chercher des faux-fuyants.

La structure de la pensée

Pour définir ce que vous pensez à propos de telle ou telle chose, demandez-vous :

- Qu'est-ce que je ressens ?
- Quels sont les faits ?
- Qu'est-ce que j'en pense ?
- Quelle est mon opinion ?

Si vous avez besoin de développer votre langage pour décrire vos sentiments :

- Trois fois par jour, pour la semaine à venir, dites à quelqu'un comment vous vous sentez : effrayé, triste, furieux, content. A la fin de la semaine, faites le point sur ce que cette expérience vous a apporté.

Si vous avez besoin de réaliser une séparation, devenez indépendant :

- Pour chacune des personnes qui comptent dans votre vie, inscrivez sur une feuille blanche cinq épisodes où vous vous êtes senti en colère contre cette personne, même s'il ne s'agit que de mouvements de colère anodins. De l'autre côté de la feuille, décrivez un cadeau que vous aimeriez offrir à cette même personne. Il peut très bien s'agir de la tour Eiffel ; il suffit que vous notiez le cadeau, sans qu'il soit nécessaire de l'offrir. Enfin, vous aurez peut-être envie de donner cette feuille à la personne intéressée, en lui disant ce que cet exercice vous a apporté.

Si vous pensez que vous avez du mal à attirer l'attention sur vous et que vous voulez découvrir votre propre importance :

- Pour chacune des personnes qui comptent dans votre vie, inscrivez cinq circonstances dans lesquelles : vous vous êtes senti plus important qu'elles ; vous vous êtes senti moins important qu'elles ; vous vous êtes senti aussi important qu'elles.

Apprendre à fixer des limites

- Vous n'avez pas à vous soumettre à des exigences déraisonnables.
- Vous n'avez pas à vous montrer gentil au-delà de toute limite ; cela ne fait que retarder l'établissement des frontières.
- Vous pouvez obtenir des strokes dans d'autres relations. Rien ne vous oblige à rester dans une position de dépendance si vous n'en avez plus besoin.
- Satisfaire vos besoins vous aide à ne pas vous « dégonfler » et à riposter si quelqu'un vous met à l'épreuve.
- Il se peut que quelqu'un ait besoin de ne plus vous gratifier de strokes pour découvrir ce qu'il est capable de contrôler. N'interprétez pas cela comme une attaque personnelle : ce n'est pas vous qui êtes en cause.
- Souvenez-vous qu'il n'y a pas de limites « idéales ». Ce qui compte, c'est vous, et ce que vous ressentez. Prêtez attention à vos sentiments, et partez de là. C'est à vous de préciser clairement ce que vous accepterez et ce que vous n'accepterez pas. Vous avez le droit d'exister, de ressentir ce que vous ressentez et de prendre soin de vous en fixant les limites qui vous conviennent.
- Réglez immédiatement les plus légères infractions pour qu'elles ne risquent pas de devenir de vrais problèmes. Vous *pouvez* vous amuser, maintenir des liens d'amour *et* fixer vos limites.
- Veillez au respect de vos propres besoins et soyez ouvert à ceux des autres au lieu de vous attacher au conformisme. Travaillez en vous *servant* de la résistance au lieu d'essayer de la vaincre.

DONNER DES AFFIRMATIONS ET DU SOUTIEN

Il existe bien des manières de délivrer des affirmations dans l'étape n° 3. Vous pouvez dire à votre femme (ou à votre mari) : « Je suis heureux que nos goûts soient différents. Notre relation n'en est que plus intéressante. C'est bien pour moi que tu aies tes amis à toi. Nous avons besoin d'avoir chacun notre vie personnelle en plus de notre vie commune. Je sais que tu es fâché, maintenant que tu me l'as dit. Je ne te fais pas de reproches. Je sais que tu voudrais que je devine ce que tu ressens sans que tu aies besoin de me le dire, mais je ne suis pas extra-lucide. S'il te plaît, dis-moi ce que tu as. Allons nous amuser sur la plage ! Nous ferons des châteaux de sable et des pâtés ! »

11 Maintenant, dressez la liste de ce que vous aimez faire pour donner des affirmations à ceux qui traversent l'étape n° 3. ______________

12 Faites la liste de ce que vous aimez faire pour vous occuper des autres quand ils traversent l'étape n° 3. ______________

Aider les autres à établir des limites

La confrontation* est un excellent moyen de s'entraider mutuellement à acquérir chacun son indépendance dans un climat chaleureux et aimant. Être confronté l'un à l'autre, chacun ayant ses propres sentiments, ses problèmes et ses choix, est une façon de dire « J'attache de l'importance » et « Tu es important ». Voici quelques conseils qui vous seront utiles :

Lorsque vous confrontez quelqu'un :

- Rappelez-vous quel est votre but ; réfléchissez à quelle issue vous souhaitez qu'aboutisse la situation.
- Demandez-vous si cette confrontation est compatible avec le but que vous poursuivez.
- Décidez, en fonction de la situation, de quelle ampleur devra être la confrontation.
- Ne récompensez pas par des strokes une absence de résolution des problèmes, même si vous donnez ces strokes dans le contexte de la confrontation.
- Dites que vous êtes conscient de l'existence d'un problème et que vous voulez trouver une solution, afin d'éviter de passer simplement pour quelqu'un qui se plaint.
- Évaluez l'histoire de l'autre et quelle suite elle peut avoir.
- Si la confrontation se solde par un échec, découvrez pourquoi afin de pouvoir utiliser cette information la prochaine fois. Faites quelque chose pour dédramatiser la

situation, par exemple vous pouvez dire à l'autre que, pour l'instant, vous renoncez à résoudre le problème.

Lorsque vous êtes confronté par une autre personne :

- Choisissez des options qui permettent de résoudre le problème.
- Ne perdez pas de vue vos propres sentiments.
- Vérifiez quelle impression votre comportement produit sur les autres.
- Réfléchissez sur ce que *vous pouvez* faire.
- Demandez aux autres ce qu'ils pensent qu'on peut faire.
- Découvrez ce que les autres ont l'impression que vous devriez faire.

Vous êtes prêt alors à choisir ce que *vous allez* faire.

Si vous pensez devoir récupéré un potentiel de pouvoir dans l'étape n° 3, rappelez-vous que vous avez peut-être besoin tout d'abord d'établir une nouvelle relation de dépendance (étapes n° 1 et 2). Vous n'avez pas à le faire pour vous conformer aux normes de quelqu'un d'autre, ou pour faire plaisir aux autres. C'est bien de vous sentir en colère. Vous aurez peut-être envie de taper du pied pour vous soulager. Il ne s'agit là que d'un sentiment.

Ceux qui savent bien gérer leur colère peuvent vous être d'un grand secours. Quand vous avez envie de vous montrer désagréable et de faire des histoires, pour attirer l'attention de votre entourage, prévenez-le pour qu'il vous écoute avec sympathie, sans intervenir. Acceptez le fait que vous n'êtes pas obligé de paraître sympathique tout le temps. Mésentente et désaccord font partie de la vie.

L'information est un pouvoir, le pouvoir de penser. Ne vous privez pas de la connaissance. Lorsque vous avez besoin de savoir quelque chose, renseignez-vous. Rappelez-vous que cela prend du temps de sortir de la dépendance et d'intégrer une information nouvelle. Vous n'avez pas besoin de vous dépêcher.

Dépasser une relation de dépendance peut sembler une tâche colossale lorsqu'elle ne concerne que deux personnes. Vous aurez peut-être tous deux besoin de vous lier à d'autres personnes pendant quelque temps. Ainsi vous aurez des expériences différentes. La séparation sans abandon ni insulte *est* possible.

Vous pouvez réaliser des changements importants en utilisant au maximum les affirmations de l'étape n° 3. Si, après avoir eu recours à elles et satisfait vos besoins habituels en réalisant les tâches de développement qui conviennent dans l'étape n° 3, vous avez encore des problèmes, c'est peut-être qu'il vous faut travailler sur une autre étape ou retourner à un âge plus précoce.

Des régals pour les « deux ans » de tout âge

Les « deux ans », quel que soit leur âge, ont souvent l'esprit contrariant mais ils adorent aussi s'amuser et savent apprécier les activités adaptées à leur niveau de développement. Quand il faut résoudre des problèmes de séparation, aucune analyse, aussi brillante soit-elle, ne peut rivaliser avec deux heures passées à jouer dans un tas de sable, dans la boue ou dans une pièce pleine de pâte à modeler. Certaines personnes satisfont ces envies en faisant du pain, car cela leur donne l'occasion de pétrir de la pâte. C'est une bonne activité, mais limitée toutefois en raison du produit auquel aboutit l'opération. Se salir juste pour le plaisir, et non pour produire quelque chose, peut combler de joie le plus sérieux des adultes, après quelques très courts instants de réticence (« Je ne jouerai sûrement pas avec toute cette saleté ! »).

Lors d'un groupe de week-end, les adultes de « deux ans » jouèrent dans une mare de boue large de quatre mètres cinquante qui se trouvait dans un petit verger où l'on avait laissé couler de l'eau pendant deux jours. Lorsque les gens ont toute liberté pour se salir d'une façon aussi directe et satisfaisante, ils ne transposent plus ce besoin dans les autres domaines de leur vie. Voici quelques recettes :

Pâte tachetée : 6 tasses de farine pour 1 tasse d'huile d'arachide. Ajoutez de l'eau pour obtenir une pâte lisse et malléable. Convient parfaitement aux « deux ans ». Ajoutez un colorant alimentaire dilué dans de l'eau pour obtenir des teintes unies, ou dans un mélange pâteux pour obtenir un effet marbré.

Pâte à modeler : 2 tasses de farine pour 1 tasse de sel (ajoutez 1 cuiller à soupe de poudre d'alun si vous voulez conserver la pâte). Ajoutez à ce mélange 1 tasse d'eau chaude, 1 cuiller à soupe d'huile et un colorant alimentaire si vous le désirez. Ajoutez de l'eau si la farine ne se mélange pas bien et reste trop collante.

Terre glaise : 6 tasses de farine, 6 tasses de sel et 6 cuillers à soupe de poudre d'alun. Ajoutez l'eau peu à peu jusqu'à ce que le mélange acquière la consistance de la glaise. Remuez d'abord, puis allez-y avec les mains. Si c'est trop collant, ajoutez de la farine et du sel en quantité égale. Pour conserver le mélange, faites-en des boules de la grosseur du poing et placez-les dans un récipient muni d'un couvercle. Enveloppez les boules dans un linge qui doit rester humide.

Pour peindre avec les doigts : 2 mesures de peinture à la colle pour 1 mesure de savon en paillettes ou 1 mesure de détergent liquide pour 2 mesures de peinture à la colle.

Autre technique (particulièrement recommandée) : râpez des morceaux de savon comme si c'était du fromage. Mélangez avec de l'eau. Laissez reposer le tout quelques jours, ou plus si vous le voulez. Lorsqu'il est prêt à l'utilisation, prélevez 1 tasse du mélange et jetez dedans 1 cuiller à soupe de peinture à la colle. Mélangez avec un batteur électrique. Vous obtiendrez un mélange qui aura la texture de la crème fouettée et qui s'enlève très facilement si on en met sur la peau ou sur ses vêtements. Merveilleux pour se peindre le corps.

7

Exercices pour développer le pouvoir d'identification

DRESSER UN INVENTAIRE

J'aime remplir les tâches de l'étape n° 4 et découvrir l'influence que j'exerce sur les gens en : (cochez vos manières favorites)

1 Créant des désaccords entre eux. ____________

2 Tombant malade, par exemple, pour avoir mangé trop de bonbons. ____________

3 Racontant une histoire inventée comme si elle était vraie. ____________

4 Prenant ce qui ne m'appartient pas. ____________

5 Prenant parti dans une lutte politique. ____________

6 Divisant ou excitant l'un contre l'autre des amis. ____________

7 Maintenant, ajoutez vos idées personnelles. ____________

De plus, lorsque je développe mon pouvoir d'identification, je :

8 Règle les conflits en ____________

9 Découvre ce que signifie être un homme ou une femme en ____________

10 Imagine ou ai des cauchemars à propos de ____________

L'influence que vous exercez sur les autres est directement liée au degré d'attention, d'affection et de soins nourriciers dont vous bénéficiez de la part d'autrui. Ne vous privez pas de l'énergie qui crée le pouvoir. Rappelez-vous aussi que vous n'êtes pas *mauvais.* Vous mettez les autres à l'épreuve, vous découvrez les choses, vous observez « ce qui arrive si ». Tout cela est parfaitement nécessaire et naturel au cours de cette étape.

RECEVOIR DES AFFIRMATIONS ET DU SOUTIEN

Les affirmations suivantes favorisent la croissance au cours de l'étape n° 4 :

- C'est OK pour toi d'avoir ta propre opinion sur le monde, d'être qui tu es et de tester ton pouvoir.
- Tu peux être puissant et cependant avoir des besoins.
- Tu n'es pas obligé d'être effrayé, malade, triste ou fâché pour qu'on s'occupe de toi.
- C'est OK pour toi de chercher qui tu es. C'est important pour toi de découvrir qui tu es.
- C'est OK d'imaginer des choses sans avoir peur que cela leur donne une réalité.
- C'est OK de découvrir les conséquences de ton propre comportement.

11 Maintenant, inscrivez la façon dont vous aimez que les gens se comportent avec vous quand vous traversez l'étape n° 4. ______________

12 Voici les personnes qui, dans ma vie, m'offrent un soutien inconditionnel pour acquérir mon identité. ______________

Avertissement : la remarque faite pour les étapes précédentes s'applique également à l'étape n° 4. Se reporter aux exercices de l'étape n° 1.

Testez votre pouvoir en toute sécurité, avec des pairs :

Jouer avec d'autres personnes est l'un des moyens les plus efficaces de développer son identité et l'auto-parentage nourricier. Tout comme les enfants de trois à six ans, lorsque, adulte, vous êtes en train de créer votre identité, vous avez besoin d'explorer le monde en dehors de votre famille et de jouer avec des pairs qui sont pour vous d'importants facteurs de motivation.

L'identité étant fondée sur le sexe d'appartenance, il se peut que vous vous intéressiez beaucoup aux parties génitales masculines et féminines, et vous avez besoin de découvrir des moyens sûrs, sans danger, de voir des corps nus. Vous pouvez alors avoir recours aux photos publiées dans des livres spécialement conçus pour cela, ou mener avec des amis des expériences au cours desquelles les participants pourront partager leurs sentiments et y faire face.

N'oubliez pas, lorsque vous développez votre pouvoir d'identité, d'inclure les éléments suivants :

- Des relations fondées sur l'attention et l'affection.
- Le contact avec des personnes soucieuses de vous aider et de vous apporter le soutien nourricier dont vous avez besoin.
- Une protection, y compris une aide professionnelle si vous en avez besoin. Les adultes, comme les enfants qui traversent cette étape, s'inventent parfois des petit(e)s ami(e)s imaginaires, ou critiquent les autres ; c'est une façon d'exprimer leur besoin d'être protégé contre des impulsions inacceptables. Si vous imaginez des monstres, acceptez votre besoin d'être soutenu par autrui, et procurez-vous ce soutien.
- Se rassurer. Faites bon accueil à vos rêves. Il est fréquent qu'au cours de cette étape resurgissent des rêves épouvantables.
- Découvrez ce qui se passe si... Si vous racontez un mensonge ou que vous refusez d'assumer la responsabilité de quelque chose que vous savez avoir fait, utilisez cela comme un point de départ pour travailler sur le problème auquel vous vous attelez.

Un exorcisme : apprenez à connaître votre démon

- Réfléchissez et dressez la liste des moyens auxquels vous avez recours pour nier les autres ou vous-même.
- Notez vingt circonstances dans lesquelles vous avez commencé à vous nier vous-même. Décrivez ce qui s'est passé juste avant. Que ressentiez-vous ?
- Pour chacun des cas figurant dans la liste précédente, indiquez trois possibilités entre lesquelles vous pourriez choisir si la situation devait se reproduire.
- Indiquez l'âge que vous avez l'impression d'avoir (et non pas votre âge réel).
- De quelle autre façon pouvez-vous protéger l'enfant qui est en vous ?
- Dressez la liste de tous les personnages que vous connaissez : les personnes réelles, les héros de romans et de pièces de théâtre, les figures mythologiques (qu'il s'agisse d'hommes, de plantes ou d'animaux) dont vous pensez qu'ils possèdent également ces traits négatifs.
- La prochaine fois que vous commencerez à vous nier vous-même ou quelqu'un d'autre, substituez-y l'une des affirmations figurant dans ce chapitre. Puis observez comment vous vous sentez.
- Maintenant dressez la liste des personnages dont vous pensez qu'ils possèdent ces mêmes traits positifs.
- Indiquez ce qu'il vous faut faire pour intégrer dans votre identité actuelle les traits souhaitables que vous avez décrits.

L'abandon de la vieille identité

Lorsque nous retravaillons notre identité, nous démantelons des systèmes d'énergie complexes, ce qui a pour répercussions de créer momentanément le sentiment d'être morcelé, une alternance rapide entre des chutes et des remontées du niveau d'énergie, ou encore l'impression d'être malade ou de « devenir dingue ».

Il n'y a là aucune transformation spectaculaire, que ce soit vers un développement ou vers une régression. Votre corps se libère des effets toxiques d'une identité appauvrissante. Ces symptômes indiquent le commencement d'une solution (ce que la médecine orientale sait depuis des milliers d'années).

Des conseils pour se libérer

- Comprenez ce qui se passe afin de ne pas vous prendre pour une Victime. Si vous souffrez pour la souffrance qui s'en va, vous combattez votre libération.
- Laissez votre corps vous dire quand la décharge est terminée. Si vous voulez courir et battre des records de vitesse, attendez d'avoir récupéré.
- Ménagez-vous tout de suite des encouragements, en particulier sous forme de contact avec ceux qui vous soutiennent dans ce changement d'identité.
- Le contact physique (être pris dans les bras, se faire masser) facilitera le processus.
- Buvez beaucoup d'eau pour éliminer les déchets. Si vous avez la nausée, lavez votre estomac à grande eau.
- Le régime est important. Certaines personnes ont besoin de manger davantage, et d'autres moins. Écoutez ce que vous dit votre corps.
- Rappelez-vous qu'il s'agit là d'un état temporaire qui fait partie de l'intégrité fondamentale de votre corps.

Combien faut-il de temps pour se sentir à l'aise dans une nouvelle identité ? Joignez les mains, en entrelaçant vos doigts comme pour prier. Observez quel pouce se trouve en dessous. Maintenant changez, en plaçant vos mains de telle sorte que l'autre pouce passe en dessous. Combien de temps vous faudra-t-il pour arriver à joindre les mains en plaçant machinalement l'autre pouce en dessous, et que cela vous semble naturel et confortable ?

DONNER DES AFFIRMATIONS ET DU SOUTIEN

Il existe bien des façons de délivrer des affirmations à un ami. Par exemple, le mari de Susan affirma le droit qu'elle avait de savoir qui elle était lorsqu'il accepta de déménager pour qu'elle puisse rechercher sa mère. Une femme reçut des encouragements lorsque ses amis répondirent pour elle au téléphone pour qu'elle puisse préparer un discours. Un homme qui faisait pression pour obtenir des modifications législatives dans sa commune reçut quantité de messages qui s'adressaient à ses besoins de dépendance et il fut largement encouragé lorsqu'il était puissant. Un professeur délivra des affirmations à l'un de ses élèves lorsque celui-ci lui avoua qu'il n'avait pas fait ses devoirs, et qu'il était prêt à en subir les conséquences.

13 Maintenant, dressez la liste de ce que vous aimez faire pour donner des affirmations à ceux qui traversent l'étape n° 4. ____________

14 Faites la liste de ce que vous aimez faire pour vous occuper des autres quand ils traversent l'étape n° 4. ____________

Soutenir les autres dans l'étape n° 4

Quelles relations entretenir avec quelqu'un qui teste son pouvoir ?

Toute forme d'attention, qu'elle soit positive *ou* négative, renforce le comportement. Ainsi, lorsque quelqu'un que vous connaissez prend quelque chose qui vous appartient, rappelez-vous que ce n'est pas le moment de vous lancer dans un discours sur le droit à la propriété privée. Ce n'est pas non plus le moment d'adopter des techniques d'intimidation, telle que : « la police va venir te prendre pour te jeter en prison ». Déclarer : « Oh, ce n'est qu'une phase » ôte toute valeur à l'expérience de celui qui teste son pouvoir, puisqu'on prétend que rien ne s'est passé, ou bien qu'on ferme les yeux. Laissez les autres vivre leur comportement comme un problème qui leur est *propre.* Restez le plus possible en dehors. Et si vous constatez que vous avez envie de vous battre avec quelqu'un, regardez bien autour de vous. Quelqu'un est en train de tester son pouvoir. Ne laissez personne se rendre maître de vos relations.

Rappelez-vous, cette personne ne vous en veut pas particulièrement. Il ou elle veut simplement voir ce qui va se passer. *Vous n'avez pas à lui céder en vous sentant Victime.* Cela a son utilité. En effet, vous pouvez ainsi prendre conscience des différences non résolues qui existent dans vos relations. Profitez de cette occasion pour voir ce qui ne va pas et prenez les mesures nécessaires pour régler le problème. N'acceptez pas de messages de deuxième main. Privilégiez la communication directe.

Si vous pensez que vous avez à résoudre un problème datant de votre premier passage à travers l'étape n° 4, souvenez-vous que vous pouvez réaliser des changements importants en utilisant au maximum les affirmations qui conviennent à cette étape. Si, après avoir eu recours à elles et satisfait vos besoins habituels en réalisant les tâches de développement propres à l'étape n° 4, vous avez encore des problèmes, c'est peut-être qu'il vous faut travailler sur une autre étape ou retourner à un âge plus précoce.

8

Exercices pour développer le pouvoir de réussir

DRESSER UN INVENTAIRE

J'aime remplir les tâches de l'étape n° 5 de la manière suivante : (cochez et complétez vos manières favorites)

1 Résister à l'argumentation. ____________

2 Argumenter en toute liberté. ____________

3 Observer la manière de faire des autres en ____________

4 Insister pour que les autres fassent les choses à ma façon. ____________

5 Considérer de nouveaux rôles sociaux en ____________

6 Maintenant, ajoutez vos idées personnelles. ____________

RECEVOIR DES AFFIRMATIONS ET DU SOUTIEN

Les messages positifs suivants affirment le pouvoir de réussir :

- C'est OK pour toi d'apprendre à faire les choses à ta façon, d'avoir tes propres principes moraux et tes méthodes.
- Tu peux penser avant d'agir.
- Fais confiance à tes sentiments pour te guider.
- Tu peux agir comme tu l'entends.

- C'est OK de n'être pas d'accord.

7 Maintenant, inscrivez la façon dont vous aimez que les gens se comportent avec vous quand vous traversez l'étape n° 5. ____________

8 Voici les personnes qui, dans ma vie, m'offrent un soutien inconditionnel pour réussir. ____________

Avertissement : souvenez-vous qu'il faut prendre dans l'étape n° 5 les mêmes précautions que dans toutes les autres étapes. (Se reporter à l'avertissement figurant dans les exercices de l'étape n° 1.)

Créer des structures

- Dressez la liste des compétences et des valeurs qui sont les vôtres et que vous voulez conserver.
- Faites la liste de celles que vous voulez changer.
- Faites la liste de celles que vous êtes en train d'acquérir.

(Rappelez-vous qu'une structure adéquate comprend *à la fois* les besoins et les sentiments.)

En développant des compétences ou des valeurs nouvelles, vous découvrirez des façons de faire les choses tout en assumant votre responsabilité.

Pour créer ses propres méthodes, il est indispensable d'avoir de l'imagination. Cependant, on peut aussi créer des structures valables en agissant sur ce qui peut être vu, entendu, goûté, touché ou senti. Lancez-vous dans l'action au lieu de tergiverser. Ne vous contentez pas de discuter, agissez !

Assurez-vous que les méthodes que vous créez vous permettent d'explorer aussi bien avec un but précis que sans but aucun. Les deux sont indispensables à votre équilibre.

Faites de la place pour actualiser vos compétences.

Vous apprendrez à profiter et à apprécier le temps solitaire aussi bien que le temps social.

Vous pouvez apprendre à structurer votre temps comme vous le souhaitez.

Découvrez comment les gens structurent leur régime et leur alimentation, décidez de la manière dont vous voulez vous nourrir et apprenez à préparer les aliments qui sont bons pour vous. Une nourriture adaptée est la base de la réussite.

Apprenez à modifier votre économie de strokes pour l'harmoniser à vos besoins, et plus spécialement en apprenant à demander ce que vous voulez et à refuser ce que vous ne voulez pas.

La pratique d'un sport constitue parfois un facteur décisif de changement. Souvent les femmes ont besoin de développer leur force physique, tandis que les hommes ont besoin d'affiner leurs aptitudes motrices et leur sensibilité.

Vous pouvez vous faire aider et développer aussi vos propres compétences. C'est bien de recevoir des conseils, mais il vous faut apprendre à faire les choses vous-même.

Si vous désapprouvez quelque chose, dites-le. L'important, c'est de faire partager vos valeurs, et non pas de montrer à quel point vous êtes libéral et libre.

Les amitiés nouées avec des pairs au cours de l'étape n° 5

Au cours de l'étape n° 5, nous avons particulièrement besoin de nous lier avec ceux qui développent leur pouvoir de réussir. En créant et en entretenant cette amitié et cette fidélité, nous apprenons la survie sociale.

Comment évaluer vos besoins sociaux

- Énumérez trois activités que vous aimez faire pour vous distraire avec d'autres personnes.
- Énumérez trois activités que vous aimez faire pour vous distraire tout seul.
- Pensez à quelqu'un du même sexe que vous dont vous estimez la maturité et la sagesse. Ressentez-vous le besoin de lui demander conseil et de faire avec lui le point sur vos valeurs ?
- Comment pouvez-vous mieux organiser votre vie pour satisfaire vos besoins sociaux ?
- Quels sont les liens sociaux que vous n'avez plus envie d'entretenir ? Que comptez-vous faire à ce sujet ?
- Pour que les relations soient satisfaisantes, il faut qu'il y ait des échanges mutuels. Si vous donnez, ou recevez, davantage, que pouvez-vous faire pour équilibrer la situation ?

Aptitudes sociales et sexualité : les rôles sexuels

Nous avons besoin de chercher et d'obtenir du soutien quand nous changeons de valeurs culturelles, surtout lorsqu'il s'agit de valeurs concernant les rôles sexuels et la sexualité. Modifier les rôles sexuels, c'est modifier le type de relation que nous entretenons avec notre famille et la société. Pour une femme, cela peut vouloir dire acquérir une formation, trouver du travail ou conserver un emploi qu'elle a déjà, en partageant avec sa famille les responsabilités de la maison. Pour un homme, cela peut signifier changer de travail pour avoir davantage de satisfaction affective et plus de contact avec sa famille, de se mettre à son compte, ou même de cesser de travailler pendant quelque temps pour laisser libre cours à ses talents personnels.

C'est par d'autres garçons que les garçons doivent apprendre comment fonctionne un garçon. Les filles apprennent des autres filles ce qu'est une fille. Le jeu de rôle : « Si je suis une fille, comment doit-être ma vie sexuelle ? » est très répandu et sert à apprendre comment acquérir les aptitudes nécessaires pour devenir adulte. Une exploration de ce type prépare aux modifications sexuelles de l'adolescence.

La peur de réussir

Il arrive que, juste avant de faire preuve de nouvelles compétences, on traverse momentanément une période de peur atroce. Tout se passe comme si l'on craignait de mourir en activant ses propres structures. Parfois, cette peur a pour objet la fin de cette étape et le passage dans l'étape n° 6, avec les problèmes sexuels que cela implique. Nous en arrivons à dissimuler nos nouvelles compétences au lieu de les utiliser, parce que nous ne comprenons pas que nous n'avons rien à perdre en agissant de manière efficace.

Le travail de l'étape n° 5 a pour objectif d'ouvrir notre système de valeurs pour que nous puissions actualiser celles-ci d'une manière naturelle et spontanée au fur et à mesure que nous apprenons de nouvelles aptitudes. Les vieilles façons de faire deviennent facultatives, alors que les nouvelles augmentent nos capacités.

Un groupe de jeu doté d'un leader qui assure la protection constitue une excellente méthode pour construire compétences et valeurs au cours de l'étape n° 5. Les participants peuvent apporter un costume ou deux et contribuer ainsi au jeu. Ils peuvent aussi s'amuser à se déguiser et passer des moments formidables à essayer différents rôles sociaux dans ce groupe constitué de leurs pairs. On peut aussi organiser une veillée, où chacun vient avec son sac de couchage et des vivres à partager. Là encore, il est important qu'une protection soit assurée par un leader qui apporte son soutien et veille à la sécurité.

DONNER DES AFFIRMATIONS ET DU SOUTIEN

Il existe bien des façons de délivrer des affirmations dans l'étape n° 5. Par exemple, le père de Danny affirma le droit de son fils à faire les choses lui-même lorsqu'il lui montra comment se servir d'une scie mécanique, tout en restant près de lui pour veiller à sa sécurité. Jane affirma le droit qu'avait son amie d'être en désaccord avec elle lorsque chacune exprima une opinion différente à propos de l'avortement. Jane resta sur ses positions tout en comprenant celles de son amie. Bill affirma le droit d'un employé de se fier à ses impressions pour le guider, lorsque Bill discuta avec lui d'une politique qui mettait mal à l'aise cet employé.

9 Maintenant, dressez la liste de ce que vous aimez faire pour donner des affirmations à ceux qui traversent l'étape n° 5. ____________

10 Faites la liste de ce que vous aimez faire pour vous occuper des autres quand ils traversent l'étape n° 5. ____________

Vous pouvez réaliser des changements importants en utilisant au maximum les affirmations de l'étape n° 5. Si, après avoir eu recours à elles et satisfait vos besoins en réalisant les tâches de développement de l'étape n° 5, vous avez encore des problèmes, vous avez sans doute besoin de travailler sur une étape antérieure, à un âge plus précoce.

9

Exercices pour développer le pouvoir de régénération

DRESSER UN INVENTAIRE

Quand je développe mon pouvoir de régénération :

1 Je réagis à mes besoins de dépendance en ______________

2 Je réagis à mes besoins sexuels en ______________

3 Je satisfais mon besoin de soutien dans le domaine de la sexualité en ______________

4 Je commence à mettre fin à une relation avec un parent ou un modèle admiré en ______________

5 Je construis ma propre idée de la vie en ______________

RECEVOIR DES AFFIRMATIONS ET DU SOUTIEN

Les messages positifs suivants affirment le pouvoir de régénération :

- C'est OK pour toi d'être doté d'une sexualité, de prendre place parmi les adultes et de réussir.
- Tu peux vivre ta sexualité et cependant éprouver des besoins.
- C'est OK d'être responsable de tes propres besoins, de tes sentiments et de ton comportement.
- C'est OK d'être autonome.

- Tu es le bienvenu quand tu reviens à la maison.
- Mon amour t'accompagne.

6 Maintenant, inscrivez la façon dont vous aimez que les gens se comportent avec vous quand vous traversez l'étape n° 6. __________

7 Voici les personnes qui, dans ma vie, m'offrent un soutien inconditionnel pour me régénérer. __________

Avertissement : rappelez-vous que les mêmes précautions s'appliquent dans l'étape n° 6 que dans les étapes précédentes. Il vous faut une protection adéquate.

Être doté d'une sexualité

- Tout est dans l'intention : ce qui rend un contact « sexuel » ou « nourricier », c'est l'intention qui guide les intéressés.
- Vous n'êtes jamais trop vieux : vous pouvez continuer à avoir besoin de contact et d'affection et cependant continuer à grandir. Donnez-vous tout le temps nécessaire pour établir des relations d'aide à la fois à l'intérieur et à l'extérieur de votre famille.
- Le contact mène à la stabilité : l'agitation de l'adolescence est due à des changements physiques et hormonaux rapides. Le moyen le plus efficace de stabiliser ces changements, c'est le contact physique.
- Le plaisir corporel a un effet curatif : apprendre à apprécier les sensations plutôt qu'à réaliser une tâche est une étape essentielle dans la libération sexuelle. Donner et recevoir du plaisir est non seulement une chose agréable, c'est aussi un antidote à bien des problèmes physiques et émotionnels.
- Soignez votre apparence sans aucun sentiment de culpabilité : si vous avez belle allure, vous attirerez l'attention d'une manière positive. Vous occuper de vous aide aussi à satisfaire votre besoin d'affection. Allez-y, et passez des heures à vous pomponner. Vous pouvez même organiser des séances auxquelles participeront vos amis. Vous n'avez pas à vous sentir coupable, il suffit que vous n'oubliiez pas vos autres responsabilités.
- Les corps ne mentent pas : si vous souffrez à nouveau de douleurs de croissance et d'acné, ayez davantage de contact

physique. Si vous prenez du poids, le contact physique vous aidera à vous sentir suffisamment en sécurité pour vous occuper des problèmes que vous avez besoin de régler.

- Ressentir et agir sont deux choses différentes : si vous vous *sentez* sexuel, il ne s'ensuit pas nécessairement que vous devez passer à l'acte. Prenez plaisir à vos sensations, quelles qu'elles soient. Vous déciderez vous-même ce que vous ferez, si toutefois vous faites quelque chose.
- La sexualité se vit avec des pairs, pas avec vos parents ou vos enfants : vous pouvez goûter des sensations agréables en embrassant vos parents ou vos enfants, mais prenez plaisir à satisfaire vos besoins sexuels avec des amis.
- Soyez clair : exprimez clairement si vous voulez avoir une relation sexuelle ou une relation « nourricière ». Si vous utilisez l'une pour obtenir l'autre, vous risquez de ne satisfaire ni l'une ni l'autre.
- Travaillez sur vos messages : vous inhibez peut-être votre besoin d'affection physique et émotionnelle avec différents messages familiaux, religieux ou sociaux qui confondent contact et sexualité. Vous avez probablement besoin d'en prendre conscience et de les modifier.
- Vous n'êtes pas responsable des arrière-pensées des autres : vous ne pouvez empêcher les autres de mal interpréter vos intentions. Votre responsabilité est d'exprimer des messages clairs et directs.

La sexualité et le pouvoir de faire

Vous avez l'occasion de développer votre pouvoir de faire et d'y intégrer la sexualité chaque fois que vous éprouvez des sensations très fortes, des maux de dents, des difficultés à fixer votre attention et une curiosité sans borne. Vous avez envie de passer d'une relation à l'autre, de rassasier vos sens et de découvrir ce que le monde a à vous offrir, en particulier le monde tout nouveau de la sexualité. Vous voulez que la diversité devienne le piment de votre vie. Votre intuition est plus forte que jamais, aussi laissez vos sens, et non vos pensées, vous guider dans votre exploration.

- *Renoncez pour l'instant à la poursuite d'un but* et accordez-vous au monde des sons, des couleurs, des formes, des textures, des odeurs et de la lumière. Vous pouvez aller vous promener au hasard, respirer les fleurs, vous enivrer des ombrages et de la fraîcheur de l'herbe. Ce refus de vous concentrer n'est que passager, c'est une attitude normale au cours de cette étape. Laissez vagabonder votre esprit, vous retrouverez bien assez tôt votre faculté de concentration.

- *Demandez protection à un ami ou un amant* pendant que vous explorez. Vous développerez votre pouvoir de faire si vous pouvez souvent regagner votre port d'attache et si vous entendez de la bouche d'un autre que votre exploration est importante et bénéfique.
- *Vous pouvez mettre à profit ce retour* pour travailler sur les problèmes d'exploration hérités de votre enfance et récupérer ainsi une partie de votre pouvoir de faire. Il vous faut redescendre sur terre, au sens strict. Il ne suffit pas d'y songer ou d'y réfléchir. Vous pouvez nourrir vos sens autant que cela vous est nécessaire (pour savoir quelles techniques utiliser, se reporter à l'étape n° 2).
- *Faites-le !...* renouvelez, nourrissez et aiguisez vos sens. Le besoin d'explorer apparaît périodiquement tout au long de la vie.

Sexualité, indépendance et le pouvoir de penser

Au cours de cette étape vous avez facilement accès aux décisions que vous avez prises à l'âge de deux ans lorsque, pour la première fois, vous êtes devenu une personne individualisée et que vous avez appris à penser par vous-même. Ici vous pouvez modifier, compléter ou actualiser ce que vous pensez de la sexualité.

C'est important de réfléchir sur le sexe et la sexualité. Apprendre à maîtriser le pouvoir du sexe constitue un processus ininterrompu. Vous avez besoin d'informations sur lesquelles réfléchir. Révisez vos connaissances en matière d'anatomie sexuelle. Vous pouvez consulter des livres et parler avec des amis. C'est merveilleux de pouvoir apprécier les relations sexuelles lorsqu'on y est prêt, et le fait de pouvoir y penser et d'en parler constitue un élément essentiel de l'apprentissage de la satisfaction sexuelle. C'est permis d'avoir besoin d'aide et de renforcement pour se convaincre que c'est bien d'être sexuel et d'y penser. Tenir votre journal intime peut vous aider dans cet effort de réflexion ; vous y noterez aussi tous les changements intervenus.

Le pouvoir de l'identité sexuelle

Cette phase de l'adolescence est une version plus compliquée de la période de nos quatre ans. Les exercices et les messages qui aident à former une nouvelle identité restent les mêmes. Vous pouvez décider d'utiliser les nouveaux messages que vous avez appris.

La sexualité constitue un problème important à régler au cours de cette période. Beaucoup de personnes reconnaissent ici avoir longtemps transformé les besoins sexuels qui leur faisaient peur en besoins « nourriciers », plus rassurants. Laissez votre corps exprimer vos sensations, ce que vous ressentez. C'est bien de tester votre pouvoir même quand vous vous sentez sexuel. Rappelez-vous simplement de prendre soin de vous, aussi. La grossesse et les maladies vénériennes sont des réalités. Vous pouvez utiliser votre pouvoir, vous divertir *et* faire face à la réalité lorsque vous découvrez qui vous êtes sexuellement.

Le pouvoir de réussir et de vivre sa sexualité

Réussir et vivre sa sexualité dépend d'un système de valeurs et de priorités dont la plupart ont été élaborées au cours de l'étape n° 5, lorsque nous avons adopté les structures et les rôles liés à notre sexe d'appartenance. Par exemple, les femmes peuvent avoir besoin de reconsidérer des valeurs telles que :

- Montre-toi « sexy » mais reste chaste.
- Montre-toi brillante tout en restant naïve.
- Sois assez futée pour attirer un homme et le garder en cachant que tu es intelligente.

Les hommes, eux, peuvent avoir besoin de modifier des valeurs telles que :

- Amuse-toi, mais ne te laisse pas piéger.
- Sois fort, contrôle-toi, ne t'engage pas, ne montre aucun sentiment.
- Les femmes sont des objets que tu dois aider ou dominer.

Les rôles sexuels renforcent des relations sexuelles appauvrissantes pour les deux partenaires, car nos actes et notre comportement sont structurés en fonction de notre sexe, et non pas en fonction de nos sentiments et de nos besoins.

Pour modifier les rôles sexuels et remplacer les vieilles valeurs par les nouvelles, nous avons besoin d'être en contact avec d'autres personnes qui traversent cette même étape, afin qu'elles nous soutiennent au maximum pour discuter et opérer des changements. Chacun de nous a le droit d'avoir ses propres valeurs et de développer ses propres aptitudes. Que nous soyons seul ou marié, jeune ou vieux, homme ou femme, quelle que soit notre situation, nous pouvons découvrir des façons d'exprimer ce que nous ressentons et jouir de notre corps et de notre sexualité. La satisfaction sexuelle est un droit pour tous.

DONNER DES AFFIRMATIONS ET DU SOUTIEN

Il existe bien des façons de délivrer des affirmations. Par exemple, les amis de Tania ont affirmé son droit de vivre sa sexualité lorsque, l'invitant à dîner, ils lui ont proposé de venir avec son amant. Le père de Jack affirma le droit de son fils d'éprouver encore des besoins tout en ayant une vie sexuelle lorsque, Jack ayant amené sa fiancée à la maison pour qu'elle fasse connaissance avec la famille, son père déclara : « Tu seras toujours mon fils, quel que soit ton âge. Si tu as besoin de quelque chose, tu sais que tu pourras faire appel à moi. » Les parents du petit ami de Carrie ont affirmé son droit de réussir dans la vie lorsqu'ils lui ont appris comment trouver un travail intéressant. « Tu ne dois pas t'encroûter dans n'importe quel emploi minable, lui dirent-ils. Tu es intelligente, tu es capable de décrocher un travail qui te plaît, et tu le mérites. »

8 Maintenant, dressez la liste de ce que vous aimez faire pour donner des affirmations à ceux qui traversent l'étape n° 6. ____________

9 Faites la liste de ce que vous aimez faire pour vous occuper des autres quand ils traversent l'étape n° 6. ____________

L'achèvement

Pour achever l'étape n° 6, il faut dire adieu : adieu à l'enfant que nous avons été ; adieu à cette phase de notre évolution, aux amis que la vie a conduits vers des directions différentes. La structure familière de la vie quotidienne se dissout. Il y aura encore des réunions, des souvenirs, des images conservées dans la mémoire. Même si nous avons gagné le pouvoir de créer à nouveau notre vie et de créer à nouveau l'espèce humaine, cela s'accompagne en même temps d'une mort, de la disparition de l'innocence et de l'enfance. Ce qui nous attend, c'est une vie inconnue dans laquelle nous testerons les pouvoirs que nous avons développés jusque-là. Nous remplirons aussi de nouvelles tâches, nous aurons d'autres occasions, nous connaîtrons de grandes envolées d'espoir, nous montrerons une nouvelle ténacité et nous découvrirons un nouvel amour.

Vous avez besoin de la bénédiction de ceux qui ont pris soin de vous, et ils ont besoin de la vôtre. Honorez-vous mutuellement en faisant ce que vous avez besoin de faire pour vous accorder cette estime mutuelle.

Vous pouvez être adulte et cependant avoir des besoins et les satisfaire. Il s'offre à vous de nouvelles occasions et vous disposez des outils nécessaires pour les mettre à profit. Vous avez déjà parcouru tout le cycle. Une partie de ces terres vierges commencent à devenir un territoire familier.

- Seul compte le moment présent.
- Vous devez revendiquer le pouvoir qui est le vôtre.
- Vous avez le droit d'être ici.
- Vous avez le pouvoir d'agir.
- Vous pouvez penser.
- Vous pouvez savoir qui vous êtes.
- Vous pouvez développer les aptitudes dont vous avez besoin.
- Vous pouvez partir *en conservant l'amour* de ceux que vous aimez.

Vous pouvez réaliser des changements importants en utilisant au maximum les affirmations de l'étape n° 6. Si, après avoir eu recours aux affirmations et satisfait vos besoins en réalisant les tâches de développement associées à l'étape n° 6, vous avez encore des problèmes, c'est peut-être qu'il vous faut travailler sur une autre étape ou revenir à un âge plus précoce.

10

Exercices pour développer le pouvoir de transmutation

Réexaminez et dressez l'inventaire de vos étapes de développement en vous posant les questions suivantes :

1 Est-ce que je consacre assez de temps au simple fait d'« exister » ? Est-ce que je reçois de mon entourage l'attention et l'affection dont j'ai besoin ? ____________

2 Est-ce que je satisfais mon appétit sensoriel par la diversité de stimulations et d'environnement ? ____________

3 Est-ce que j'exerce mon droit à penser par moi-même et à être indépendant ? ____________

4 Est-ce que je sais qui je suis ? ____________

5 Suis-je libre de développer les compétences que je souhaite ou dont j'ai besoin ? ____________

6 Suis-je satisfait de ma vie sexuelle, de ma place dans le monde ? ____________

Maintenant, comparez ces réponses à celles que vous avez données au questionnaire sur le scénario de développement. Le personnage de votre scénario ou de votre conte de fée se heurtera à certains problèmes plus qu'à d'autres. Ces deux groupes de réponses peuvent révéler les liens qui existent entre les limitations actuelles et les problèmes du passé.

7 Si vous pouviez dépeindre la vie que vous souhaitez avoir, à quoi ressemblerait-elle ? Décrivez votre rêve d'avenir.

8 Maintenant, qu'est-ce qui fait obstacle ? Quels sont les problèmes qui restent à résoudre et quelles tâches de développement avez-vous besoin de réaliser ? Dressez-en la liste.

La protection

La protection, c'est se sentir suffisamment en sécurité pour faire ce qu'on a besoin de faire sans craindre des conséquences désagréables, la peur du châtiment, l'abandon, la perte de l'amour ou la menace d'un traumatisme ou d'un malheur. Nous avons besoin de protection pour prévenir les complications plutôt que de réparer les dégâts que nous avons causés. Certains des changements suggérés dans ce livre peuvent être faits en toute sécurité avec l'aide d'amis et de parents de bonne volonté. D'autres changements (ceux qui exigent de plonger profondément dans les couches originelles du développement) ne doivent pas être entrepris sans le soutien et la surveillance d'un professionnel de la thérapie.

Vous méritez d'aboutir à une issue satisfaisante dans vos tâches de développement. L'objectif de cet ouvrage a été de vous faire connaître votre axe de développement et les étapes qui le jalonnent, de vous donner les outils nécessaires pour évaluer votre progression et de vous indiquer des exercices simples qui faciliteront votre croissance. L'intuition que vous avez du danger ou votre hésitation constituent maintenant votre meilleure protection. Soyez sûr que lorsque vous ressentez cette impression, c'est pour vous un signal d'alarme. Renoncez à explorer les zones de croissance où vous vous sentez particulièrement vulnérable, surtout si vous n'êtes pas sûr que les personnes avec lesquelles vous travaillez aient les aptitudes requises pour vous soutenir jusqu'au bout.

Si vous ne vous souvenez plus où se trouve la salle de bains, ou si vous ne savez plus comment sortir du lit ni où vous êtes, prenez des dispositions pour vous faire prendre en charge par une équipe thérapeutique jusqu'à ce que vous deveniez assez grand pour vous débrouiller tout seul dans la vie de tous les jours. Si vous pouvez faire face à la vie quotidienne, mais que vous avez beaucoup de problèmes à résoudre, vous aurez peut-être envie d'avoir un programme de travail régulier. Si vous êtes assez satisfait de votre vie, mais que vous avez un problème que vous aimeriez résoudre, une séance ou deux peuvent suffir.

Il existe plusieurs sources et formes de soutien. Ne pensez pas que tout doive venir d'une même source. Il ne faut pas vous limiter en ne travaillant que sur une seule situation ou une seule relation.

Les contrats* : la base de la protection

Un contrat est un accord mutuel concernant les responsabilités dans les relations. Établir un contrat constitue la première étape dans la création d'une association protectrice qui se donne pour but de résoudre des problèmes. Toute relation, y compris celles qui s'appuient sur un contrat, connaît parfois des difficultés. Si l'on convient à l'avance de résoudre ces difficultés au lieu de les fuir lorsqu'elles surgissent, les deux parties en cause contribuent à créer le sentiment de sécurité nécessaire pour réaliser les tâches de développement. Si la relation s'établit avec un ami ou un thérapeute, les contrats précisent ce que vous avez besoin de faire, comment vous allez le faire, l'aide dont vous avez besoin, et le moyen qui vous permettra de savoir que vous en avez terminé.

Établir un contrat

- Que voulez-vous changer dans votre vie ?
- Quand vous aurez changé cela, que ferez-vous de différent dans votre vie ?
- Qu'avez-vous besoin de faire pour réaliser cela ?
- Comment les gens sauront-ils que vous avez réalisé cela ?
- Combien de temps vous faudra-t-il pour le faire ?
- Comment risquez-vous de vous saboter ?
- Accepterez-vous de ne pas vous saboter ?

Les contrats ne servent à rien s'ils sont imprécis et/ou s'ils ne concernent pas un point spécifique, s'ils sont mal formulés ou s'ils impliquent une tâche impossible : « Je veux être heureux » ou « Je veux gagner davantage » (sans préciser ce que ce « davantage » signifie). Les contrats qui contiennent des messages contradictoires (« Je veux avoir de meilleures relations avec ma femme et ma maîtresse ») ou ceux qui sont flous et ne prévoient aucun objectif bien défini sont, eux aussi, inadéquats et doivent être modifiés.

Conseils pour maintenir la protection au sein des contrats

Nous sommes tous dotés de la sagesse innée de notre cycle de développement, ce qui veut dire que nous sommes intelligents, même si notre quotient intellectuel n'est pas celui d'un génie. Lorsque quelqu'un fait quelque chose qui paraît stupide, demandez-lui : « Comment arrives-tu à faire cela ? » et « De quoi as-tu besoin ? »

Cela implique que nous savons ce dont nous avons besoin, que nous pouvons réfléchir et décider de ce qu'il nous faut ; nos besoins sont importants et nous sommes les mieux qualifiés pour tout ce qui touche à notre processus de développement.

C'est votre scénario

Vous pouvez changer le plan de votre vie si vous en avez besoin. N'essayez pas de vous débarrassez du problème en le refilant à quelqu'un d'autre, comme s'il s'agissait d'une « patate chaude ».

Conserver une attitude propice à la résolution de problèmes

Si vous vous comportez en Persécuteur* ou en Sauveteur*, ou si vous vous sentez Victime*, vous n'êtes pas en position de résoudre vos problèmes, aussi ayez recours aux affirmations et demandez ce dont vous avez besoin.

Les contrats de type parental, magistral et thérapeutique

Vous pouvez avoir envie d'établir avec quelqu'un un contrat de type parental lorsque vous avez besoin d'achever des tâches de développement datant de l'époque où vous étiez assez jeune pour avoir besoin de vos parents. Ou bien, vous souhaitez nouer une relation « maître-disciple » avec quelqu'un qui vous conseille et auquel vous faites confiance. N'essayez pas d'engager ce type de relation avec une personne qui ne le souhaite pas ou avec laquelle vous n'avez pas de contrat ; cela ne ferait que renforcer votre conviction de ne pouvoir obtenir ce dont vous avez besoin. Mais faites plutôt un arrangement et précisez le temps qu'il vous faut : cinq minutes, une heure, un mois, ou le temps nécessaire pour atteindre votre objectif.

L'amour et l'affection jouent un rôle essentiel dans l'efficacité de ce type de relation. Quand vous vous sentez sincèrement soutenu et reconnu, vous êtes davantage prêt à opérer des changements pour développer votre pouvoir. Il est plus facile d'apprendre à demander et à donner de l'aide si cela se passe dans une atmosphère d'amour : autrement, vous pouvez vous sentir trop gêné et trop isolé pour prendre des risques. Les relations qui se fondent sur un engagement affectif et sur l'intimité possèdent une force curative puissante.

Vous pouvez avoir envie de la protection que l'on trouve dans les séances de thérapie individuelles ou dans un groupe de gens où chacun travaille sur des problèmes de développement dans un climat de confiance. Il est indispensable que ces groupes soient parfaitement bien dirigés. Examinez soigneusement comment les choses se passent et évitez de vous placer dans des situations qui vous paraissent néfastes. Rappelez-vous que vous pouvez faire confiance à votre sens du danger. Assurez-vous que les animateurs sont compétents et aptes à faire ce qu'ils font. La possession d'un diplôme ne signifie pas grand-chose dans ce genre de situation. Il vous faut une personne d'expérience, qui restera près de vous et sera sensible à vos besoins sans les prendre en charge à votre place. Évitez les groupes qui ont pour motivation non les individus, mais le profit.

Si c'est votre première incursion dans la thérapie, vous voudrez peut-être demander aux animateurs : qu'est-ce qui vous qualifie pour diriger ce groupe ? Qu'avez-vous fait pour résoudre vos problèmes personnels ? Travaillerez-vous avec moi, et dans quelles conditions ? Pensez-vous que j'ai besoin d'une autre situation que celle-ci ?

On connaît la plupart des bons thérapeutes grâce au travail qu'ils réalisent, et par les personnes qu'ils ont aidées à changer de vie. Commencez par écouter vos amis. Cherchez autour de vous le type de soutien que vous voulez trouver. N'hésitez pas à demander un premier entretien, et ce n'est qu'après que vous déciderez si vous voulez ou non travailler avec cette personne. Vous avez le droit de vous montrer ferme et prudent lorsqu'il s'agit de votre vie, et vous obtiendrez le respect et l'appui du genre de personnes que vous recherchez.

Lorsque vous établissez votre nouvelle ligne de développement

- Finissez-en avec la situation passée.
- Créez un nouveau message d'affirmation et utilisez-le.
- Brossez un nouveau tableau (une scène nouvelle).
- Prenez une nouvelle décision concernant votre manière d'agir.
- Réalisez les tâches de développement.
- Prenez le temps d'intégrer vos nouvelles expériences.

Épilogue

Comprendre que la vie adulte est une succession d'étapes qui se répètent a permis à Roseanne de poursuivre sa croissance, une fois l'enfance terminée : « Le changement et la croissance ne font pas simplement partie de la vie, c'est la vie elle-même. Nous sommes en vie tant que nous changeons et que nous nous mettons au diapason de nos besoins, jour après jour. Si je pense à moi comme à une "adulte achevée", cela *limite* ma croissance ! »

Le fait de savoir que sa vie d'adulte se fonde sur des étapes parfaitement prévisibles et connues a permis à Marcia de découvrir quels *sont* ses schémas comportementaux et de pouvoir ainsi se révéler et se reconnaître elle-même. « Je suis meilleure et je me montre plus compréhensive envers moi-même lorsque je me vois agir ainsi. Je suis libre d'être moi-même. Je peux faire de nouveaux choix dans ma vie, car je sais que je vais traverser ces étapes pour réaliser des changements, et je peux ainsi me procurer l'aide dont j'ai besoin pour y parvenir. »

Son mari, Bill (voir l'étape n° 2), ajouta que cela l'aidait à « envisager d'autres possibilités et à suivre d'autres voies dans la vic, car ces chemins n'étaient plus bloqués par le travail laissé inachevé. De plus, comprendre les étapes que je traverse m'aide à savoir quand je dois avancer, car je reconnais cette impression d'achèvement à la fin de chacune d'elles. »

« Ce que je fais maintenant dans la vie et ce que je *peux* faire est influencé par les tâches de développement que j'ai réalisées. La façon dont j'ai réalisé (ou non) les phases de développement et le fait de les avoir achevées ou non constituent une information qui m'a aidé à cesser de me déprécier, car l'atteinte de mes objectifs devient une question de développement, et non pas une question de valeur fondamentale ou d'approbation. » déclara Fran. « J'y ai gagné aussi un niveau de tolérance plus élevé à l'égard des autres. Cela n'a aucun sens d'attendre un comportement de douze ans chez quelqu'un qui n'a que six ans dans ce domaine-là. »

L'utilisation des affirmations tout au long de ses étapes de développement a constitué pour Annette un outil important. « En me connaissant ainsi, je connais également les autres, car tout le monde possède fondamentalement le même plan de croissance, dit-elle. Je peux alors renverser les barrières et nouer avec autrui des relations plus profondes, plus proches et plus intimes. »

Joe (étape n° 4) a mis à profit ses nouvelles connaissances pour créer une « relation d'aide mutuelle au sein de la famille, où nous pouvons progresser et nous amuser ensemble. Nous nous perdons dans les profondeurs d'une émotion, puis, l'instant d'après, nous en savourons tout l'humour. Nous pouvons rire entre nous de cette situation et passer ensemble de bons moments. Nous pouvons être des enfants. »

Comme on nous a dit comment nous étions censés nous comporter à l'âge adulte, nous pouvons très facilement oublier à quel point il est vital de retourner aux origines pour pouvoir progresser. Parfois nous avons besoin d'opérer une transmutation dans des stades antérieurs, et non pas seulement dans l'étape du moment. C'était tout à fait le cas de Sally, que nous avons rencontrée à l'étape n° 4 : « Savoir tout cela a augmenté mon niveau de bien-être avec moi-même et la confiance que j'ai en moi, dit-elle. Je me sentais comme une petite fille et je pensais que ce n'était pas normal. Ou bien il m'était impossible de prendre une décision et je pensais que je n'étais pas normale. Maintenant je me rends compte que j'étais dans l'une des deux premières étapes. Je ne me fais pas violence, car je sais que cela ne va pas durer, et c'est vrai. »

George comprit que la réalisation des tâches de développement peut consister simplement à franchir les différentes étapes : « J'ai découvert que cela n'entraînait pas nécessairement la traversée d'une crise quelconque. Rien ne dit que cela doive être douloureux, terrible, effrayant ou difficile. Ce qui est difficile, c'est de se battre contre la tentation d'écouter les messages culturels au lieu de suivre son propre plan de développement. Mieux on comprend son itinéraire de transformations, et moins ce sera douloureux et pénible. »

Nous avons tous le droit d'être là, de bouger, d'être actif et de réaliser des choses. Nous avons tous le droit d'être indépendant et de penser par nous-même ; de savoir qui nous sommes, de développer et d'exercer nos compétences, d'avoir une vie sexuelle, de trouver notre place dans le monde et de réussir.

Le retour à la *Nature* est indispensable à notre santé et à notre survie, en tant qu'individu mais aussi en tant qu'espèce. Nous avons besoin d'enfoncer profondément nos racines dans la terre si nous voulons toucher les étoiles. En lisant ce livre, vous avez déjà mis en marche ce processus.

Glossaire d'analyse transactionnelle

Établi par François J. Paul-Cavallier

Adulte C'est celui des trois États du Moi qui traite objectivement les données, évalue les possibilités, et décide dans l'ici et maintenant. Il choisit entre les règles et les valeurs du Parent et les sentiments et désirs de l'Enfant.

Bénéfice C'est le résultat volontaire ou non auquel aboutit un jeu* ou à plus long terme le plan de vie qu'est le scénario*.

Besoin Sentiment associé à la nécessité de quelque chose qui manque et dont la présence est indispensable à la vie ; par différence avec l'envie qui est un désir superficiel dont la satisfaction n'est pas indispensable à la vie.

* Les astérisques renvoient à d'autres termes du glossaire.

Branché On dit qu'un État du Moi est branché lorsqu'il est chargé en énergie et qu'il peut répondre aux stimulations qu'il reçoit. On utilise ce terme pour amener une personne à prendre conscience des ressources disponibles dans un État du Moi.

Caresse Voir Stroke.

Confronter Mettre face à face. Signaler à une personne le manque de cohérence entre ce qu'elle dit et ce qu'elle fait.

Contamination Recouvrement d'un État du Moi, généralement le Parent ou l'Enfant sur la frontière de l'Adulte qui ne fait plus la différence entre des faits objectifs et les préjugés quand cela vient du Parent, les superstitions, les phobies et les illusions quand la contamination vient de l'Enfant.

Contrat Engagement clair entre plusieurs parties sur une tâche à accomplir. Il permet de mettre à jour les attentes contradictoires ou irréalistes et les promesses implicites.

Cadre de référence C'est la collection d'expériences accumulées dans la vie. A travers lui nous appréhendons la réalité et nous nous définissons nous-mêmes.

Drivers (Messages contraignants). Comportement appris des figures parentales qui influence d'une manière inconsciente la personne en laissant planer en sous-entendu un « sinon... ».

Enfant Le premier des États du Moi à partir duquel l'enfant va construire sa personnalité. Dans l'Enfant sont mémorisés les attitudes, les comportements, les sentiments et les émotions qui ont trait à notre propre enfance.

Enfant adapté Partie de l'État du Moi Enfant qui obéit ou réagit aux directives des parents, même en l'absence de ceux-ci et parfois au détriment des désirs propres de la personne. L'Enfant adapté peut être « soumis » ou « rebelle ».

Enfant libre (Ou Enfant spontané, naturel). C'est la partie originelle de l'État du Moi Enfant. Il se manifeste par l'expression libre et fluide des émotions.

Escalade Charge en énergie dans l'un des États du Moi due à la non-résolution d'un problème, au point de perturber le comportement social.

État du Moi Les trois principaux États du Moi sont le Parent, l'Adulte et l'Enfant. Chaque État du Moi contient le vécu des attitudes, comportements, sentiments correspondant :

- à ceux d'une figure parentale pour le Parent,
- à l'autonomie adaptée à la réalité de l'ici et maintenant pour l'Adulte,
- aux vestiges de l'enfance pour l'Enfant.
  Partant de là, les valeurs, jugements, règles sont stockés dans le Parent, la pensée dans l'Adulte, les sentiments et les émotions dans l'Enfant.

Exclusion Un État du Moi est exclu lorsqu'une personne ne peut l'utiliser au moment approprié.

Grandiosité Exagération ou minoration pour éviter d'engager sa responsabilité en prenant une initiative. La grandiosité est une méconnaissance*.

Groupe Réunion de plusieurs personnes avec un contrat de fonctionnement, un leader et des membres.

Groupe d'éveil Sous-groupe qui permet à ses participants de développer et d'explorer des jeux de l'enfance qui ont manqué à leur développement.

Intimité C'est la qualité de la relation entre personnes en position OK+ OK+* : elle consiste à rester soi-même et à accepter l'autre tel qu'il est (voir Structuration du temps).

Jeu Un échange ou une série d'échanges pleins de sous-entendus qui se terminent par un malaise (colère, culpabilité, honte, tristesse, etc.). Le joueur l'utilise pour obtenir des strokes*, pour renforcer ses croyances sur lui-même et les autres, et pour faire avancer son scénario*. Le bénéfice des jeux est toujours négatif.

Jeu de rôles Jeu de chaises Technique consistant à établir un dialogue entre les différents États du Moi par l'intermédiaire de personnes réelles qui les constituent.

Méconnaissance Mécanisme interne qui permet à une personne d'éviter ce qui la dérange dans la réalité en la filtrant pour maintenir son cadre de référence*.

OK Conservé en français pour exprimer les positions psychologiques. « Je suis OK », « Vous êtes OK » signifie essentiellement « Je m'accepte », « Je vous accepte » ; « Je ne suis pas OK », « Vous n'êtes pas OK », que l'on se refuse, que l'on rejette le reste du monde (voir Positions de vie).

Parent normatif Partie de l'État du Moi Parent qui punit, gronde ou menace. Il est positif s'il le fait dans le but de protéger, et négatif quand il dévalorise.

Parent nourricier C'est la partie de l'État du Moi Parent qui prend soin et aide positivement : PN+. En négatif c'est la partie de l'État du Moi Parent qui surprotège, se place dans le rôle de Sauveteur*.

Pathologique (Comportement). Comportement directement opposé à la satisfaction des besoins.

Persécuteur C'est le rôle d'une personne qui fait en sorte que son interlocuteur se sente Victime* (voir Triangle dramatique).

Permission Message, positif ou négatif, verbal ou non verbal, donné par une figure parentale au cours du développement du jeune enfant, et qui influencera son scénario*.

Petit Professeur C'est la partie la plus créative de l'État du Moi Enfant. C'est là que réside l'intuition. On l'appelle aussi l'Adulte dans l'Enfant.

Plan de vie Voir Scénario.

Position de vie C'est l'issue que, tout au long de sa vie, l'individu préfère donner aux rencontres avec ses proches. C'est le fruit d'une décision prise très tôt (avant huit ans), c'est la composante essentielle du scénario*.
Il existe quatre positions possibles combinant ces sentiments de valeur :
- « Je suis OK — Vous êtes OK » (ou je m'accepte et j'accepte le reste du monde) : OK+ OK+ ;
- « Je suis OK — Vous n'êtes pas OK » (ou je m'accepte, mais je rejette le reste du monde) : OK+ OK– ;
- « Je ne suis pas OK — Vous êtes OK » (je me refuse, mais j'accepte le reste du monde) : OK– OK+ ;
- « Je ne suis pas OK — Vous n'êtes pas OK », (ni moi, ni le monde ne valons rien) : OK– OK–.

Puissance A ne pas confondre avec le pouvoir. Capacité d'une personne à se sentir OK, assumer ses responsabilités, agir avec autonomie. Cette qualité siège dans l'Enfant qui a confiance en lui-même.

Racket Processus interne ou externe qui consiste à remplacer un sentiment ou un comportement authentique, mais non socialement acceptable par un autre comportement appris et permis dans l'enfance.

Redécision Consiste à revivre un événement archaïque qui a engendré une décision pour reprendre une décision appropriée à la situation actuelle.

Reparentage Consiste à débrancher les attitudes et comportements négatifs incorporés d'après un modèle parental inapproprié pour les remplacer par un nouveau modèle, meilleur pour la personne.

Résolution des problèmes Pour résoudre un problème, on peut l'aborder par les trois États du Moi en se posant les trois questions suivantes :
- En partant du Parent : suis-je responsable de résoudre le problème ?
- En partant de l'Adulte : ai-je les moyens de résoudre le problème ?

- En partant de l'Enfant : ai-je envie de résoudre le problème.

Retrait Attitude physique ou mentale d'une personne se retirant des échanges avec les autres (voir Structuration du temps).

Rire du pendu (Sourire). Signe scénarique. Quand un individu rit d'un comportement négatif qui l'affecte ; c'est l'obéissance à un message négatif, une injonction en provenance du Parent.

Rituel Échange de stimulations entre personnes selon un mode pré-établi culturellement, dont on connaît à l'avance le contenu (voir Structuration du temps).

Sabotage Processus inconscient que la personne met en route pour rester dans une situation qui lui est défavorable afin de confirmer une croyance archaïque.

Sauveteur L'un des trois rôles du triangle dramatique. Il fait pour les autres ce qu'ils seraient capables de faire seuls. Par ce moyen, il les maintient dans un état de dépendance, les rendant incapables de se débrouiller par eux-mêmes.

Scénario Script. C'est un plan de vie basée sur des décisions prises à n'importe quel stade du développement, qui inhibent la spontanéité et la flexibilité dans la résolution des problèmes et les relations humaines.

Stroke Signe de reconnaissance ou caresse entre deux personnes. C'est l'unité de communication. Les strokes peuvent être verbaux ou non verbaux : leurs qualités varient, conditionnels, inconditionnels, positifs, négatifs.

Structuration du temps Eric Berne a remarqué que les hommes avaient besoin de contact avec leurs semblables : pour cela ils structurent le temps pour recevoir les stimulations nécessaires à leur équilibre. Les six modes de structuration du temps sont : le retrait, le rituel, le passe-temps, l'activité, le jeu, l'intimité.

Symbiose Relation de dépendance dans laquelle une personne fait pendre la responsabilité des décisions ou sentiments par une autre et ainsi n'assume pas la responsabilité du cours de sa vie.

Symbole Ce qui représente ou remplace autre chose : une action, un objet ou un désir inconscient.

Timbres (Timbres-épargne). Une personne accumule des sentiments non exprimés au moment où elle les ressent et au bout d'un certain temps d'accumulation, s'autorise un comportement « interdit » (le cadeau), tout comme, son carnet une fois rempli, l'épargnant reçoit un cadeau du magasin.

Transaction Unité d'échange, comprenant un stimulus et une réponse entre deux ou plusieurs personnes. Les transactions sont le plus souvent verbales, mais peuvent être aussi non verbales.

Traumatisme Événement important qui a marqué le cours de la vie d'un individu.

Triangle dramatique Lorsque l'on joue les jeux*, les rôles se limitent à trois rôles principaux : Sauveteur, Victime, Persécuteur. La même personne peut indifféremment passer de l'un à l'autre, ce qui alimente le jeu.

Victime L'un des trois rôles du triangle dramatique. La Victime se trouve constamment et de façon répétée dans des situations où elle est rejetée, attaquée, blessée par un Persécuteur. Elle attire généralement soit un Sauveteur, soit un Persécuteur pour pouvoir jouer le rôle.

Imprimerie des SOURCES
95200 SARCELLES
Tél. : 39.90.01.98
Dépôt légal
Février 1986 - N° 157